高等院校「十二五」美术学系列规划教材

美术教育多媒体课件设计与制作

主　编　吴道义　王　勋

副主编　吴　蓉　胡连峰

合肥工业大学出版社

图书在版编目（CIP）数据

美术教育多媒体课件设计与制作/吴道义，王勋主编.–合肥：合肥工业大学出版社，2014.9
ISBN 978-7-5650-0419-3

I.①美… II.①吴… ②王… III.①美术教育–多媒体课件–软件工具 IV.①G434

中国版本图书馆CIP数据核字（2011）第046492号

丛书编纂委员会

总 主 编： 孙志宜　易　英
副总主编： 李克明　钟玉海

编纂委员会

丁　钢	马　晴	方　向	方福颖	马　莉	王大根	王立民	王海峰	冯　鹤
左铁峰	石祥强	刘玉龙	刘　权	刘明来	孙志宜	孙运刚	孙洪纬	孙　湛
庄　威	江　河	江铁成	纪永贵	许建康	余　洋	余维君	吴　为	吴道义
吴　蓉	宋蓓蓓	张三盛	张其旺	张金广	李四保	李永春	李秀华	李　杰
李　勇	杨天民	杨　帆	杨　群	汪　洋	汪炳章	肖　玮	陆小彪	陈可
陈　宁	陈　伟	陈　明	陈　诚	周小平	周　路	金　龙	胡是平	荣　伟
郝亚丽	郝蔚舒	徐宗品	桂晓亮	秦　华	郭全生	郭　凯	高　山	曹昊
梁丽君	黄　凯	黄承箱	黄德俊	傅爱国	彭庆云	曾先国	蒋耀辉	鲁　宁
詹学军	翟　芸	翟　勇	谭小飞	魏鸿飞	宋　雪	武　蕾	王　勋	杨　芳
刘　莉	刘忠国	王　霖	张　昵					

总 策 划： 方立松

美术教育多媒体课件设计与制作

主　编	吴道义　王　勋	网　　址	www.hfutpress.com.cn
责任编辑	王　磊	版　　次	2014年9月第1版
技术编辑	程玉平	印　　次	2014年9月第1次印刷
封面设计	彭　蕾	开　　本	787mm×1092mm　1/16
版式设计	李辉周	印　张 17　字　数 395千字	
出　版	合肥工业大学出版社	发　　行	全国新华书店
地　址	合肥市屯溪路193号	印　　刷	安徽联众印刷有限公司
邮　编	230009	标准书号	ISBN 978-7-5650-0419-3
电　话	发行部：0551-62903188	定　　价	48.00元（含教学光盘1张）

总　序

　　自从有了艺术教育，也就有艺术的教科书。教科书的宗旨是总结艺术教育和艺术创作规律，指导艺术类学生进行专业训练，提高学生的审美水平，培养合格的艺术家。

　　艺术教育有知识与实践的区别，传统的艺术教育重在实践，即训练学生的艺术技能，相关的知识教育，如艺术史与艺术理论也是服务于技能训练。在传统社会，艺术家的培养主要是师徒相传的作坊式训练，有成就的艺术家不仅掌握了高超的技术，而且还具有思想与文化的修养，创作出适应时代的作品。在那个时代，艺术家的修养可能有师傅的传授，也可能有自己的自学，但修养是一个艺术家的必要条件。艺术学院的教育不同于作坊就在于综合性的全面训练，修养的教育居于重要的地位。修养的教育包括两个方面：一个是专业理论，如美术史和美术理论；另一个是文化修养，主要包括文学和哲学。在很长的一段时间内，修养的教育还是依附于专业训练，比如美术史的教育，着重在艺术家的介绍与艺术作品的分析，美术史也是以画家和雕塑家为主的历史。事实上，美术史不只是职业艺术家的历史，美术史的对象是一切具有人的审美经验的人造物品，这个范围远远超出职业艺术家的活动。美术史的教育不只是怎样画好画、怎样学习前人的经验，而是全面地提高艺术的认识和文化的修养。

　　艺术家总是在特定的条件下进行创作，艺术作品也是在特定的条件下形成，不存在永恒的艺术价值，艺术的永恒性在于永不归复的社会性。这样来认识艺术，就不再把艺术看作技术的产物，而是在一定历史、文化、社会条件下的艺术生产。一个远古时代的陶器，可能是作为生活的用具，由于其形制和图案，也可能作为审美的对象，在一定的文化区域，图案也可能具有文字和符号的功能，反映了一定的生产方式和社会生活等。显然，要是这样进入艺术作品的内部，艺术作品就会向人类的生产和生活展开，艺术的问题就不是"我们怎样画一张画"，而是"我们为什么画这样一张画"。作为一门人文学科的美术史，既要求我们对艺术品进行审美的感受，也要求对作品进行科学的分析与考证；一件艺术作品的意义只有通过多学科的研究与分析才能显现出来。这样看来，艺术的教育，包括艺术的技法与史论，也要进入人文学科的领域，艺术的学习也要从工艺型转向知识型。

　　对艺术的认识是随着时代的发展而变化的，艺术的教育也会随着认识的变化而变化。艺术观念的扩充不仅反映在传统的艺术类型上，也反映在当代社会的发展与艺术形态自身的变化中。在历史上，艺术有高级艺术与次要艺术之分，绘画、雕塑和建筑都是高级艺术，工艺美术和应用美术则是次要艺术。进入现代工业社会以后，情况发生了很大变化，实用美术从后台走到前台，对人的社会生活产生越来越大的影响。如新艺术运动、包豪斯、风格主义和波普艺术等，不仅对现代艺术产生直接的影响，而且还从根本上改变了传统艺术的形态。设计艺术的目的不是作用于现代艺术，而是人的生活。历史上的高级艺术要求观众主动地欣赏，人们必须到沙龙、展览馆，或教堂、宫廷才能看到那些艺术作品，而中国的文人画更是在极少数人的范围内观赏。在现代社会，对公众生活而言，艺术的概念已远远超出高级与次要之分，艺术不再为少数人所拥有，而是通过大众文化向所有人展开。设计艺术不只是美化人们的生活，设计也是思想的表达，它与时代精神紧密相连，深刻反映社会生产力的发展水平，改变人的生活质量，提升人的审美趣味，宏扬传统文化，促进物质文明。与此相适应的是，在当今美术教育中，设计的比重越来越大，设计的系科越来越丰富，大到建筑、环艺，小到广告、包装，从传统的服饰、装潢到现代工业设计与计算机图像，从实践到课堂，从文化工业到消费领域，我们所称的"大美术"不仅成为当代视觉文化的主流，也日益成为艺术教育的主流。

传统艺术教育的新模式和新方法，现代艺术类型的扩充，都反映了艺术发展的基本要求，即新的视觉经验与科学技术的发展。在信息扩充、知识激增和高创造力的时代，艺术教育面临新的要求。艺术是一项创造性的工作，艺术教育也是创造性人才的培养，这一点在今天尤其重要，艺术学生不仅要掌握技能，丰富知识，更重要的是能够开拓创新。艺术创造财富，艺术促进生产与消费，艺术改造我们的生活，使生活更加美好。艺术追踪时代的步伐，推动社会的进步。在当今的艺术工作中，高科技的影响越来越大，机器复制的图像取代手工的制作，规模空前的视觉信息占据我们的视觉空间，信息技术不仅生产超量的图像，本身也成为艺术创造的手段，广泛作用于当代视觉文化。新媒体、综合材料、影视图像等新的艺术形式和语言正在进入我们的教科书，虽然这些新的艺术表现还在探索和实验之中，但它充分反映了艺术与时代的关系，反映了与时俱进的时代要求。

时代在发展，艺术也在发展，艺术教育也发展到前所未有的规模。艺术教育的发展使艺术教材面临新的任务和要求。新教材的编写需要一个新的起点与新的视点。传统的艺术门类需要现代的更新，以适应艺术功能和社会作用的重大变化。新的艺术门类需要实验和探索，及时总结实践的成功经验，有效地运用于课堂教学，为社会培养更多的新艺术的人才。

易 英
中央美术学院教授、博导
《美术研究》杂志社社长
《世界美术》主编

前　言

　　自20世纪80年代微软公司推出Microsoft Office PowerPoint 1.0以来，PowerPoint演示文稿迅速在全球各行业中广泛运用，多媒体课件也逐渐成为课堂教学中最常用的教学手段之一。目前，图书市场中有关多媒体课件制作的书籍不胜枚举，但缺少基础美术教育方面多媒体课件设计与制作类教材。本教材围绕美术教育多媒体课件评价标准与体系、设计与制作以及软件详解等内容，详细剖析了中小学美术课程案例的多媒体课件设计与制作流程。

　　本教材符合高等美术教育技术改革与发展要求。根据教育部普通高等学校教育政策，该课程已列为师范类普通本科美术学专业必修课程，同时也是其他相关专业选修课程。教材尝试对美术教育与多媒体技术两个学科进行交叉研究，突出实践与应用，促进学生主动思考和探索，使学生在学习过程中成为信息加工的主体和知识掌握的构建者。教材阐释了中小学美术教学多媒体课件设计与制作的流程。多媒体课件是设计者利用计算机技术，按照计算机辅助教育的思想，使用多媒体制作软件将图、文、声、像等媒体有机地结合完成特定教学任务的教学软件。多媒体课件的设计与制作是一个系统工程，其制作过程一般包括五个阶段：选择课件课题阶段、编写脚本阶段、多种媒体素材的获取与处理阶段、课件的设计开发阶段与课件完善阶段，每个阶段都很重要，缺一不可。教材对每个阶段都进行了详细的阐述，使学者能够掌握设计与制作的整体脉络。教材依据《全日制义务教育美术课程标准(实验稿)》中的具体课程案例详解。教材对Microsoft Office PowerPoint 2007和Macromedia Authorware 7.0多媒体制作的主流软件进行了概述，并结合《全日制义务教育美术课程标准(实验稿)》的阶段目标，具体从"造型·表现"、"设计·应用"、"欣赏·评述"和"综合·探索"四个学习领域选择相应的课程进行多媒体课件的设计与制作。详解了小学美术《画影子》、《剪剪撕撕画画贴贴》，初中美术《吉祥物设计》，高中美术《漫步中外园林艺术》、《中国民间美术》等课程多媒体课件设计与制作的流程，其中包括课程教学设计和课件制作的具体内容。教材梳理了美术教学多媒体课件的评价标准和体系。教学多媒体课件是构成教学传播过程的重要环节和决定传播质量的关键要素，为了对多媒体课件的质量进行有效的监控和管理，限制低水平的重复开发，保证教学多媒体课件的质量，就需要制定教学多媒体课件评价体系来规范和指导多媒体课件的设计制作。

　　总之，本教材区别于同类多媒体课件制作教材，集中小学美术教学理论、教学案例、应用软件于一体，重科学性、实践性、技术性和艺术性地服务美术教学。当然，由于缺少相关文献的借鉴参考以及自身知识学养的欠缺，教材中难免出现各种错漏，恳请各位专家、老师不吝赐教，批评指正。

吴道义

2014年9月

目录
CONTENTS

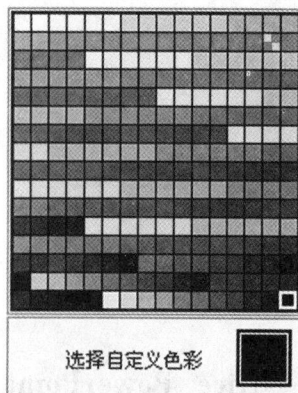

第一章　美术教学多媒体概述

伴随着社会信息化时代的到来，计算机信息技术走进了人们工作、学习和生活的各个方面，使计算机辅助教育（Computer Based Education，简称CBE）、计算机辅助教学（Computer Assisted Instruction，简称CAI）与教学关系日趋密切。它不仅能高效展现丰富的教学内容，充分增加单位时间内的教学信息量，而且还能细微展示操作的每个环节，形象演示抽象的空间概念等知识。美术教育课程应用图形、文字、声音、图像、视频、音乐等综合素材和技术手段，将课程教学内容制作成多媒体课件，通过教学有利于增加学生的学习兴趣，充分提高知识的记忆程度，有效提升教学效果和质量。

第一节　美术教育课程与多媒体教学

多媒体课件是集文字、图形、图像、动画、声音、视频等媒介手段于一体的教学软件。它能充分调动学生的各种感官，克服了仅能通过单一感官接受信息的局限性，从而达到较好的教学效果。完全可以将多媒体课件"背后"那些较为抽象、枯燥的专业知识转化为形象、生动、富有艺术感染力的教学内容，增强教学手段的趣味性和丰富性，从而创造一个轻松愉快的学习环境，提高学生的感知度，调动学习兴趣，使得学习效率得以大幅度提高。

一、多媒体教学课件概述

多媒体课件一般是指教师或多媒体制作人员，根据教学内容制作出包含大量多媒体信息并适合教育教学服务的软件系统。通过多媒体课件教学，可以解决传统教学中存在的具象与抽象、形象与逻辑之间的矛盾，将难以表述清楚的教学内容，如实验演示、情境创设、交互练习等生动形象地展示给学生。学生通过视觉、听觉等多方面参与，更好地理解和掌握教学内容，培养学生学习的兴趣，活跃了课堂气氛，同时也扩大了学生信息获取的渠道。因此，使用多媒体课件辅助于教学，近年来被广泛应用于教育领域。（图1-1）

计算机辅助教学，简称CAI，是英文Computer Assisted Instruction的缩写。美国是进行计算机辅助教学研究和应用最早的国家，1959年美国IBM公司研制成功了第一台计算机辅助教学（CAI）系统，给教育领域带来了一场巨大的革命。计算机辅助教学具有信息量大、直观性强、动态效果好、交互性灵活等显著优点。计算机辅助教学一方面让教师运用多媒体技术扩展和发挥教学思想和方法，组织教学内容，丰富教学形式，提高教学质量；另一方面计算机又将文字、图形、图像、动画、声音和视频等多种媒体组织起来通过直观演示、人机交互、实时操作等传统教学手段所不能比拟的多种形式充分吸引学生注意力，使学生的创作思维获得宽阔的想象

图1-1

空间，呈现出"教"与"学"的完美统一。

积件是目前比较流行的一种课件结构模式，是从多媒体CAI课件的基础上发展出来的新型CAI，是积累的可被方便直接调用的教学软件，是教师和学生根据需要，组合运用多媒体教学信息资源的教学软件系统。它在技术上可以把教学资源素材库和多媒体平台进行叠加，并独立运行，它不必对某一课程做整堂课的安排，而是针对课程中的某个知识点或单个教学环节制作成一个相对独立的小型课件，通过积件系统对这些小课件调用，对自己教学内容的课件进行编制，然后进行演示。资源丰富的积件库能符合教师教学的个性化需求，使得课件有更加充分的选择余地。积件最大的优势在于它的系统性、开放性和可重复性。

二、多媒体技术与美术教育课程的关系

多媒体教学是现代化教学方式的一种体现。由于科学技术的高速发展，美术教育信息量的快速更新与添加，新技术、新概念、新理论层出不穷，促使我们必须改革单一的教学模式，大力应用现代教育多媒体技术开展教学。美术教学是一种感受性教育，这是它不同于其他学科的一个重要特点。创设情境是美术教学"情感化"的基础和前提，师生在特定的审美情境中才能获得审美情感的体验。一堂好的美术课，应该是情与境的创设，音与画的合璧，真与美的展示。在美术教学中，恰当运用多媒体技术能帮助教师充分创设情境，发挥学生的主体作用，促进学生主动思考、主动探索、展开想象，使学生在学习过程中真正成为信息加工的主体和知识接受的主动构建者。随着多媒体技术和网络技术的快速发展，多媒体技术正在不断地被引入美术课程教学当中。它可以根据不同的教学内容充分利用声、图、视频等多媒体手段创设情境，化不可见为可见、化静为动、化抽象为形象，最大限度地调动学生的积极性，激发学生的学习兴趣。美术课程多媒体教学手段可以说是现代教育技术发展的必然趋势。

《国家基础教育课程改革纲要（试行）》中明确提出："大力推进信息技术在教学中的普遍应用，促进信息技术与学科课程的整合，逐步实现教学内容的呈现方式、学生的学习方式、教师的教学方式和师生互动方式的变革，充分发挥信息技术的优势，为学生的学习和发展提供丰富多彩的教育环境和有力的学习工具。"信息技术与学科课程整合简单地说就是信息技术课程与学科课程以及综合实践活动的整合，即信息技术环境下的综合学习。具体到美术课程就是信息技术与美术课程、美术教学以及美术课堂互相融合产生密切联系，其中课程、教学和课堂是主体，信息技术是不可缺少的辅助手段。由于信息技术的支持、互联网平台的建立以及多媒体的综合运用，为美术新课程标准在当前中小学美术教育中创造了至关重要的条件。

三、美术教学多媒体课件类型

计算机辅助美术教学课件的分类方法有很多，本书主要是根据教学内容、教学模式和教学策略等方面的结合，把教学多媒体课件分为教学型、演示型、练习型、游戏型、模拟型、网络型等。

（一）教学型课件

此类课件一般用于教师课堂教学中，在多媒体教室或网络环境下，教师以演示为主，附加以少量

的交互，面向全体学生播放的多媒体教学软件演示教学过程。教师控制课件的运行，不仅可边讲解边播放，教师通过图像、视频、动画和声音等媒体形式把抽象的教学内容用具体形象的形式展现出来，帮助学生理解知识和形成联想，还能够节省教师板书或板画的时间，但这种教学过程的预定性，不利于教师根据学生的反应而采取不同策略教学的实施。

（二）练习型课件

练习型课件是通过练习的形式来强化学生某方面的知识或能力。例如，用计算机存储美术鉴赏知识练习题，随机出题。通过让学生回答问题，达到巩固所学知识和掌握基本技能的目的。

（三）游戏型课件

这种课件和一般的游戏软件的不同之处在于它的设计是基于学科的知识内容，通过游戏的形式来让学生掌握知识和能力。例如，计算游戏应符合计算规则，语言游戏应符合语法或词法规则，化学实验游戏应符合化学实验操作规则，美术中的填色游戏应符合色彩的原理等。大多数教学游戏有着随机变化和形象生动的特点，使游戏型课件的教学活动更为活泼，寓教于乐。

（四）模拟型课件

模拟亦称仿真，利用计算机模仿真实的自然现象或社会现象。例如实验模拟，它用计算机构造实验的模拟环境。学生进行模拟实验时，允许改变实验条件，抑制实验过程的快慢，还可以多次重复，便于观察，如介绍色彩的搭配就可用计算机演示不同的色块配制后的效果。演示模拟则是运用计算机演示变化过程复杂、语言难以表达或者肉眼看不到的较抽象的教学内容，如给学生演示模拟不同光线下色彩所呈现的微妙变化，这种课件在演示中一般不能人机交互，防止中断学生观看和思维的连续性。

（五）网络型课件

它通过网络进行传输，在用户终端上运行的多媒体课件。网络版多媒体课件受网络传输条件的限制，目前一般运行于局域网，互联网上大都以网页形式出现。网络版的优势在于资源共享，即一个课件可以同时供许多个教师上课使用。

第二节　多媒体教学课件的特点

多媒体课件是根据教学内容和教学对象的特点来进行设计的，通过课程教学设计，合理选择和运用现代教学媒体，并与传统教学手段有机组合，以多种媒体信息作用于学生，形成科学的教学过程，激发学生的学习兴趣，发挥学生的学习主动性、积极性和创造性，达到最优化的教学效果。（图1-2）

一、丰富的表现性

多媒体课件通过文字、声音、图片、视频等信息向学生传授知识，这比教师在黑板上书写更加直观生动、丰富多彩。多媒体课件还可以对宏观和微观的事物进行模拟，把一些抽象的概念、复杂的变化过程和运动形式，通过动画、视频等逼真活泼的形式展现在学生面前，极大地调动了学生的学习情

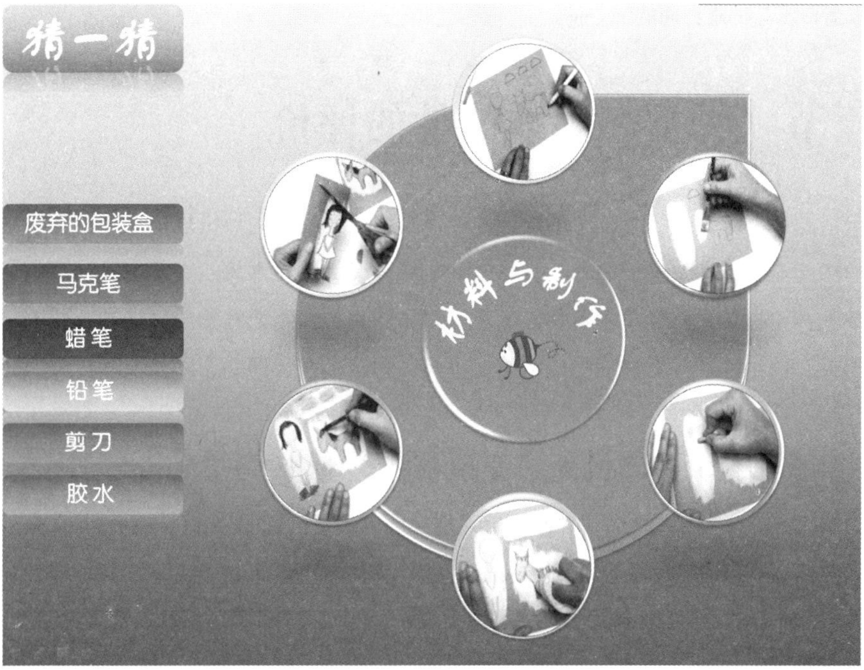

图1-2

绪，也有利于教师引导学生去探索事物的本质及内在联系。

二、便捷的交互性

交互性是多媒体课件的重要特点之一，人机交互有效解决了"教"与"学"双方进行实时信息交流的需求。教师进行多媒体课件设计时可以根据学生现状，运用适当的教学策略，指导学生进行有针对性的学习；同时，通过学生反馈信息调整教学的深度和广度，保证学生获得知识的准确性与完整性，有效地激发学生的学习兴趣，使学生产生强烈的学习欲望。

三、流程的可控性

多媒体课件流程设计是结合教学内容而预先构建的，与预定的课堂教学步骤和脉络相统一。但是课堂教学的具体细节是随着教与学互动过程而生成的，是不可完全预见的，如果课件的流程还是按照预定思路，从头至尾不可跳转，就很难与实际课堂教学相统一。这就要求设计与制作课件时，运用课件中的导航、脚本、链接等功能实现对课件各环节的有效控制，让使用者在课堂教学中选择和调控。

四、界面的美观性

美术本身是一门视觉艺术。美术教学课件所展示的界面，不是黑板的替代品，除了完成一定的教学任务外，更要使人获得美的享受。优秀的课程课件是内容与美的形式的统一，美的形式能更好地表现内容，激发学生的学习兴趣。多媒体课件界面的美观设计包括界面视觉元素设计、界面色彩设计和界面版式设计等方面。总之，运用多媒体课件辅助教学，是对原有教学模式的探讨和挑战，优秀的教学课件是丰富资源与美观界面的统一体。

第三节　教学多媒体课件的评价

本书所指的课件评价是针对教学多媒体课件、网络课程提出的评价规范，包括框架结构和指标体系。评价中定义了课件与课程内容、教学设计、界面设计和技术等四个维度的特性，每个维度下包含有具体的评价指标，以最小的重叠描述了多媒体课件、网络课程的质量特性。评价中不具体评价多媒体课件、网络课程开发过程的成熟度，不具体规范多媒体课件、网络课程资源的开发工具和制作方式。

一、多媒体教学过程的质量评价指标

教育软件的评价有多种基本方法，本评价采用指标体系法，通过一套特定的指标体系从多个维度评价多媒体课件、网络课程的质量属性。多媒体教学过程的质量评价指标主要从课件与课程内容、教学设计、界面设计以及技术四个基本维度来评价多媒体课件和网络课程的质量特性。

二、多媒体课件的教学效果评价方法

脱离实际应用背景评价多媒体课件的教学效果是没有说服力的，当然也就失去了它的指导意义。因此，只有将课件评价与其应用的基础相结合或建立在应用的背景上，课件的评价才具有权威性、指导性和说服力。多媒体课件教学效果评价的方式可以通过实际教学现场法、模拟教学现场法、专家上机操作法、学生主观评估法等多种途径进行。

从促进课件应用效果角度出发，在目前条件下这几种方法比以往课件评价方法更公正、更具说服力和权威性，对提高课件整体质量也更具积极意义。在实际的课件效果评价中，针对不同的评价内容可采取不同的评价方法，也可对同一评价内容采取组合的评价方法，以求获得更完善的评价结果。同时也应根据课件的不同类型、适用专业、应用层次制定出具体课件评价内容的权重值，使评价工作在量化环境下更具准确性和可操作性。评价结论是单位或个人选用课件的重要依据。教育在不断发展，教育技术也在不断提升，因此，对课件评价不能一成不变，应随课件在教育教学中作用的变化而更新。

三、教学多媒体课件参考评价标准

教学多媒体课件是利用多种媒体形式实现和支持计算机辅助教学的软件。多媒体教学课件的制作服务于教学，目的是改革教学手段和提高教学质量。一个优秀的教学多媒体课件主要从教育性、科学性、技术性、艺术性及使用性等标准进行合理评价。

（一）教育性

符合教育方针、政策，紧扣教学大纲。课件选题适当，适应教学对象需要，能起到传统教学手段所不能或较难起到的作用，充分体现多媒体教学的优势。课件内容规范，概念叙述正确，教学内容适应于相应认知水平的学生，能较好地体现作者的教学思想，注意启发性，培养学生的思维能力。课件组织表现形式合理与新颖，符合教学规律。多媒体课件应紧密结合教学内容，有丰富的案例及相关资料配合教学知识点，利于学生学习，具有一定的深度和广度，能反映教学中的重点，有一定量的练习题和思考题，满足实际教学需要。对教学中的重点、难点能充分利用图形、图片、视频、Flash、声音、电子模型等各种技术手段展现，使学生易于理解与记忆。教学设计的理念应科学、新颖，能体现出良好的整体教学设计思想。

（二）科学性

科学性主要包括两个方面：一是教学内容、知识讲解的科学性；二是制作过程中素材、媒体选择的科学性。课件内容应依据教学大纲的要求进行编制，重点、难点突出，体现教学大纲的要求与目的。知识讲解过程中，适度运用比较与分类、归纳与演绎、分解与综合、演示与实验、模拟与仿真等多种教学手段，充分调动学生的学习积极性，使学生在轻松愉快的氛围中接受知识。多媒体课件的优点是图文并茂、声像俱全、信息量大。如何把大量的信息在短时间内通过文字、图像、声音、视频等多种媒体恰如其分地呈现出来，并能让学生很好地消化吸收，是脚本设计的过程中必须考虑的问题。媒体选择的科学性是为教学目的和教学任务服务的原则，是为了解决教学中的具体问题，完成教学任务。而对各式各样的媒体，首先要了解它们的教学效能及功能特性，然后根据教学需要，选择适用的媒体。

（三）技术性

技术性是反映课件制作水平的重要指标。首先，体现在解题的过程性，就是传授方法的过程，目的是让学生真正地把理论与实践结合起来，把点滴知识变为连贯全局的系统知识。其次，体现在题目的多样性，优秀的课件训练系统题库总是变化出现的，这样学生每次进入训练系统时都有不同的感觉，当学生完成某一阶段的训练后，能得到丰富多彩的带有激励性的评价话语或动画，有利于培养学生的学习兴趣。同时，题目的多变性还要根据不同层次的学生给出相应难度的训练题型，做到因材施教。再次，体现在系统的兼容性与网络功能，课件对系统的兼容性属于技术性范畴。在课件制作过程中，应充分考虑到各种参数的设置，系统变量的引用，动态数据库的调用，视频的设置，分辨率与色调等方面的问题，使打包后的课件能在不同的平台上安全与稳定地运行。计算机网络的发展为资源共享、远程通讯、教育等方面带来了长足的发展，一个有生命力的课件应当具有网络功能。最后，体现在交互性，它包括友好的界面和完善的帮助系统两方面的内容：友善的界面需考虑到用户的可操作性和易用性，应尽量避免使用热区响应、目标区域响应等较为隐蔽的交互方式，多使用下拉式菜单、按键响应、对话响应等较为友善与明显的交互方式；完善的帮助系统可以让用户快捷、方便地使用软件，当遇到困难时及时得到帮助并找到解决问题的办法。

（四）艺术性

多媒体课件的教学设计应符合认知规律，合理选用并处理文字、声音、图像、图形、视频、动画等教学信息素材，使学生充分地利用视觉、听觉等多种感官进行学习，得到最佳的学习效果。界面布局要突出重点，显示的命令或窗口应依重要性排列，可能会造成不利影响的项目应尽量排在次要的位置上。界面的内容应简洁、新颖，符合学生阅读的视觉心理；界面的布局应合理、美观；语言文字表述应规范、简洁；声音、动画运用应构思巧妙；色彩搭配应协调、统一，契合多媒体课件教学主题。媒体应用方面应利用多媒体手段充分呈现教学内容，以便开发出制作精细、吸引力强、激发学习兴趣的教学课件。

（五）使用性

课件操作要便于教师和学生控制，使师生经过简单的训练就可以灵活使用。首先，课件要提供适当的导航、友好界面、操作方便、交互性强的功能，每一个对象如窗口、按钮、菜单等外观和操作应做到统一性，并使对象的功能和动作可以把握；其次，可以让使用者自主选择是否运行或载入课件中的动画、视频和音频等素材；再次，课件需要完整和详细的文档。

四、教学多媒体课件评价的意义

教学多媒体课件是构成教学传播过程的重要环节和决定传播质量的关键要素。随着教育信息化进程的发展，多媒体课件的数量在迅速增长，为了对多媒体课件的质量进行有效的监控和管理，限制低水平的重复开发，保证多媒体课件和教学的质量，就需要制定教学多媒体课件评价体系来规范指导多媒体课件的开发，同时对于多媒体课件设计与制作过程也具有一定的指导意义。多媒体课件在开发之中、制作完成之后以及用户使用之中都需要进行评价，评价的目的是指导课件的制作、修改、完善和有效的使用。课件的评价工作应以促进课件应用为目标、以衡量其教学实效和软件质量为准则、以客观测试和主观评价相结合为基本方法来进行，通过正确地评价多媒体课件，从而有效提高教学多媒体课件的质量和效率，使课件评价真正成为推动课件应用的激励机制和用户选择课件的依据。

第二章　美术教学多媒体课件设计与制作流程

多媒体课件是设计者利用计算机技术，按照计算机辅助教育的思想，使用多媒体制作软件将图、文、声、像等媒体有机结合完成特定教学任务的教学软件。多媒体课件的设计与制作是一个系统工程，其制作过程一般包括五个阶段：选择课件课题阶段、编写课件脚本阶段、多媒体素材获取与处理阶段、课件设计开发阶段、课件修改与完善阶段。每个阶段都很重要，缺一不可。

第一节　课件课题的选择阶段

选择课件课题是中小学美术教学多媒体课件开发的第一步，一个好的选题是确保整个课件开发项目成功的必要条件。选择课件课题时可参考以下原则进行。

首先，课题选择要满足教学内容需求。教学是否需求将直接决定一个课题是否有价值，中小学美术教学多媒体课件的开发目的就是为了满足广大中小学教师教学需要。在选择课题时，应选择学科教学中较为重要的内容以及较为抽象的知识点，另外，还应选择用常规方法难以表现而又适合于计算机多媒体表现的课题。

其次，课题选择要考虑学生的认知特点。不同学习阶段的学生其认知特点有较大区别，课题选择时要考虑到学生的认知特点。例如，给幼儿开发的课件与给高中生开发的课件，无论在媒体表现形式上还是在课件的知识结构上都应有较大的区别。

再次，课题选择要依据现有客观条件。课件开发受制于现有条件，如受课件使用者水平、课件制作者的技术水平、课件制作的时间要求与经费支持等多种因素的制约。一般而言，参与多媒体CAI课件开发的人员包括：项目负责人、学科教学专家、教学设计专家、软件工程师（系统结构设计）专家、多媒体素材制作专家以及多媒体课件制作专家。

第二节　编写课件脚本阶段

选择并确定课件课题之后就进入编写脚本阶段，编写脚本阶段主要包含编写文字脚本和编写制作脚本。文字脚本是制作脚本的基础，多媒体课件制作的最终依据是制作脚本。

一、编写文字脚本

文字脚本又称文字稿本，是按照教学过程的先后顺序描述每一环节的教学内容及其呈现方式的一种稿本形式，它是使用者根据实际需要而写的需求书。中小学美术教学多媒体课件的文字脚本一般是由中小学美术教师编写。

文字脚本的基本组成部分：在开头部分，说明课件的名称、使用对象、设计者、脚本卡的编号和编写日期；在中间部分，概括说明课件的基本内容，课件包括的单元及其目标和知识点，教学策略设计和结构设计；最后，是必要的注释内容。

编写文字脚本时的注意事项：必须写清楚主要的教学过程和重要的教学环节；要写明课件包含的知识点，明确课件的作用和意义；要写出需要的文字、图片、动画、声音等素材；要注明各个课件片段需要展现的效果和出现形式。

二、编写制作脚本

课件制作脚本通常是由课件系统结构、主要模块分析和制作脚本卡片构成。具体内容包括封面设计、界面设计、模块安排、素材组织、技术运用等部分。

制作脚本的格式与文字脚本基本相同，它包含着使用者将要在多媒体课件界面上看到的细节。例如，用多种媒体展示的教学信息，计算机与课件使用者之间的交互方式等，在主要部分将这些信息内容和显示位置描述出来，同时用相应的符号表示这些信息的类型。在注释部分，详细地说明各种信息显示的逻辑关系，即先显示什么内容，后显示什么内容，后来的内容显示时，先前的内容是否还保留等。

第三节　多媒体素材获取与处理阶段

多媒体技术是利用计算机综合处理文本、图像、图形、声音、动画、视频等多种媒体素材，并将它们集成系统的技术。课件素材的获取与处理是课件制作的关键。

一、素材的分类

根据媒体的不同性质，可以把媒体素材分成文本、图形、图像、声音、动画、视频、程序等类型。不同的媒体类型有不同的文件格式，在不同的开发平台和应用环境下，即使是同种类型的媒体，也有不同的文件格式。文件扩展名是文件类型的标志，熟悉常用媒体文件格式的扩展名对课件制作将有很大帮助。表2-1列出了常用媒体文件的扩展名，并对文件扩展名作了简单的说明。

表2-1 常用媒体文件扩展名

媒体类型	扩展名	说明
文本	ini	初始化信息文件
	txt	纯文本文件
	rtf	Rich Text Format 格式
	wri	写字板文件
	doc	Word 文件
	wps	WPS 文件
声音	wav	Microsoft Windows 本身提供的音频格式,这个格式已经成为通用的音频格式
	mp3	全称是 MPEG Audio Layer-3,而不是 MPEG 3。由于 MP3 具有压缩程度高、音质好的特点,所以 MP3 是目前最为流行的一种音乐文件
	wma	微软公司针对 Real 公司开发的新一代网上流式数字音频压缩技术。这种压缩技术的特点是同时兼顾了保真度和网络传输需求
	ra、ram、rpm 或 Real Audio	具有非常高的压缩程度,文件要小于 MP3
	mid	全称 The Musical Instrument Digital Interface,乐器数字接口。MIDI 使得人们可以利用多媒体计算机和电子乐器去创作、欣赏和研究音乐
	vqf	日本 YAMAHA 公司购买 NTT 公司的技术开发出来的一种音频压缩格式。主要特点是压缩比比 MP3 高,而且音质还比 MP3 好
	cd	英文 Compact Disc 的缩写,意为激光唱片。是音频文件中音质最好的,弱点是容量太大

媒体类型	扩展名	说明
图形图像	bmp	BMP 是英文 Bitmap（位图）的简写，它是 Windows 操作系统中的标准图像文件格式，能够被多种 Windows 应用程序所支持。该格式的特点是包含的图像信息较丰富，几乎不进行压缩，缺点是占用磁盘空间过大
	jpeg	JPEG 是一种常见的图像格式，它由联合照片专家组（Joint Photographic Experts Group）开发。JPEG 文件的扩展名为.jpg 或.jpeg，其压缩技术十分先进。它的应用非常广泛，是网络上最受欢迎的图像格式
	gif	GIF 是英文 Graphics Interchange Format（图形交换格式）的缩写。顾名思义，这种格式是用来交换图片的。GIF 格式的特点是压缩比高，磁盘空间占用较少
	psd	著名的 Adobe 公司的图像处理软件 Photoshop 的专用格式 Photoshop Document（PSD）。它里面包含有各种图层、通道、遮罩等多种设计的样稿，以便于下次打开文件时可以修改上一次的设计
	pgn	PNG（Portable Network Graphics）是一种新兴的网络图像格式。PNG 是目前保证最不失真的格式，具有把图像文件压缩到极限以利于网络传输、支持透明图像制作的特点
	tif	标记图像格式文件，是 Mac 中广泛使用的图像格式，特点是图像格式复杂、存贮信息多
动画	gif	图形交换格式文件
	swf	这种格式的动画能用比较小的体积来表现丰富的多媒体形式，并且还可以与 HTML 文件达到一种"水乳交融"的境界
	fla	fla 文件是 SWF 的源文件，要在 Flash 中打开、编辑和保存
	mov	QuickTime 的动画文件
	flc(fli)	AutoDesk 的 Animator 文件

媒体类型	扩展名	说明
视频	avi	英文全称为 Audio Video Interleaved，即音频视频交错格式。Windows 视频文件
	mpeg	英文全称为 Moving Picture Expert Group，即运动图像专家组格式，常看的 VCD、SVCD、DVD 就是这种格式。它采用了有损压缩方法减少运动图像中的冗余信息。该格式的文件扩展名包括 mpg、mpe、mpeg、asf 及 dat、vob 等
	wmv	英文全称为 Windows Media Video，是微软推出的一种采用独立编码方式并且可以直接在网上实时观看视频节目的文件压缩格式。主要优点包括：本地或网络回放、可扩充的媒体类型、部件下载、可伸缩的媒体类型、流的优先级化、多语言支持、环境独立性、丰富的流间关系以及扩展性等
	rm	Real Networks 公司所制定的音频视频压缩规范。是目前主流网络视频格式
	rmvb	是由 RM 视频格式升级延伸出的新视频格式，它大幅度地提高了运动图像的画面质量；另外，这种视频格式还具有内置字幕和无需外挂插件支持等独特优点
	mov	美国 Apple 公司开发的一种视频格式，默认的播放器是苹果的 QuickTime Player。具有高压缩比率、完美的视频清晰度与跨平台性
其他	rar、zip	压缩文件
	exe、bak	可执行程序文件
	……	……

二、文本素材的获取与处理

在各种媒体素材中，文本素材是最基本的素材，也是相对容易获取与处理的素材。文本素材的处理离不开文本的输入和编辑。输入文本的方式很多，如键盘输入、语音输入、书写识别输入等。

三、图像素材的获取与处理

图像是人类获得信息的重要来源，是多媒体CAI课件制作中最常用的素材，它可以把抽象的教学信息转化为更现实的形式，是一种直观的教学媒体，在美术教学中应用较为广泛。数字图像是以0或1的二进制数据表示的，其具有便于编辑、易于保存与携带的优点。根据其在计算机中的处理及运算方式的不同，数字图像又分为矢量图（Vector-based Image）和位图（Bit-mapped Image）。矢量图与位图的比较如表2-2所示。

表2-2 矢量图与位图的比较

名称	矢量图	位图
概念	矢量图主要由设计软件（ 如Illustrator 和CorelDraw 等）通过数学公式计算产生的，它与分辨率无关，也无法通过扫描获得	位图是有许多色块组成的,每一个色块就是一个像素。像素只显示一种颜色,是构成图像的最小单位
优点	优点是信息存储量小，分辨率完全独立，在图像的尺寸放大或缩小过程中图像的质量不会受到影响，而且它可以任意移动每一个对象，调整大小或重叠，所以很多 3D 软件都使用矢量图	优点是色彩显示自然、细腻、逼真，常用于艺术设计等领域
缺点	缺点是用数学方程式来描述图像，运算比较复杂，而且所制作出的图像色彩显示比较单调，图像看上去比较生硬，不够柔和逼真	缺点是图像在放大或缩小的转换过程中会产生失真,且随着图像精度提高或尺寸增大,所占用的磁盘空间也急剧增大

（一）图像素材的获取

多媒体课件制作时，可以通过多种途径获取图像素材，例如从Internet上下载，从计算机屏幕上直接截取，从动画、视频中捕捉，利用扫描仪扫描，利用数码相机拍摄等。

1. 从Internet上下载图像素材。Internet是一个资源的宝库，可以从中得到很多有用的图像，用于课件制作。既可以从专门的图像网站上下载，也可以到与课件制作内容相关的网站去寻找。

2. 截取屏幕图像。很多时候在计算机屏幕上显示的画面无法下载，如电影播放的画面就可以采用截取屏幕的方法实现。截取屏幕图像有多种方法，这里介绍几种方法。

利用Windows快捷键PrtSc键截取屏幕图像。见到需要的屏幕画面时，只需要单击键盘上的"PrtSc"键，整个计算机屏幕显示的画面将以图片的方式放到粘贴板中。当需要当期活动窗口的画面，如Word界面、PowerPoint界面，可以使用"Alt+PrtSc"快捷键组合来截取。

使用专业抓屏软件SnagIt截取画面。目前，截屏软件种类繁多，功能也存在较大的不同。比较常用的截屏软件有Hyper Snap、Super Capture、红蜻蜓抓图精灵以及SnagIt等。这里介绍最常用的SnagIt软件。SnagIt 8.2.2是一款非常优秀的屏幕、文本和视频捕获与转换程序。

下面以抓取"不到园林怎知春色如许？——漫步中外园林"中的一幅图片为例，说明SnagIt软件的使用。

步骤1：启动SnagIt软件，界面如图2-1所示。

图2-1

步骤2：在"方案设置"中，"输入"设置为"范围"，"输出"设置为"文件"，其他为默认值。

步骤3：运行要截取图片的课件，如"不到园林怎知春色如许？——漫步中外园林"，当屏幕上显示所需要的画面时，按一下"Print Screen"热键，鼠标指针变为手形，在所需的画面区域上拖出一个矩形框。

步骤4：松开鼠标，出现带有截取图画的SnagIt界面，如图2-2所示。

步骤5：单击"完成（文件）"按钮，在打开的"另存为"对话框中输入文件名，选择保存位置即可

图2-2

完成截取。

截取VCD、DVD视频画面。用Windows快捷键PrtSc与SnagIt软件很难截取VCD、DVD播放的视频画面。如果用豪杰超级解霸V9.0来截取，就可以轻而易举地解决这个问题。需要说明的是，豪杰超级解霸V9.0不仅可以截取单张视频画面，甚至可以连续抓图，而且所抓画面质量较高。具体操作过程如下：

步骤1：运行豪杰超级解霸V9.0，界面如图2-3所示。

步骤2：打开并播放VCD或DVD视频。当视频播放出现所需要的画面内容时，暂停播放视频，选择菜单"控制"—"抓图"—"单图"，或者单击按钮 🔳，打开"保存图片"对话框，输入文件名与选择

图2-3 超级解霸

保存位置即可。

3. 扫描或拍摄书籍上的图像。教材、杂志、报纸、照片、挂图是教学中常见的教学素材，如果希望将这些纸质载体的教学信息转换成数字照片供课件开发时使用的话，扫描仪是不可或缺的工具。另外，使用数码相机拍摄、通过购买市场上丰富的素材光盘等途径都可以获取图像。

（二）图像素材的处理

图像编辑软件很多，例如Windows"附件"中的"画图"（Painter）是一个功能全面的小型绘图程序，它能处理简单的图形。图片浏览软件ACDSee也有一定的编辑功能，但只能完成诸如图片大小调整、方向调整、裁切、色阶调整等简单的编辑功能。Adobe PhotoShop是公认的最优秀的专业图像编辑处理软件之一，它是众多用户的选择。CorelDraw、Adobe Illustrator、Adobe Freehand等也都是创作和编辑矢量图形的常用软件。在本节中，重点介绍Photoshop CS的基本操作。

1. Photoshop简介

Photoshop是Adobe公司旗下最为出名的图像处理软件之一。Photoshop的应用领域非常广泛，无论在平面设计、照片修复、广告摄影、艺术文字、网页制作、界面设计、图标制作以及在数字绘画各个方面都有较为出色的表现。从功能角度来分，Photoshop具有图像编辑、图像合成、校色调色及特效制作四大功能。

2. Photoshop的工作界面

Photoshop的工作界面包括：标题栏、菜单栏、工具属性栏、工具箱、图像窗口、调板和状态栏，如图2-4所示。

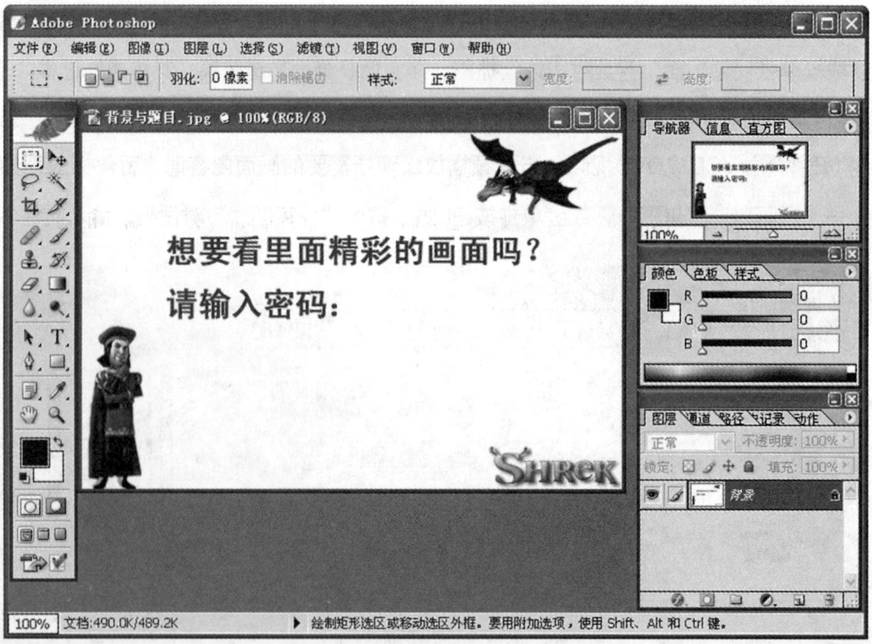

图2-4 PS界面

提示：Photoshop工具箱中有多达40多种工具，为了界面的美观与便于用户的操作，这些工具分类放置。部分工具的右下角有黑色的小三角■，表示该按钮中隐藏着其他工具。在小黑三角上按住鼠标左键不放，可从弹出的工具按钮列表中选择所需的工具。

3. 综合实例

在制作教学多媒体课件时，有时需要把多个图片内所需要的图像选取出来，进行合成图像。下面说明使用素材"合成素材1_苏州园林"和"合成素材2_树叶"制作"合成苏州园林封面.psd"的操作过程。（图2-5至图2-9）

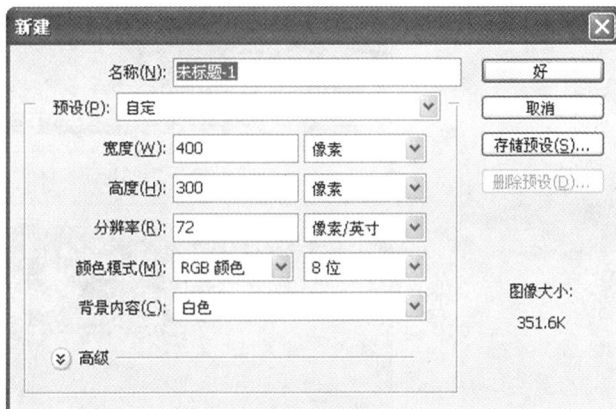

图2-5 PS新建

图2-6 PS存储

图2-7 PS封面素材

图2-8 PS封面素材

图2-9 PS封面

步骤1：启动Photoshop CS，并按图2-10所示新建一个"合成苏州园林封面"文件。

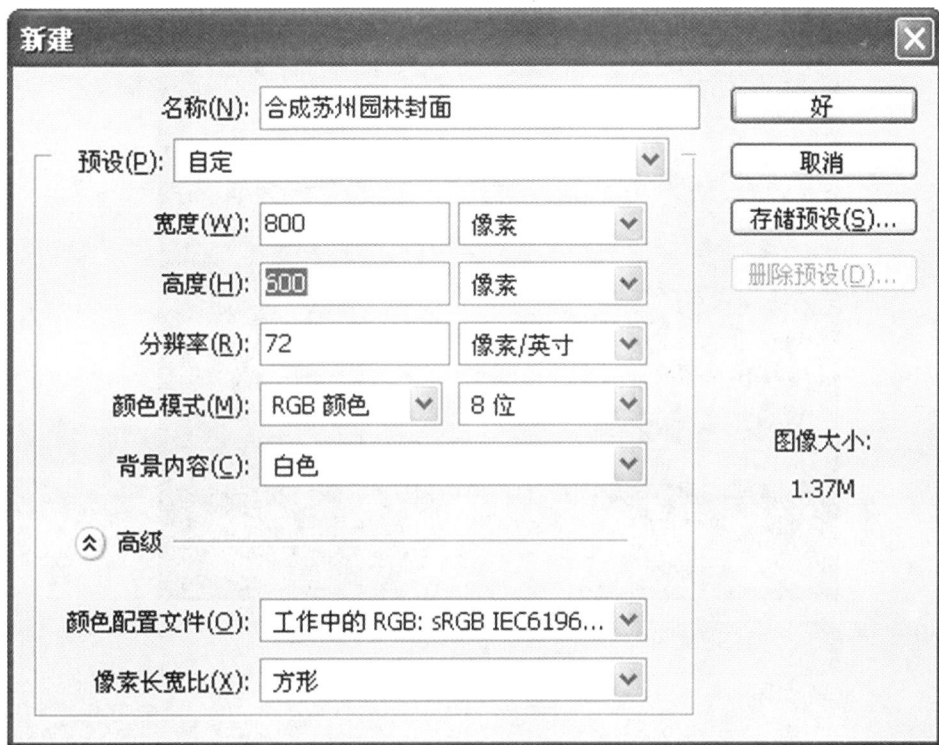

名称(N)：合成苏州园林封面
预设(P)：自定
宽度(W)：800 像素
高度(H)：600 像素
分辨率(R)：72 像素/英寸
颜色模式(M)：RGB 颜色 8 位
背景内容(C)：白色
高级
颜色配置文件(O)：工作中的 RGB：sRGB IEC6196...
像素长宽比(X)：方形
图像大小：1.37M

图2-10 PS封面新建

步骤2：选择工具箱中的"渐变工具" ，设置渐变模式为浅蓝到白色的线性渐变。渐变工具属性设置如图2-11所示。

图2-11 PS封面渐变

步骤3：使用渐变工具在"背景"图层上由下至下拖出一条直线，完成线性渐变填充。

步骤4：在Photoshop中打开图片"合成素材1_苏州园林.jpg"。选择"套索工具" ，套索工具属性设置如图2-12所示。

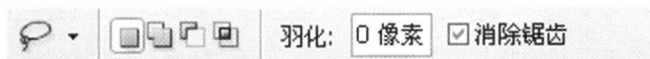

图2-12 PS封面套索

步骤5：在"合成素材1_苏州园林.jpg"中创建如图2-13所示的选区。

图2-13 PS封面套索

步骤6：选择菜单"选择"—"羽化"，或者按住组合键"Alt+Ctrl+D"，弹出"羽化选区"对话框，设置羽化半径为"50"像素。（图2-14）

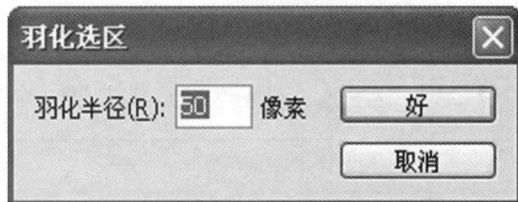

图2-14 PS封面羽化

步骤7：选择菜单"编辑"—"拷贝"，或者按住组合键"Ctrl+C"，复制选区图像。

步骤8：回到"合成苏州园林封面"图像，选择菜单"编辑"—"粘贴"，或者按住组合键"Ctrl+V"，这样"合成苏州园林封面"图像就多了新粘贴的图层1。（图2-15）

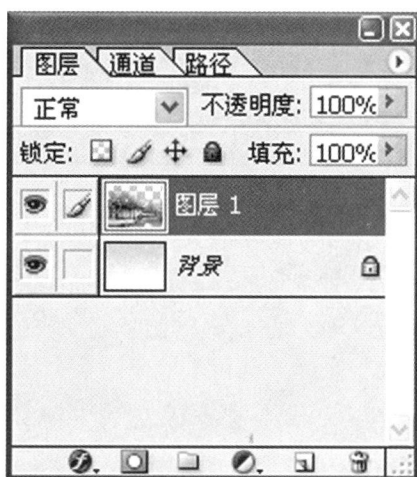

图2-15 PS封面图层

步骤9：对图层1进行自由变换，并按住组合键"Ctrl+B"调整色彩平衡。色彩平衡参数设置如图2-16所示。

图2-16 PS封面色彩平衡

至此，效果如图2-17所示。

图2-17

步骤10：存储文件为"合成苏州园林封面.psd"。

步骤11：在Photoshop中打开图片"合成素材2_树叶.jpg"。使用套索工具选择图片上部的树叶，然后羽化选区，羽化半径设为50像素，然后复制到图像"合成苏州园林封面"中，自由变换并调整位置，按组合键"Ctrl+B"调整图像色彩平衡。（图2-18）

图2-18

至此，效果如图2-19所示。

图2-19 PS封面图层2

步骤12：选择工具箱"横排文字工具" T ，工具属性栏参数设置如图2-20所示。

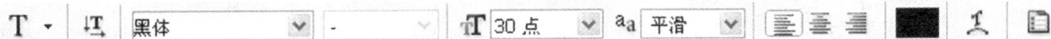

图2-20 PS封面字体

提示：也可通过"字符"调板来设置文字的格式与段落。单击文字工具属性栏的"切换字符和段落调板"按钮 ，即可调出"字符调板"。字符调板如图2-21所示。

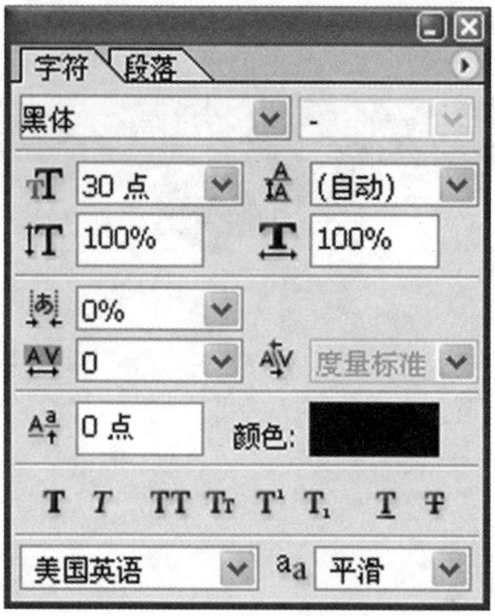

图2-21 PS封面字体

步骤13：在图像窗口合适的位置单击鼠标左键，当鼠标指针呈 ⌶ 状时，输入"人民美术出版社普通高中课程标准实验教科书"。

步骤14：为新创建的文本图层 [T] 人民美术出版社普通... 设置"描边"图层样式，参数设置如图2-22所示。

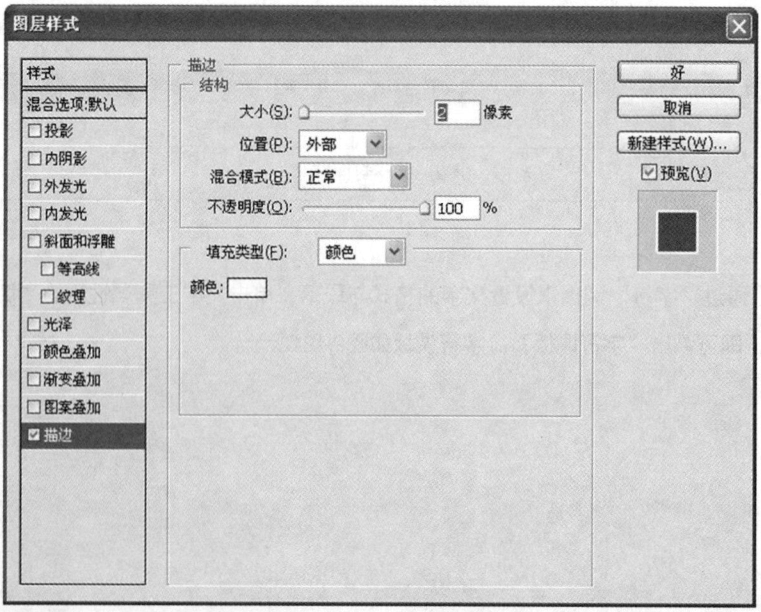

图2-22 PS封面字体样式

步骤15：在图层调板中新建图层3。

步骤16：选择工具"横排文字蒙版工具" ，字符调板参数设置如图2-23所示。

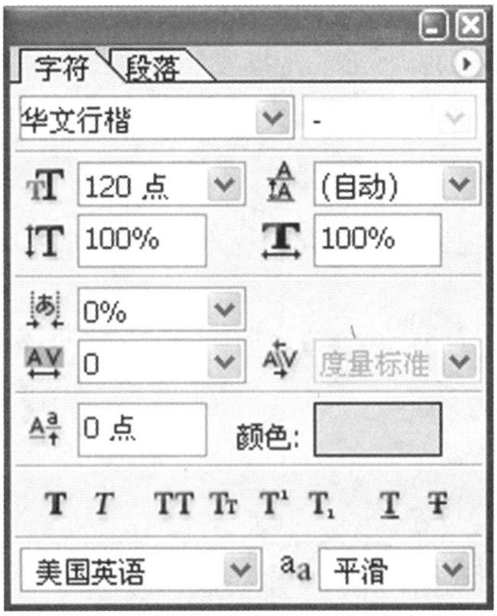

图2-23 PS封面蒙版字体

步骤17：在图像窗口合适的位置输入"苏州园林"，切换"渐变工具"。此时在图像窗口图层3上创建了字形的选区，如图2-24所示。

图2-24 PS封面蒙版字体

步骤18：设置渐变为"线性渐变"，渐变色为"色谱"。然后在图层3上水平拖动鼠标。效果如图2-25所示。

图2-25 封面蒙版字体

步骤19：对图层3增加"投影"、"外发光"、"描边"等图层样式，参数设置如图2-26至图2-28所示。

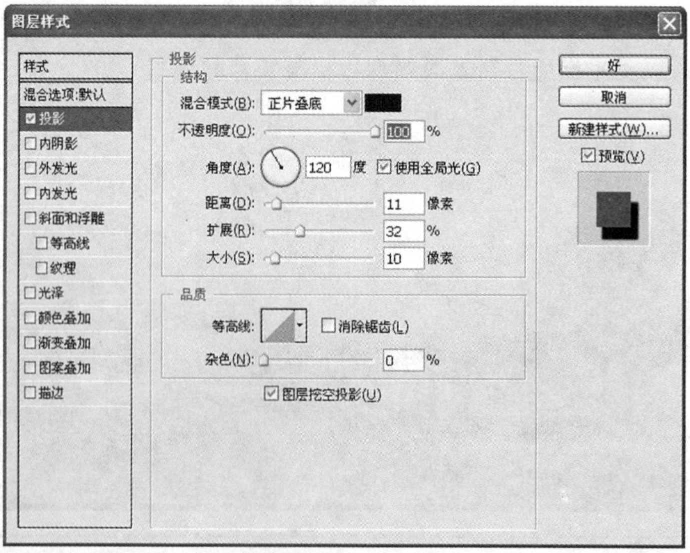

图2-26 PS封面蒙版投影

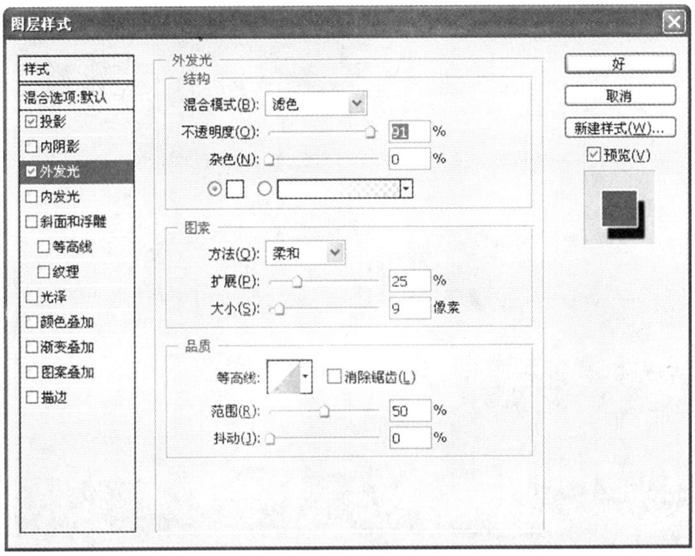

图2-27 封面蒙版外发光

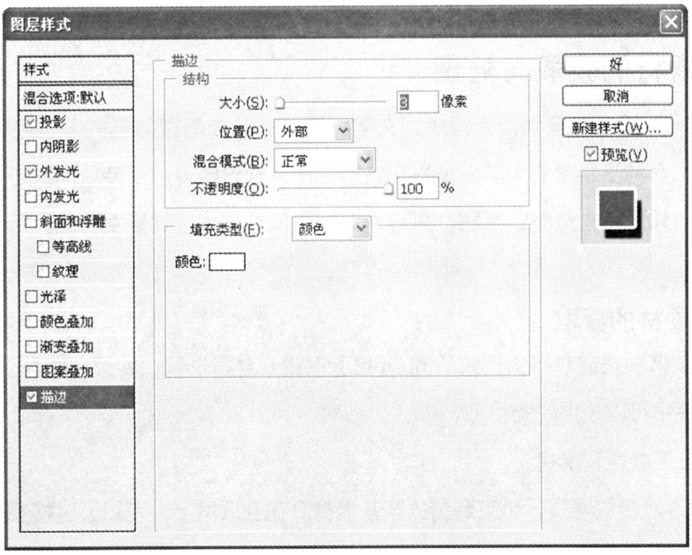

图2-28 PS封面蒙版描边

图2-29 PS封面效果

最终效果如图2-29所示。

步骤20：保存文件。

四、声音素材的获取与处理

在多媒体课件中，适当地运用声音能起到文字、图像、动画等媒体形式无法替代的作用，可以更好地表达教学内容，有利于学习者大脑保持兴奋状态，使视觉思维得以维持。同时还可吸引学生的注意力，增加学习兴趣，调节课堂气氛。当然，声音作为一种信息载体，其更主要的作用是直接、清晰地表达语意。

（一）声音素材的获取

声音素材可以从多种渠道获得，例如从Internet上下载、自行录制，将录音磁带、CD、VCD、DVD中的声音转换成课件中可以使用的素材等。

1. 从Internet上下载声音素材

Internet上不仅有海量的网页，也有海量的声音素材。在互联网上，可以通过搜索引擎下载声音，可以从音乐网站下载声音，也可以到网络教学资源库下载声音。

2. 利用Windows自带"录音机"录制话筒声音

"录音机"是Windows自带的一个多媒体播放程序，它操作简单，可以满足课件制作中许多情况下的需要。

3. 利用Absolute Sound Recorder录制计算机播放出的声音

我们在播放课件时或者在Internet上在线播放音频、视频时，经常发现里面的声音可以用到自己的课件中，但无法下载这些声音文件，我们可以用Absolute Sound Recorder将其录制下来。它是一款强大的录音工具，可以轻松地从麦克风、Line-in音频以及互联网的音频流录音，也可以把Winamp、Windows

Media Player、QuickTime、RealPlayer、Flash、游戏等播放的音乐录制到硬盘上。它支持三种输出格式：WAV、MP3和WMA。

提示：录音软件种类繁多，使用方法基本上大同小异。除了本书介绍的Absolute Sound Recorder软件外，网络上可供下载的类似软件较多，读者可以自己查找、下载、试用，这里不作详细介绍。

（二）声音素材的编辑

从Internet下载或者通过程序录制的声音，一般都需要经过编辑才能使用。常用的声音素材的编辑软件有：Cool Edit Pro/2000、Sound Forge、Wave Edit、Gold Wave等声音编辑器，其对声音的录制和编辑的功能都很强大，大家可以在网上下载试用版本去实际体会一下。

1. 截取声音片段

有的情况下，课件中所使用的声音仅仅是某个声音文件的某一段。例如需要截取语文课文某一段落的朗读，下面使用"豪杰超级音频解霸V9.0"截取"朱自清《背影》朗读.mp3"声音的一个片段。

步骤1：启动豪杰超级音频解霸V9.0，程序界面如图2-30所示。如果界面不同，用户可以单击右上角的"按肤"按钮🔼改变界面。

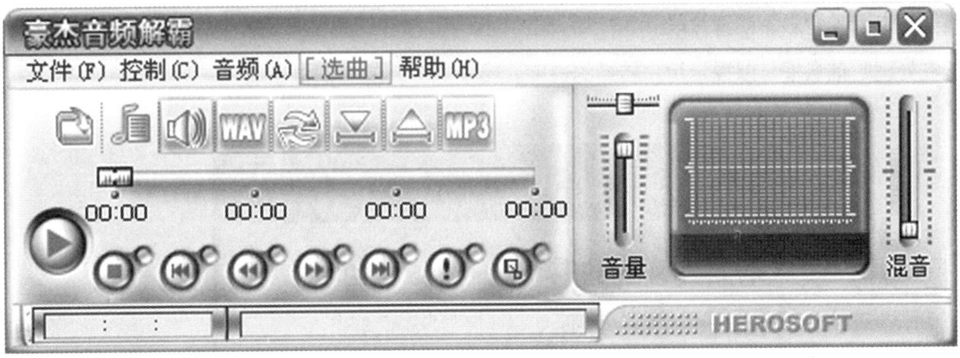

图2-30 音频解霸

步骤2：打开并播放配套光盘中的"朱自清《背影》朗读.mp3"文件，此时"循环"按钮🔁呈彩色显示。按下"循环"按钮🔁，其后面的3个按钮变为可用，图2-31所示。

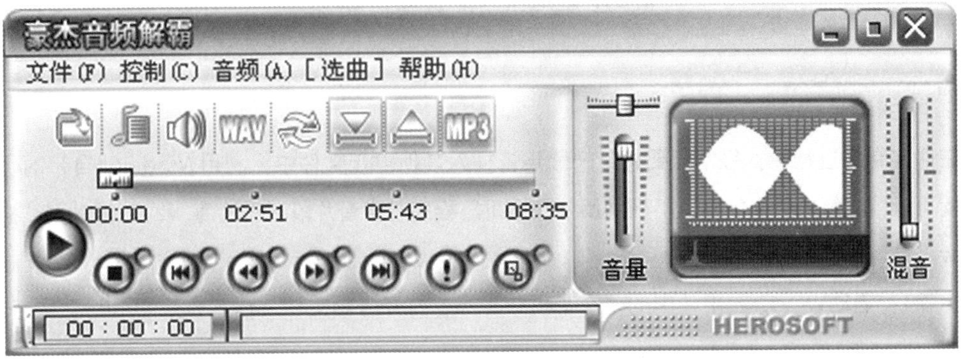

图2-31 音频解霸《背影》

步骤3：拖动进度滑块到截取的起点，单击"选择开始点"按钮![button]，拖动进度滑块到截取的终点，单击"选择结束点"按钮![button]，如图2-32所示。

图2-32 音频解霸《背影》截取

步骤4：单击"保存为Mp3"按钮![MP3]，打开"保存音频流"对话框。设置保存视频文件的文件夹、文件名"朱自清《背影》朗读片段.mp3"，单击"保存"按钮，系统开始转换，并会出现如图2-33所示的"正在处理"信息框，以提示用户转换的进度。转换完毕，信息框自动消失。

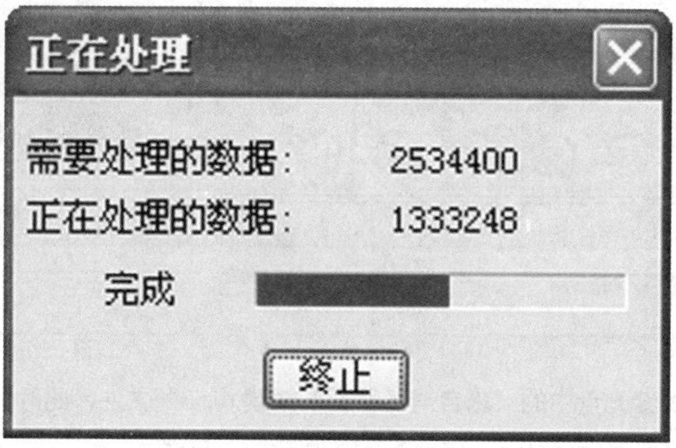

图2-33 音频解霸《背影》截取保存

2. 插入声音片段

在课件制作过程中，经常需要将某一段声音插入其他声音文件中，利用Windows自带的"录音机"就可以轻松解决这个问题。下面利用"录音机"程序将声音片段"观沧海.wav"插入到"插入音乐.wav"中。

步骤1：启动Windows附件中的"录音机"程序，打开音频文件"插入音乐.wav"，如图2-34所示。

步骤2：拖动进度条滑块，选择插入声音的插入点，如图2-35所示。

图2-34 录音机插入声音

图2-35 录音机插入声音

步骤3：选择菜单"编辑"—"插入文件..."，弹出"插入文件"对话框，选择文件"观沧海.wav"。界面如图2-36所示，可以看到现在的文件长度是两个音频文件长度之和。

步骤4：选择菜单"文件"—"另存为"，将文件以"插入音乐效果.wav"为名保存在文件夹中。

3. 声音合并

在教学中要经常用到配乐朗读，这样的声音文件实际包括朗读课文旁白和背景音乐两个内容。现在将两个声音文件"合并音乐.wav"、"观沧海.wav"合并到一起，制作成一个配乐诗朗诵。

步骤1：启动Windows附件中的"录音机"程序，并打开音频文件"合并音乐.wav"。

步骤2：拖动进度条滑块，选择需要合并声音的地方，这里选择"合并音乐.wav"的最初开始点0秒处，如图3-27所示。

图2-36 录音机插入声音

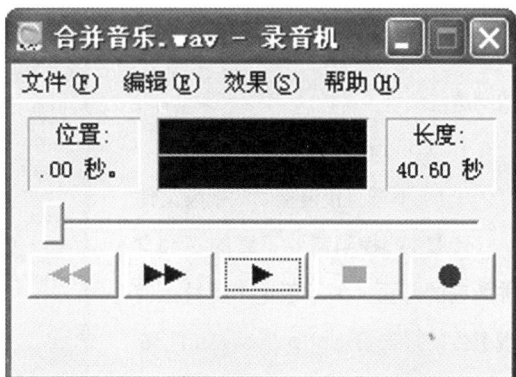

图2-37 录音机合并声音

步骤3：选择菜单"编辑"—"与文件混音…"，弹出"混入文件"对话框，选择文件"观沧海.wav"。

步骤4：选择"播放"按钮 ▶ 试听合并后的声音效果。选择菜单"文件"—"另存为"，将文件以"合并音乐效果.wav"为名保存在文件夹中。

五、视频与动画素材的获取与处理

视频与动画是多媒体课件制作过程中常用的素材。视频与动画将图像和声音结合在一起，同时作用于视听两种感觉器官，可促进更有效的学习效果；视频与动画富有的感染力，能起到激发学习动机、产生学习兴趣、影响学习态度的作用。

（一）视频与动画的基础知识

视频是由一系列单独的图像组成的，每秒钟在屏幕上播放若干张图像，对于人的视觉就会产生动态画面的感觉，连续地播放就是我们看到的视频画面。由于人眼睛的视觉暂留效应，若每秒播放24~30帧就会产生平滑和连续的画面效果。

动画的一般定义是通过连续播放一系列画面，在视觉上造成连续变化的图画。动画是课件中常用的一种素材，它形象、生动地反映事物发展变化的内在规律。常见的动画形式有Internet上流行的GIF格式动画文件，用Flash制作的SWF格式动画文件以及用3ds Max制作而成的AVI格式文件。

（二）视频与动画素材的获取

视频与动画素材的获取方式可谓多种多样，没有一个固定的模式。仅以网络视频为例，从格式来看，有AVI、MPG、RM、RMVB、WMV、SWF、FLV、MP4、GIF等多种格式；从网络提供的下载方式来看，有直接链接到视频文件、有嵌入到网页中播放、有提供Bt种子等；从下载的工具来看，如迅雷（Thunder）、Web迅雷（Web Thunder）、电驴（eMule）、BitComet、BT精灵（BitSpirit）、网络快车（FlashGet）等。下面介绍几种常用的获取方法。

提示：由于网络发展日新月异，书中引用的一些网络地址虽然在笔者写书时可用，但不能保证您能够正常访问这些地址。

1. 从Internet上下载视频

（1）下载直接链接到的视频文件

步骤1：找到需要下载的视频文件所在的网页，如下面这个网址上有魏书生的报告会：http://www.so138.com/sov/BB875CA2-C185-411D-A420-D98AD678BC48.html，网页如图2-38所示。

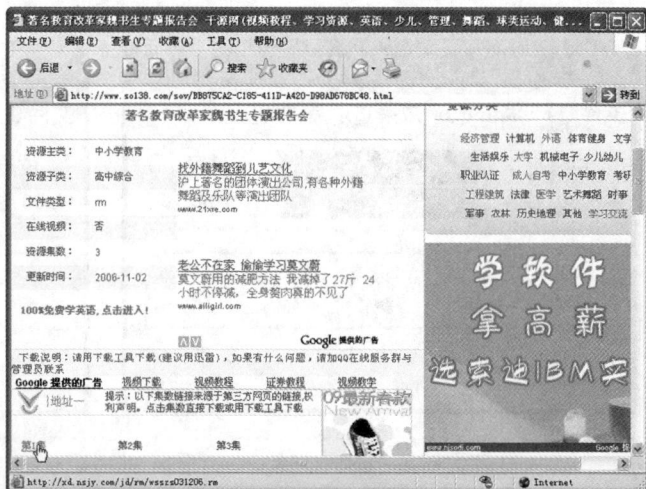

图2-38 网络视频

步骤2：当鼠标指针移自"第1集"超链接上时，在任务栏上显示了直接链接到该集视频的网络地址http://xd.nsjy.com/jd/rm/wsszs031206.rm，这是一个RM格式的文件。

步骤3：右键单击超链接"第1集"，选择"目标另存为…"，弹出一个文件下载时的"另存为"对话框，输入文件名与选择合适的路径即可。

提示：可以用"目标另存为"的方式，也可以用第三方网络传输软件进行下载。一般而言，使用专用的网络传输软件时如"迅雷"、"网络快车"等，下载速度会有明显的提升。

网络上有许多文件（不仅视频文件，也有文本文件、声音文件、动画文件等）都是直接链接的，可以用上面的方法获取。

（2）下载嵌入到网页中播放的视频

有些视频文件是嵌入到网页中播放的，而不像上面的右键单击能直接读取它的链接地址。如"中央电视台"的"感动中国"人物视频，这种视频的下载步骤如下。

步骤1：到中央电视台网站找到并打开网站"2007感动中国年度人物——钱学森"（http://www.cctv.com/video/wwwwxinwen/2008/02/wwwwxinwen_300_20080217_56.shtml），播放视频。（图2-39）

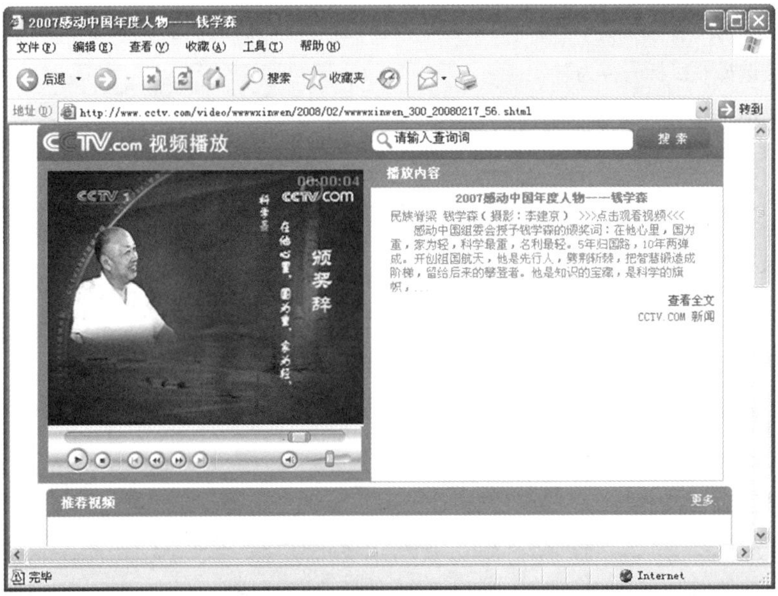

图2-39 网络视频

步骤2：鼠标右键单击播放器进度栏，选择快捷菜单"属性"命令，弹出"属性"对话框，如图2-40所示。

步骤3：复制"属性"对话框中"文件"选项卡中的"位置"属性值"mms://winmedia.cctv.com/wwwwxinwen/2008/02/wwwwxinwen_300_20080217_56.wmv"，这就是本段视频文件的网络地址。

步骤4：启动第三方网络下载软件，如迅雷，在迅雷中添加"新任务"，出现如图2-41所示的界面。

步骤5：选择"存储目录"，单击"确定"按钮，该文件就开始下载了。

（3）Bt视频文件的下载

Bt视频文件的下载比较容易，首先是找到并下载Bt种子文件（一般扩展名是Torrent），然后在迅雷或其他网络下载软件中打开种子文件，最后再选择需要下的文件即可。

2. 从Internet上下载动画

网上的Flash文件不同于其他图像或GIF动画文件，不能在浏览器中用鼠标右键把"图像另存为"的方法保存SWF文件。如果需要下载Flash动画，可以通过下面的方法。

方法1：直接选择"目标另存为"

如果网页上提供了动画文件.swf的超级链接地址，只要单击鼠标右键，选择"目标另存为"，再把它保存到素材文件夹里即可。

方法2：查找临时文件夹

一般而言，当网页中的Flash动画播放结束后，这个动画就会被下载到临时文件夹中。查找步骤如下：

步骤1：清空临时文件夹中已下载的文件。选择浏览器菜单"工具"—"Internet选项"，弹出"Internet选项"对话框，在"常规"选项卡中分别单击"删除Cookies…"按钮 删除 Cookies(I)… 与"删除文件…"按钮 删除文件(F)… ，分别确认删除。

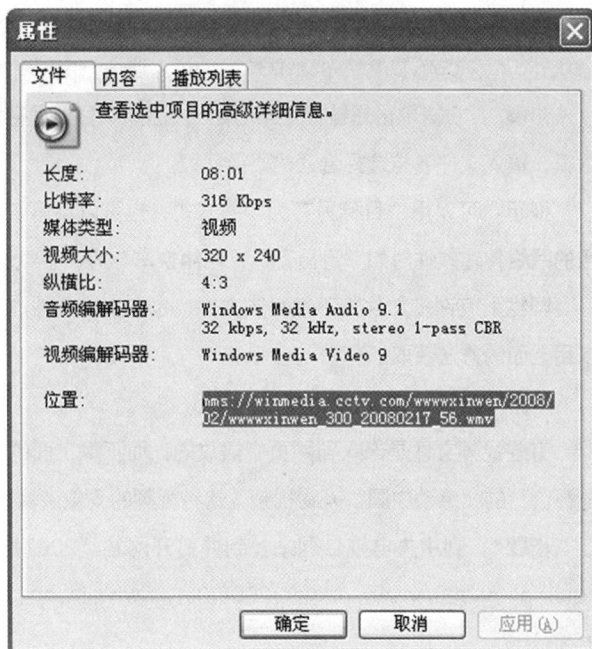

图2-40 网络视频属性

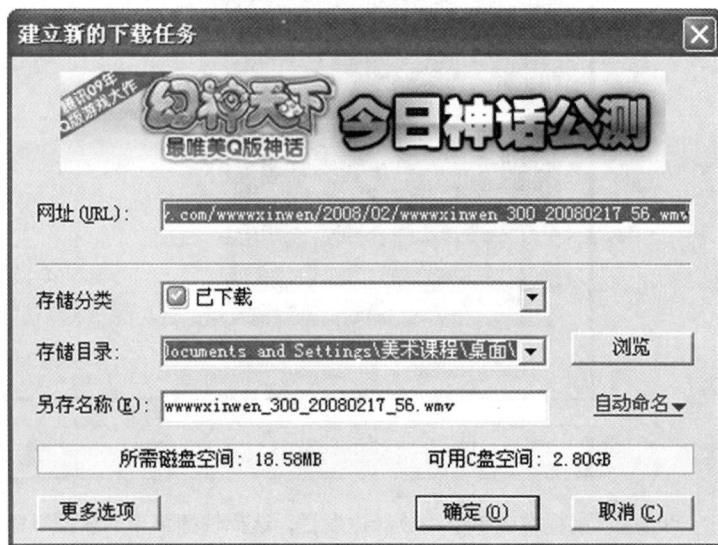

图2-41 网络视频迅雷

步骤2：打开有Flash动画播放的网页。

步骤3：选择浏览器菜单"工具"—"Internet选项"，弹出"Internet选项"对话框，在"常规"选项卡中单击"设置..."按钮 设置(S)... ，弹出"设置"对话框，如图2-42所示。

步骤4：单击"查看文件..."按钮，Windows的临时文件夹"Temporary Internet Files"将被打开。

步骤5：根据文件的属性（如"Internet地址"、"类型"、"大小"、"上次访问时间"等）找到所需要的文件并复制出来即可。

方法3：利用软件下载Flash动画

安装Flash Saver 2.0后，当鼠标指针移到网页中的Flash上时，在Flash的左上角会出现一个浮动工具条 （版本不同，浮动工具条可能不同），点击工具条中的"保存"按钮，即可将此Flash动画保存下来。

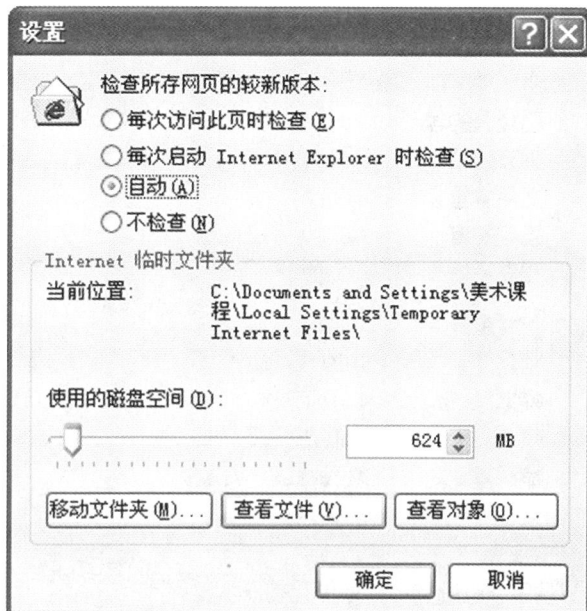

图2-42 IE临时文件

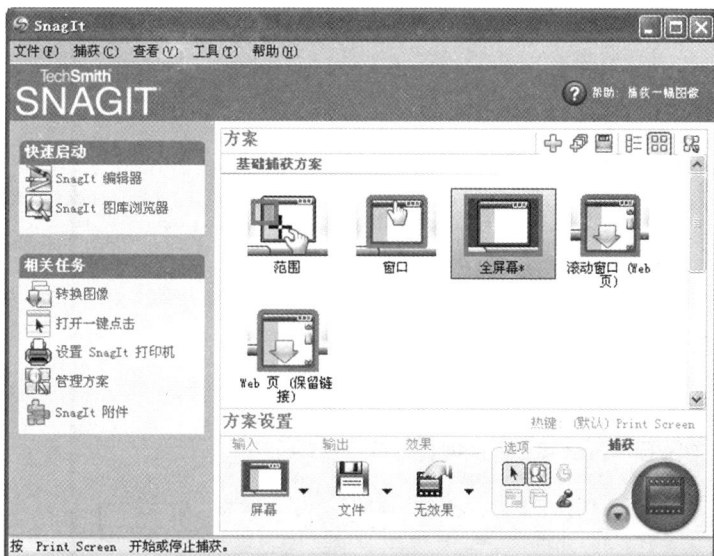

图2-43 SnagIt视频

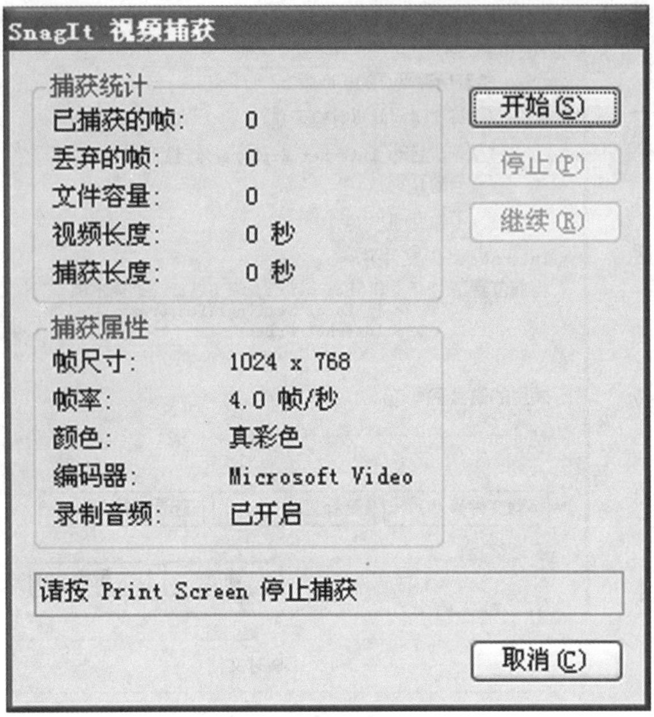

图2-44 SnagIt视频

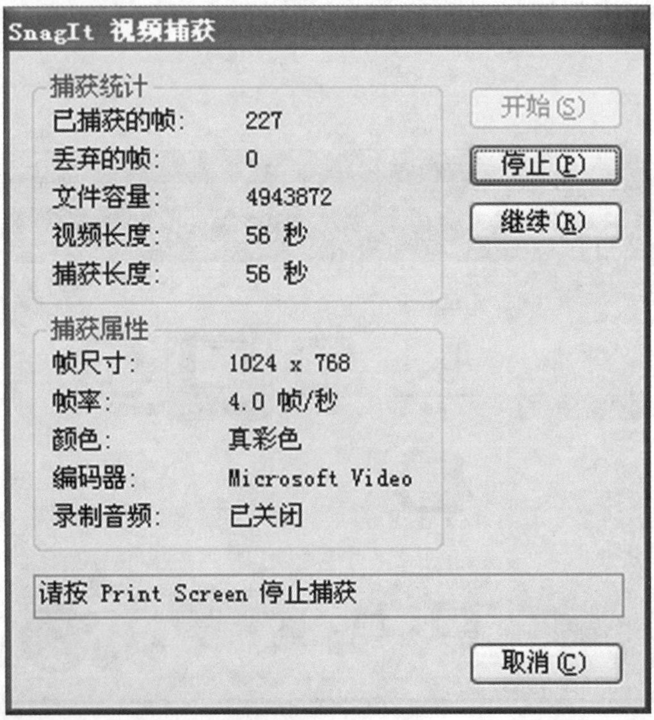

图2-45 SnagIt视频

3. 使用录屏软件录制视频

SnagIt 8.2.2不仅抓图功能十分强大，它的录屏功能一点也不逊色于其他录屏软件。下面以录制"在Word中插入公式"操作过程为例说明。

步骤1：启动SnagIt 8.2.2，依次单击"输入"为"屏幕"，"输出"为"文件"，选择"全屏录制"模式，并且还要选中"输入"菜单下的"包含光标"选项，这样可以记录下鼠标的移动轨迹，捕获模式设置为"视频捕获"。界面设置如图2-43所示。

步骤2：单击"捕获"按钮🔵，出现"SnagIt视频捕获"对话框。（图2-44）

步骤3：单击"开始"按钮，这时整个屏幕的四周有一个方框在闪烁，并且在系统托盘中出现了一个小小的"摄像机"图标📹，"屏幕录像"开始了。

步骤4：按照常规的方法在Word中进行输入公式的操作，这时每一步操作都将被记录下来。

步骤5：操作结束后双击系统托盘中的"摄像机"图标📹，在弹出的对话框中单击"停止"按钮。（图2-45）

步骤5：回到"SnagIt捕获预览"界面，选择菜单"文件"—"另存为..."，把文件保存为"在Word中插入公式.avi"即可。

（三）视频与动画素材的处理

1. 动画的制作

动画可分为二维动画和三维动画。有关动画制作的软件较多，常用的如Adobe公司的Flash、Autodesk公司的3D Studio Max等。Adobe公司出品的Flash在矢量图形绘制以及二维动画制作方面有着强大的功能，而且易学好用，最适合制作教育教学动画的软件。其输出的SWF影片占用存储空间较小，特别适合于网络传输，这也是目前Flash动画广受欢迎的原因之一。Flash还支持其他格式文件的输出，如GIF动画文件、AVI视频文件、QuickTime的MOV文件等，这弥补了Flash动画文件在播放上的局限性。用Flash制作的动画有着非常好的兼容性，可以在Authorware、Director、PowerPoint、Frontpage等课件制作中使用。三维动画是多媒体课件制作的常用素材，如化学分子结构模型、立体几何模型、地球模型等，它们有的可以从现成的素材库中获得，但大多数需要前期制作。3D Studio MAX是Autodesk公司推出的三维动画制作软件，功能强大，被广泛用于电视广告、动画游戏造型、电影特技、建筑设计等各个领域，在多媒体课件制作中也很有用武之地。

2. 视频的处理

（1）视频的截取

在制作多媒体课件时，可能只需要一个视频文件中的一段，这就需要使用软件截取视频片段。由于视频文件格式多样，其音视频编码算法也各异，那么很难有一款软件能够截取所有格式的视频。这里选择一款较常用的"豪杰超级视频解霸V9.0"来说明。

步骤1：利用豪杰超级视频解霸V9.0播放配套教学光盘中"第6章 使用Macromedia Authorware 7.0制作教学课件\漫步中外园林艺术\Movie&Flash"的视频文件 "包公园.MPG"，如图2-46所示。

图2-46 视频解霸

步骤2：按下"循环"按钮，其后面的3个按钮变为可用。

步骤3：拖动进度滑块到截取的起点4分5秒处，单击"选择开始点"按钮，拖动进度滑块到截取的终点5分52秒处，单击"选择结束点"按钮，如图2-47所示。

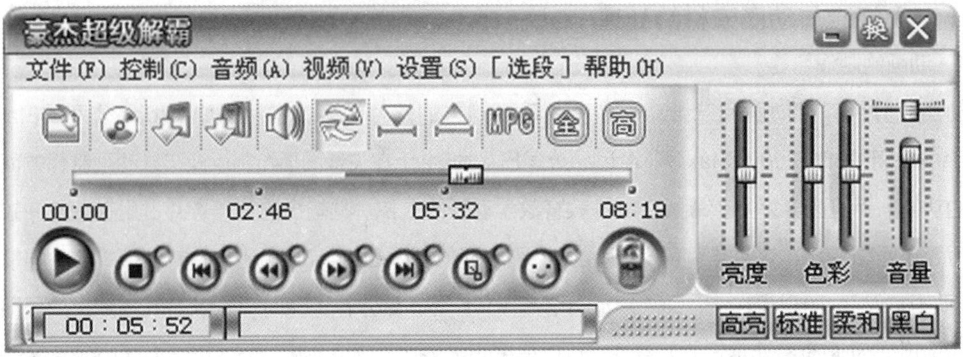

图2-47 视频解霸

步骤4：单击"保存MPG"按钮 ▥▥▥ ，打开"保存MPG文件"对话框。

步骤5：设置保存视频文件名为"包公园片段.mpg"，单击"保存"按钮，系统开始转换，并会出现 "正在处理"信息框，转换完毕，信息框自动消失。

（2）视频的编辑

多媒体课件制作离不开对影像素材的制作和加工，Adobe公司开发的Premiere软件集影像采集、编辑、创作于一体，使用用户可以在计算机上当导演，不仅能对AVI、 MPG格式的影视素材进行创建、录制、非线性编辑与合成，而且可以增加各种特技效果、字幕、音效。Adobe公司的非线性编辑软件Premiere受到了业界的普遍好评，利用Premiere用户可以轻松地捕捉数字视频，并通过使用多轨影像与声音合成及剪辑，来制作Microsoft Video for Windows(.avi)、QuickTime Movies(.mov)等动态影像格式。

第四节　课件设计开发阶段

多媒体课件设计开发阶段的主要任务是课件功能模块的划分、课件界面风格的设计、课件制作软件的选择、课件程序设计与代码实现、课件开发过程的管理等。

一、课件功能模块的设计

一般而言，教学多媒体课件由片头部分、主体部分、结尾部分三个部分组成。在课件主体部分，又包括导入模块、教学模块、演示模块、练习测试模块等。设计人员在设计课件功能模块时，首先要从满足教学、优化教学的角度出发，功能模块的划分要明确，各个模块要有自己独立的内容；其次一定要与课件使用者合作，征求使用者的意见，以更好地服务于教学需要。如果功能模块没有设计好就开始制作，将会导致开发过程中的不断返工。

二、课件界面风格的设计

多媒体课件的界面设计是根据教学内容结合形式美的规律进行视觉方面的规范化与美化，概括起来主要分为界面视觉元素设计、界面色彩设计和界面版式设计等方面。界面的视觉元素设计主要是针对界面的文本、图形、菜单、图标以及视频动画等所进行的形态造型设计；界面色彩的合理运用是界面设计的重要组成部分，主要是要求设计师运用色彩学知识解决界面色彩搭配问题，从而为形成界面的整体风格奠定基础；界面的版式设计是指对界面的点、线、面、黑、白、灰、色彩等形式要素的构成设计，其目的是使有关造型元素相互之间达成沟通与和谐，使人们在通过界面实现人机交互的同时能获得界面的秩序感和美感。实践证明，一部优秀的多媒体课件，通过对界面的精巧设计和完美的艺术构思，除了内容的科学性和使用的便捷性外，同时也应该是一件完美的艺术品。

三、课件制作软件的选择

要制作多媒体教学课件就必须要使用多媒体课件制作软件。目前多媒体课件制作软件主要有PowerPoint、Authorware、Flash、Director、FrontPage、Dreamweaver以及几何画板等。

（一）PowerPoint

Microsoft Office PowerPoint是一款功能强大、易学易用的多媒体课件制作软件。它是专用于制作演示型多媒体投影片、幻灯片的工具，以页为单位制作演示文稿，然后将制作好的页集成起来，形成一个完整课件。利用PowerPoint可以轻易地制作文字、艺术字、绘制图形、插入图像、音频、视频与动画等多媒体信息，并且根据需要方便地设置设计模板、配色方案以及动画效果。

（二）Authorware

Micromedia Authorware是一种基于流程图的可视化多媒体开发工具。流程线为Authorware所特有，以流程线表示程序流程，图标代表一个对象或操作方式，通过各类图标引入文字、图片、声音、动画等各种素材，还可以加上交互图标进行交互控制。Authorware提供了多达10种不同的交互方式，被认为是目前交互功能强大的多媒体创作工具之一。但Authorware本身制作动画的功能较弱，不过它能调用其他软件创作的动画素材。

（三）Flash和Director

Adobe Flash是最适合制作二维动画型课件的一款软件。由于Flash采用压缩的矢量图像技术，用它制作的课件不但交互功能强大，而且其制作的动画文件都非常小巧，特别适合网络传输与播放。Flash支持多种格式图像、声音、视频媒体文件，有强大的多媒体集成功能。

Micromedia Director是基于时间轴的多媒体制作软件。制作课件是以时间发展为先后顺序排列的一系列媒体元素组成，在编辑过程中，以对关键帧的操作产生不同的动画和交互效果，具有强大的动画和交互功能。

（四）FrontPage和Dreamweaver

Microsoft Office FrontPage与Adobe Dreamweaver都是制作网页型多媒体课件的主流软件，利用这两款软件可以方便快捷地创建网站与制作多媒体网页，具有易用和"所见即所得"的优点。

（五）几何画板

几何画板是在制作数学、物理课件时经常使用的一款软件，它提供丰富方便的创造功能，使用户可以随心所欲地编写自己需要的教学课件。

四、课件程序设计与代码实现

选择好课件制作软件之后，就可以着手制作教学多媒体课件了。在课件开发阶段，为了提高课件开发质量，降低开发周期，增强代码的可重用性和易读性，使软件便于维护，开发人员间便于交流和协作，设计者一定要遵守课件开发规范。例如变量或函数的命名要便于记忆和阅读，对有些不易理解的变量或函数应作注释，难懂的代码要有注解，在文件的开始处要有文件的用途描述，要保持注释的一致性等。

第五节　课件修改与完善阶段

课件的修改与完善是教学多媒体课件设计与制作的最后一个阶段。此阶段主要有课件的调试与修改和维护与更新两个任务，其中课件的维护与更新是一个长期的过程。

一、课件调试与修改

为了保证教学多媒体课件的正常运行，在程序设计与代码实现之后，要对课件进行综合调试。参与课件的调试人员一般包括：课件使用者、课件设计者、教学设计者、素材制作者等。调试方法主要有下面几种：

（一）模块功能调试

模块功能调试是指测试课件各个功能是否正确，逻辑是否正确。对于教学内容比较多的课件，调试者可以对课件各个模块分别独立调试，以保证每一个模块都能够正常运行。

（二）测试性调试

将课件的不同部分集成在一起进行调试，尽量尝试多种操作的可能性，看是否能够保证教学多媒体课件的正常运行和使用。

（三）界面效果测试

界面效果测试是指课件的界面风格是否满足使用者要求，页面设计是否合理，文字与图片组合是否恰当，背景效果是否美观，操作功能是否友好以及导航链接是否方便等。

（四）环境性调试

环境性调试又叫兼容性测试。课件的正常运行总是要依赖一定的硬件和软件环境，可以尝试在不同配置的计算机上、不同操作系统、不同版本的应用软件环境下进行调试，以获得课件运行的最佳环境。如果课件内容庞大、逻辑关系复杂，还需要进行安装测试、多语种测试、分辨率测试、文件发布测试等。

二、课件维护与更新

教学多媒体课件的维护与更新通常有以下维护活动：一是改正性维护，即改正课件在使用过程中发现的错误；二是适应性维护，即修改课件以适应软、硬件环境的变化；三是完善性维护，即根据使用者的要求改进或扩充课件，使其功能更完善；四是预防性维护，即修改课件为将来的维护活动预先做准备。

思考与练习：

1. 什么是多媒体，什么是多媒体技术，什么是多媒体课件？
2. 教学多媒体课件制作一般经过哪些阶段，各个阶段主要的任务是什么？
3. 从Internet下载多幅图片，用Photoshop合成这些图片制作一个课件封面。
4. 用Windows自带的"录音机"制作朗读课文的录音，并为录音配背景音乐。
5. 选择一个计算机操作技术（如使用"画图"画画、在Word中插入图片等），使用SnagIt将操作过程录制下来。
6. 从Internet上下载声音与视频，并使用豪杰超级解霸截取音、视频片段。

第三章 Microsoft Office PowerPoint 2007 软件概述

Microsoft Office PowerPoint 2007可以快速创建极具感染力的动态演示文稿，同时集成工作流和方法以轻松共享信息。从 Microsoft Office Fluent用户界面到新的图形以及格式设置功能，Office PowerPoint 2007使用户拥有控制能力，从而创建具有实用功能和精美外观的演示文稿。（图3-1至图3-3）

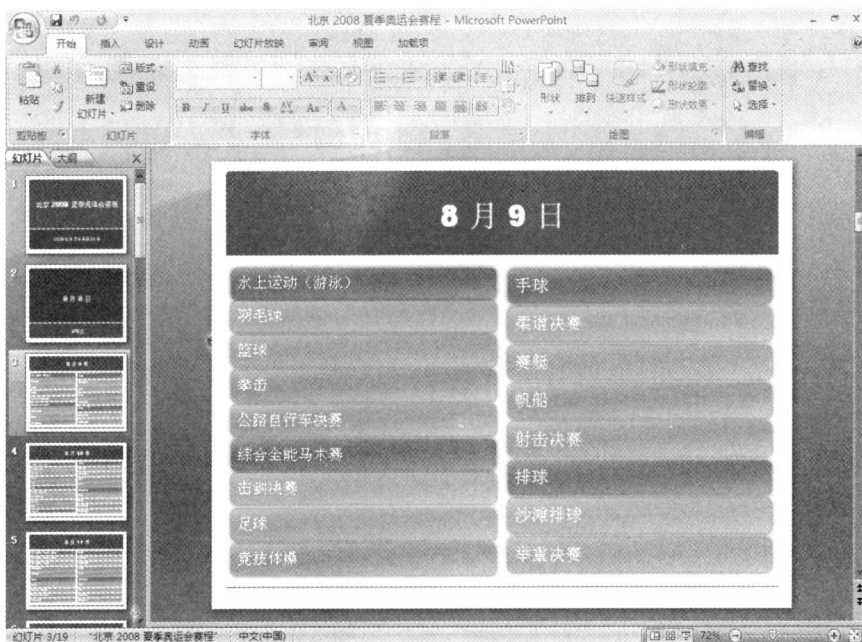

图3-1

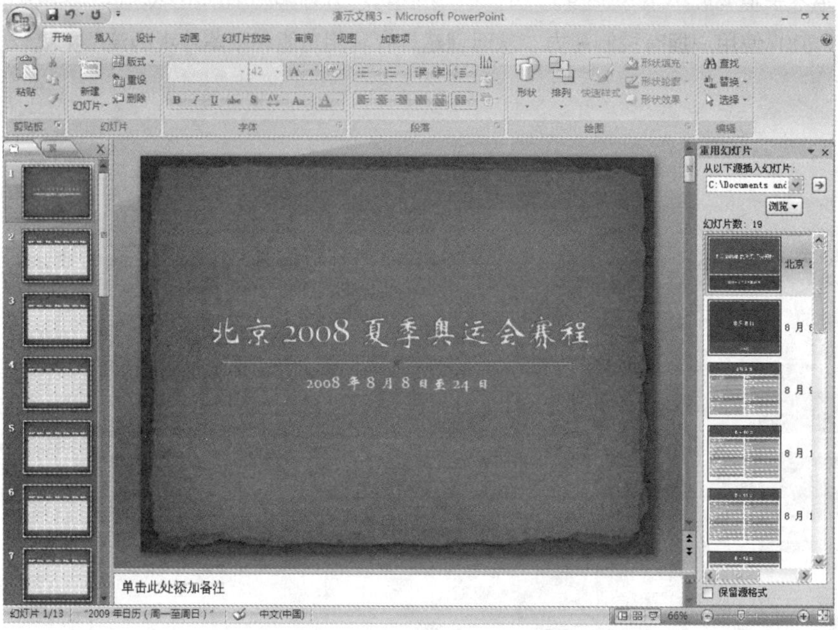
演示文稿3 - Microsoft PowerPoint
开始
插入
设计
动画
幻灯片放映
审阅
视图
加载项
粘贴
新建幻灯片
版式
重设
删除
剪贴板
幻灯片
字体
段落
形状
排列
快速样式
形状填充
形状轮廓
形状效果
绘图
查找
替换
选择
编辑
重用幻灯片
从以下源插入幻灯片:
C:\Documents and
浏览
幻灯片数: 19
北京 2008 夏季奥运会赛程
2008 年 8 月 8 日至 24 日
单击此处添加备注
保留源格式
幻灯片 1/13
"2009 年日历（周一至周日）"
中文(中国)
66%

图3-2

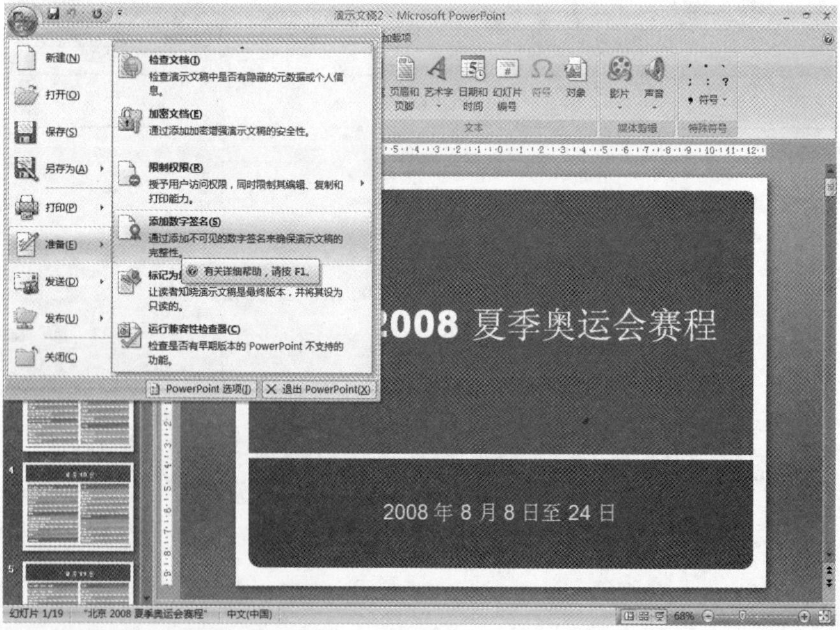
演示文稿2 - Microsoft PowerPoint
加载项
新建(N)
打开(O)
保存(S)
另存为(A)
打印(P)
准备(E)
发送(D)
发布(U)
关闭(C)
检查文档(I)
检查演示文稿中是否有隐藏的元数据或个人信息。
加密文档(E)
通过添加加密增强演示文稿的安全性。
限制权限(R)
授予用户访问权限，同时限制其编辑、复制和打印能力。
添加数字签名(S)
通过添加不可见的数字签名来确保演示文稿的完整性。
有关详细帮助，请按 F1。
让读者知晓演示文稿是最终版本，并将其设为只读的。
运行兼容性检查器(C)
检查是否有早期版本的 PowerPoint 不支持的功能。
PowerPoint 选项(I)
退出 PowerPoint(X)
页眉和页脚
艺术字
日期和时间
幻灯片编号
符号
对象
影片
声音
文本
媒体剪辑
特殊符号
2008 夏季奥运会赛程
2008 年 8 月 8 日至 24 日
幻灯片 1/19
"北京 2008 夏季奥运会赛程"
中文(中国)
68%

图3-3

第一节　PowerPoint 2007基本介绍

一、 PowerPoint 2007功能简介

（一）创建动态演示文稿

1. 使用Office Fluent新用户界面和新增的图形功能快速创建动态且具有精美外观的演示文稿。Office PowerPoint 2007中的Office Fluent用户界面使创建、演示和共享演示文稿成为一种更简单、更直观的体验。现在，PowerPoint 所有丰富的特性和功能都集中在一个经过改进的、整齐有序的工作区中，这不仅可以最大限度地防止干扰，还有助于用户更加快速、轻松地获得所需的结果。

2. 创建强大的动态SmartArt图示。在Office PowerPoint 2007中可以轻松创建关系、工作流或层次结构图。甚至可以将项目符号列表转换为SmartArt图示或者修改和更新现有图示。借助Office Fluent用户界面中的上下文相关图示菜单，用户还可以方便地使用丰富的格式选项。

3. 帮助确保内容是最新内容。通过使用PowerPoint幻灯片库，用户可以轻松地使用存储在Microsoft Office SharePoint Server 2007支持的网站上的现有演示文稿幻灯片。这不仅可以缩短创建演示文稿所用的时间，而且用户从网站中插入的所有幻灯片都可与服务器版本保持同步，从而帮助确保内容是最新的内容。

4. 通过重新使用自定义版式可以快速、轻松地创建演示文稿。在Office PowerPoint 2007 中，可以定义并保存自己的自定义幻灯片版式，这样便无需再浪费宝贵的时间将版式剪切并粘贴到新幻灯片中，或从具有所需版式的幻灯片中删除内容。借助 PowerPoint 幻灯片库，可以轻松地与其他人共享这些自定义幻灯片，以使演示文稿具有一致而专业的外观。

5. 只需单击即可应用一致的外观。利用文档主题，只需单击一次即可更改整个演示文稿的外观。更改演示文稿的主题不仅可以更改背景色，而且可以更改图示、表格、图表和字体的颜色，甚至可以更改演示文稿中任何项目符号的样式。通过应用主题，可以确保整个演示文稿具有专业而一致的外观。

6. 使用新工具和效果可以动态修改形状、文本和图形。现在，用户可以通过比以前更多的方式来操作和使用文本、表格、图表和其他演示元素。Office PowerPoint 2007通过简化的用户界面和上下文菜单使这些工具随时可用，这样只需进行几次单击，便可使用户的作品更具感染力。

（二）有效共享演示文稿

1. 与使用不同平台和设备的用户进行通信。通过将文件转换XML纸张规格(XPS)和 PDF文件，以便与任何软件平台上的用户共享，有助于确保利用PowerPoint演示文稿进行广泛交流。

2. 同时减小文档大小和提高文件恢复能力。压缩的新Microsoft Office PowerPoint XML Format可使文件大小显著减小，同时还可提高受损文件的数据恢复能力。这种新格式可以大量节省存储和带宽需求，并可降低IT人员的负担。

3. 可将存储在Microsoft Windows SharePoint Services中的演示文稿与Microsoft Office Outlook集成。通过使用Office Outlook 2007，用户可以随时随地与存储在 Windows SharePoint Services中的信息进行完全交互。在重新连接到网络时，对Outlook 2007中存储的演示文稿所做的任何更改都将在服务器版本中反映出来。

4. 轻松重用和共享内容。通过PowerPoint幻灯片库，可以将演示文稿在Office SharePoint Server 2007所支持的网站上存储为单个幻灯片，以后便可从 PowerPoint 中轻松重用该内容。这不仅可以缩短创建演示文稿所用的时间，而且插入的所有幻灯片都可与服务器版本保持同步，从而确保内容始终是最新内容。

5. 将Microsoft Office Groove 2007用于实时审阅会话。使用Groove 2007，可在 Groove 工作区中启动 PowerPoint 演示文稿的实时审阅。用户可以与工作组成员实时协作，共同查看和处理同一个演示文稿，同时利用工作区中内置的演示信息和即时消息功能。

（三）有效管理演示文稿

1. 直接从Office PowerPoint 2007中启动审阅或审批工作流。通过Office PowerPoint 2007和Office SharePoint Server 2007，可将演示文稿发送给工作组以供审阅，或创建正式审批流程并收集对该演示文稿的签名，从而使得协作成为顺利、简单的流程。

2. 帮助保护文档中的个人信息。使用文档检查器检测并删除不需要的批注、隐藏文本或个人身份信息，从而准备好与其他人共享演示文稿。

3. 更安全地共享PowerPoint演示文稿。现在可为PowerPoint演示文稿添加数字签名，以帮助确保内容在离开之后不会被更改，或者将演示文稿标记为"最终"，以防止不经意的更改。使用内容控件，可以创建和部署结构化的 PowerPoint 模板，以指导用户输入正确信息，并帮助保护和保留演示文稿中不能更改的信息。

二、PowerPoint 2007操作界面

PowerPoint中有演示文稿和幻灯片两个基本概念，利用PowerPoint创建的多媒体作品称为演示文稿，用于课堂教学的多媒体作品称为课件，一个课件可以由一个或多个演示文稿组成。演示文稿中的每一页称为幻灯片，一个完整的演示文稿由多张幻灯片综合组成，每张幻灯片上可以放置文字、图形、图像、音频、视频以及动画等素材进行制作，然后编辑多张幻灯片展示教学内容，达到应有的教学目标。

正确安装Office PowerPoint 2007之后，单击任务栏"开始"→"所有程序"→"Microsoft Office"→"Microsoft Office PowerPoint 2007"菜单命令，即可运行PowerPoint 2007，进入如图3-4

图3-4 power point 2007使用界面

所示的PowerPoint 2007使用界面。整个界面由标题栏、菜单栏、工具栏、功能区、视图窗口、幻灯片窗口、状态栏、任务窗格等部分组成。

提示：

●双击桌面上的Microsoft Office PowerPoint 2007快捷方式图标，即可运行PowerPoint 2007。

●双击计算机中已有的PowerPoint文件（扩展名为.ppt的文件），即可运行PowerPoint，同时打开该文件。

（一）标题栏

该栏用于显示本软件的名称和当前编辑演示文稿的名称，如图3-5所示的演示文稿名称为"演示文

图3-5 power point 2007标题栏

稿1"，即当前编辑的文件名为"演示文稿1"，演示文稿编辑软件名称为"Microsoft PowerPoint"。

（二）菜单栏

PowerPoint 2007菜单栏由开始、插入、设计、动画、幻灯片放映、审阅、视图以及加载项8个部分所组成，点击每个菜单选项将会在菜单栏下方显示相应的功能命令。（图3-6）

图3-6 power point 2007菜单栏

如图3-7所示的"开始"选项包括剪贴板、幻灯片、字体、段落、绘图和编辑功能菜单。

图3-7 power point 2007"开始"选项

如图3-8所示的"插入"选项包括表格、插图、链接、文本、媒体剪辑和特殊符号功能菜单。

图3-8 power point 2007"插入"选项

如图3-9所示的"设计"选项包括页面设置、主题和背景功能菜单。

图3-9 power point 2007"设计"选项

如图3-10所示的"动画"选项包括预览、动画和切换到此幻灯片功能菜单。

图3-10 power point 2007"动画"选项

如图3-11所示的"幻灯片放映"选项包括开始放映幻灯片、设置和监视器功能菜单。

图3-11 power point 2007"幻灯片放映"选项

如图3-12所示的"审阅"选项包括校对、中文简繁转换、批注和保护功能菜单。

图3-12 power point "审阅"选项

如图3-13所示的"视图"选项包括演示文稿视图、显示/隐藏、显示比例、颜色/灰度、窗口和宏功能菜单。

图3-13 power point "视图"选项

（三）工具栏

PowerPoint 2007的工具栏以快速访问的形式呈现，快速访问工具栏是一个可自定义的工具栏，它包含一组独立于当前所显示的选项卡的命令。可以向快速访问工具栏中添加表示命令的按钮，还可以从两个可能的位置之一移动快速访问工具栏。(图3-14-1、图3-14-2)

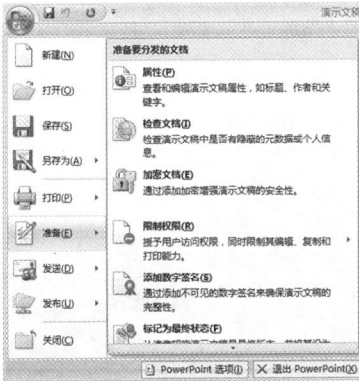

图3-14-1

图3-14-2

1. 使用"程序名 选项"对话框向快速访问工具栏添加命令

可以从"程序名 选项"对话框中的命令列表向快速访问工具栏添加命令，其中程序名是所使用的程序的名称，单击"Microsoft Office 按钮" ，然后单击"程序名 选项"，单击"自定义"。

2. 使用快速访问工具栏，单击"自定义快速访问工具栏"

在列表中，单击"更多命令"。在"程序名 选项"对话框的"从下列位置选择命令"列表中，单击所需的命令类别，在所选类别的命令列表中，单击要添加到快速访问工具栏的命令，然后单击"添加"，添加其他所有所需的命令后，单击"确定"。

3. 直接从功能区向快速访问工具栏添加命令

还可以直接从功能区上显示的命令向快速访问工具栏添加命令。在功能区上，单击相应的选项卡或组以显示要添加到快速访问工具栏的命令，右键单击该命令，然后单击快捷菜单上的"添加到快速访问工具栏"。

提示：只有命令才能被添加到快速访问工具栏。大多数列表的内容（如缩进和间距值及各个样式）虽然也显示在功能区上，但无法将它们添加到快速访问工具栏。

（四）功能区

以往版本中有些程序的菜单和工具栏都被替换成了功能区，这是 Office 2007系统产品的独特风格，能使用户更直观、更快速地完成各项操作。功能区旨在帮助用户快速找到完成某一任务所需的命令，命令被组织在逻辑组中，逻辑组集中在选项卡下，每个选项卡都与一种类型的活动相关。为了减少混乱，某些选项卡只在需要时才显示。例如，当选择图形后，才显示"图形工具"选项卡（图3-15-1、图3-15-2）；当选择图片后，才显示"图片工具"选项卡。（图3-16-1、图3-16-2）

图3-15-1 power point 2007"图形工具"选项卡

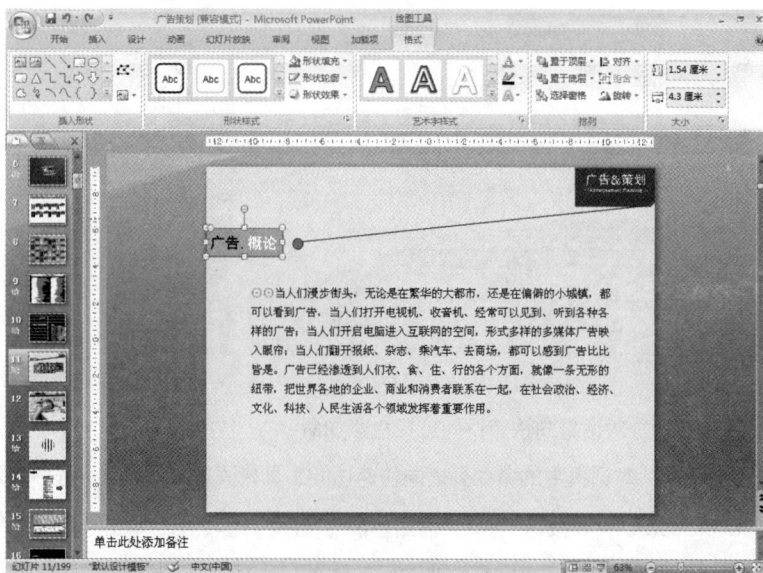

图3-15-2

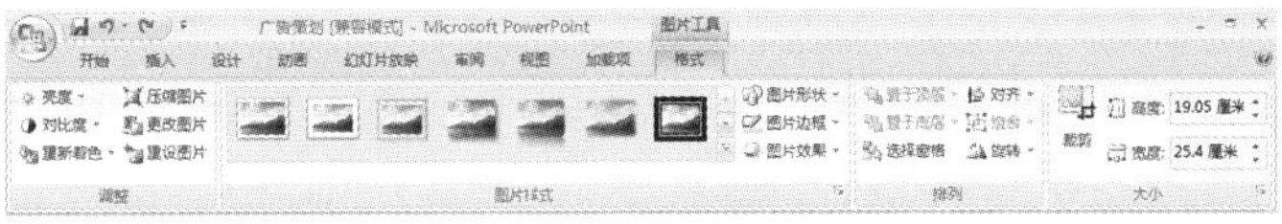

图3-16-1 power point "图片工具" 选项卡

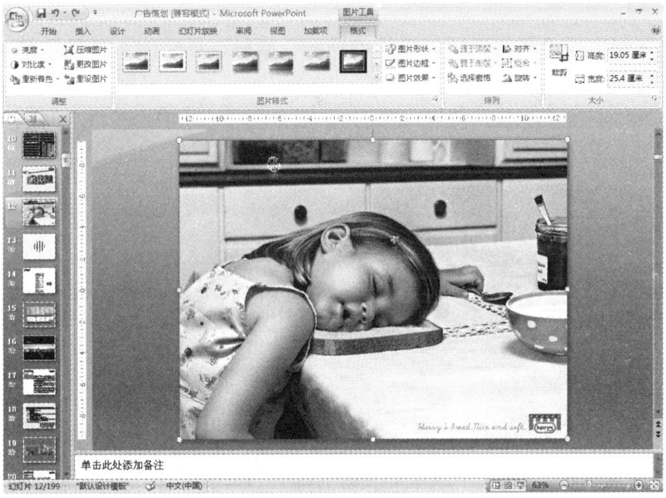

图3-16-2

1. 始终使功能区最小化

单击 "自定义快速访问工具栏" ⊡，在列表中，单击 "功能区最小化"。

要在功能区最小化的情况下使用功能区，请单击要使用的选项卡，然后单击要使用的选项或命令。

（图3-17）

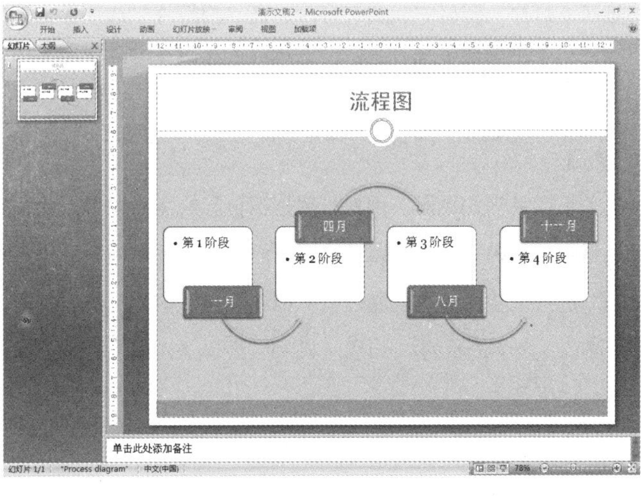

图3-17

2. 短时间内使功能区最小化

若要快速将功能区最小化，请双击活动选项卡的名称。再次双击此选项卡可还原功能区。 键盘快捷方式：若要最小化或还原功能区，按 Ctrl+F1。

3. 还原功能区

单击"自定义快速访问工具栏"，在列表中，单击"功能区最小化"。

（五）视图窗口

该窗口中可以预览到当前演示文稿的幻灯片缩略图，或是以目录的方式显示整个演示文稿的结构，通过在视图窗口中选择幻灯片可以快速地切换到所要编辑的幻灯片。（图3-18-1、图3-18-2）

图3-18-1

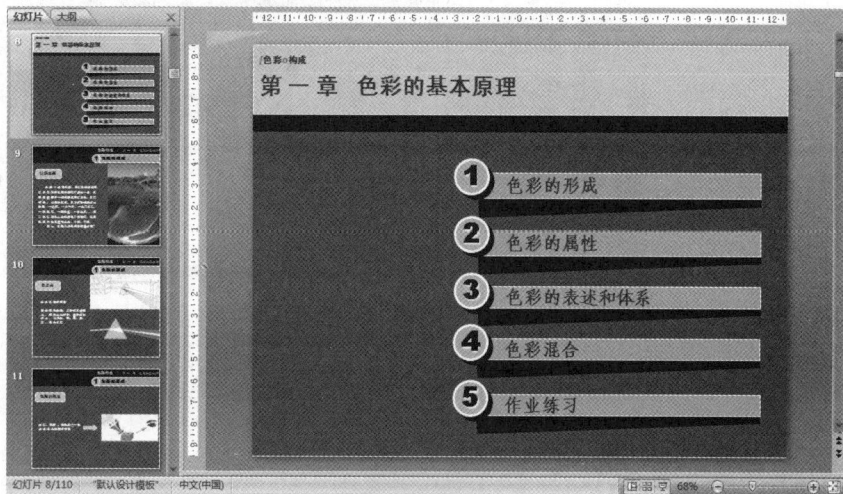

图3-18-2

提示：无论用户是在"灯片"窗格中编辑幻灯片、在"幻灯片"选项卡上使用幻灯片缩略图，还是在"大纲"选项卡上为演示文稿创建大纲，都可以轻松地调整出最大的工作空间。方法就是显示或隐藏（缩窄或加宽）包含"大纲"和"幻灯片"选项卡的窗格。

（六）幻灯片窗口

幻灯片窗口显示当前正在编辑的界面，用户可以根据自己的需要向幻灯片添加文字、图形、图片、声音、影片、动画以及超级链接内容，也可以编辑修改已经制作好的内容；幻灯片的大小可以通过"状态栏"上的"显示比例"进行调整，也可以通过鼠标拖动"视图窗口"和"幻灯片窗口"之间的分割竖线，达到调整"幻灯片窗口"大小的目的。（图3-19-1、图3-19-2）

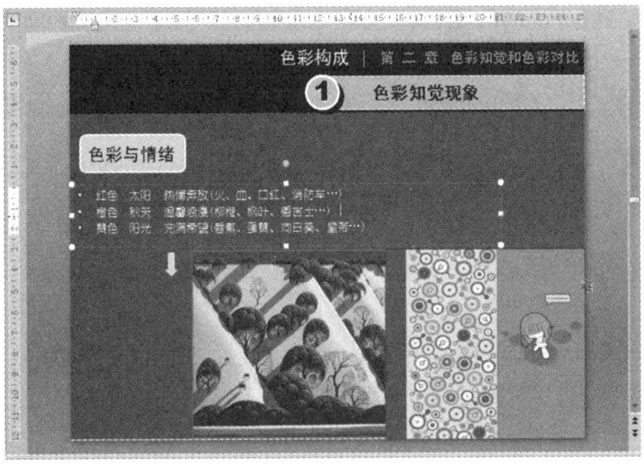

图3-19-1

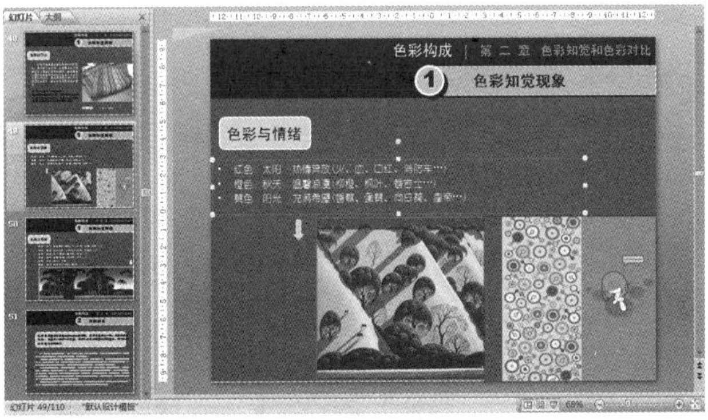

图3-19-2

（七）状态栏

位于"视图窗口"和"幻灯片窗口"的底部，用于显示一些提示信息，如图3-20-1所示的状态栏包含了幻灯片编号、主题名称、普通视图、幻灯片浏览、幻灯片放映以及显示比例等信息内容和快捷菜单。单击缩放级别可以显示"显示"比例对话框。（图3-20-2）

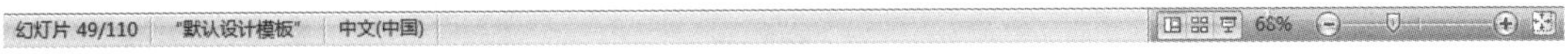

图3-20-1

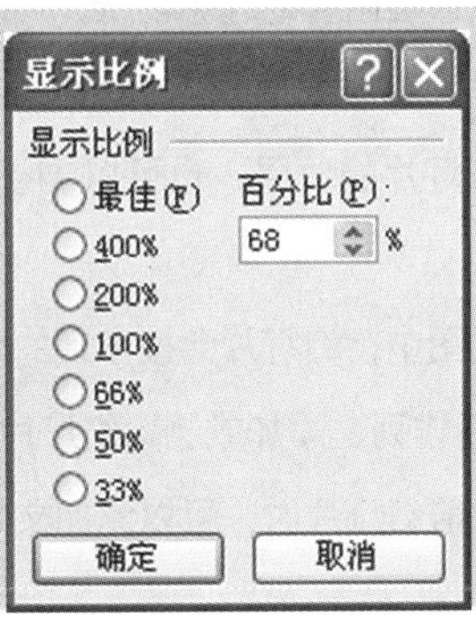

图3-20-2

三、PowerPoint 2007视图模式

PowerPoint有四种主要视图：普通视图、幻灯片浏览视图、备注页视图和幻灯片放映视图。较早版本的 PowerPoint 中的"视图"菜单，对应 Microsoft Office PowerPoint 2007 中的"视图"选项卡，"视图"选项卡位于"功能区"菜单（图3-21）。多种视图之间的自由切换可以方便用户创建、编辑演示文稿和幻灯片等多方面需求。

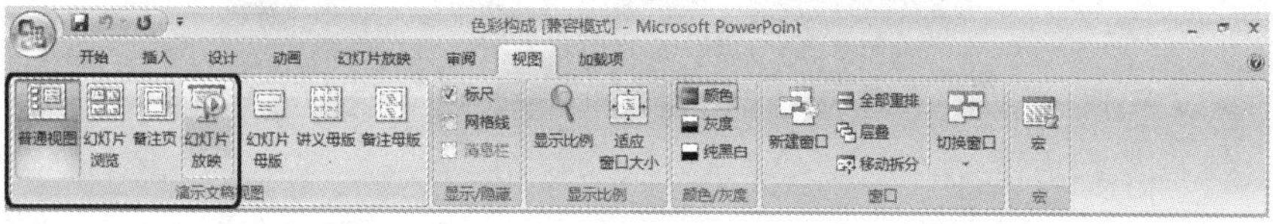

图3-21

（一）普通视图

普通视图是主要的编辑视图，可用于撰写或设计演示文稿（图3-22）。该视图有四个工作区域：

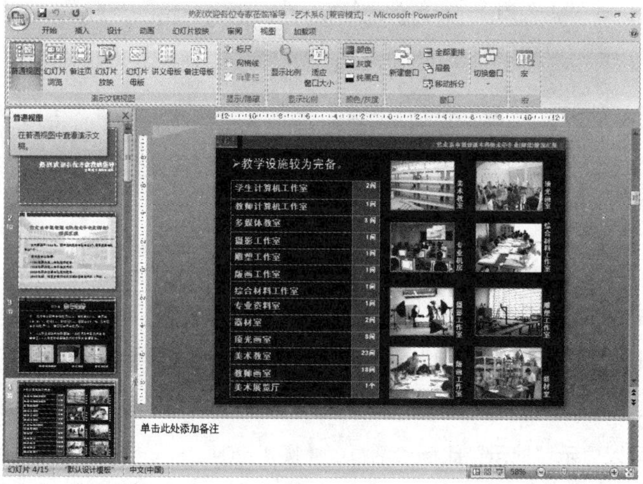

图3-22

1. 大纲选项卡：此区域是用户开始撰写内容的理想场所，可以捕获灵感，计划如何表述它们，并能移动幻灯片和文本。"大纲"选项卡以大纲形式显示幻灯片文本，能够清楚看到幻灯片的排列顺序，了解课件的整体结构；可以方便调整幻灯片的位置，也可以调整幻灯片标题的级别，对标题进行升、降级等。

2. 幻灯片选项卡：切换到幻灯片视图中，幻灯片会按一定的比例进行缩小，形成缩略图，能够看到幻灯片的全貌。在这里还可以轻松地重新排列、添加或删除幻灯片。

3. 幻灯片窗格：在此视图中显示当前幻灯片时，可以添加文本，插入图片、图形、图表、电影、声音、超链接和动画。

4. 备注窗格：在幻灯片窗格下的备注窗格中，可以键入应用于当前幻灯片的备注。用户还可以打印备注，将它们分发给观众，也可以将备注发布到演示文稿中。

（二）幻灯片浏览视图

幻灯片浏览视图以缩略图形式显示幻灯片。在该视图模式下，不但可以浏览幻灯片全貌，还可以方便地添加、删减、移动和发布幻灯片。（图3-23）

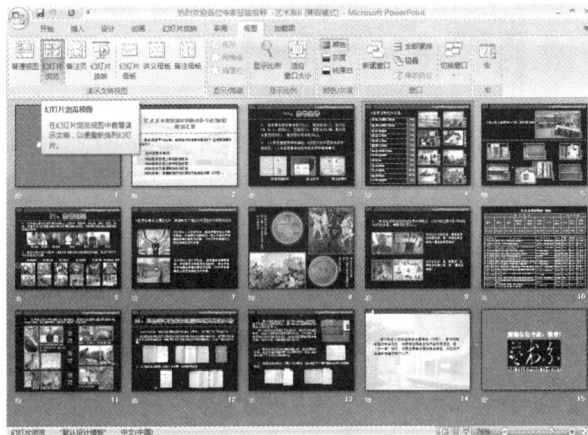

图3-23

（三）备注页视图

制作多媒体课件时可以在"备注"窗格中键入备注，该窗格位于"普通"视图中"幻灯片"窗格的下方。如果用户要以整页格式查看和使用备注，在"视图"选项卡的"演示文稿视图"组中单击"备注页"。每个备注页视图分为两个部分，页面上半部分显示当前幻灯片的缩略图，下半部分是备份编辑区，可以向该区域添加多种素材。（图3-24）

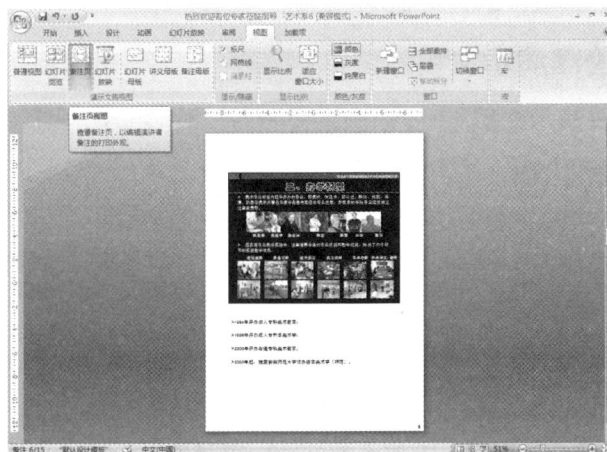

图3-24

图3-25

（四）幻灯片放映视图

幻灯片放映视图是以全屏的方式预览幻灯片的演示效果，用户所看到的演示文稿就是观众将看到的效果，用户可以看到在实际演示中文字、图形、计时、影片、动画效果和切换效果的状态。在放映的过程中，单节鼠标右键，即可出现快捷菜单，通过操作此菜单可以对放映过程进行控制，例如定位到指定的幻灯片，或更改鼠标指针样式，标记幻灯片中的内容；还可以随时按"Esc"键结束幻灯片放映，返回到普通视图模式。（图3-25）

第二节　课件的创建与管理

用PowerPoint 2007制作多媒体课件，可以创建空白演示文稿、大纲演示文稿和应用模板创建演示文稿，也可以对现有演示文稿进行编辑以生成自己的演示文稿。无论哪种情况，都可以将其他演示文稿中的幻灯片或幻灯片内容添加到需要的演示文稿中。演示文稿的管理包括打开、关闭和保存课件，以及添加、移动、复制和删除课件中的幻灯片。

提示：要使演示文稿包含主题（主题：主题颜色、主题字体和主题效果三者的组合，主题可以作为一套独立的选择方案应用于文件中）、版式（版式：幻灯片上的标题、副标题、文本、列表、图片、表格、图表、形状和视频等元素的排列方式）和格式，可以创建并应用模板（模板：包含有关已完成演示文稿的主题、版式及其他元素信息的一个或一组文件）。

一、创建和管理演示文稿

（一）创建空白演示文稿

1. 单击"Office 按钮" 🔘，然后单击"新建"。

2. 在"模板"下，单击"空白文档和最近使用的文档"，然后双击"空白演示文稿"。空白演示文稿中的幻灯片，几乎不使用PowerPoint提供的模板样式，用户可以根据自己的需要设计幻灯片的颜色、格式、版式、切换效果等。（图3-26-1、图3-26-2）

提示：按Ctrl+N组合键也可以直接创建空白演示文稿。

（二）创建大纲演示文稿

无论是使用空白演示文稿还是从现有演示文稿开始，都可单击"大纲"选项卡来组织和创建主题框架。还可以将其他程序中的大纲文本插入到 PowerPoint 演示文稿中，如 Microsoft Office Word 2007。

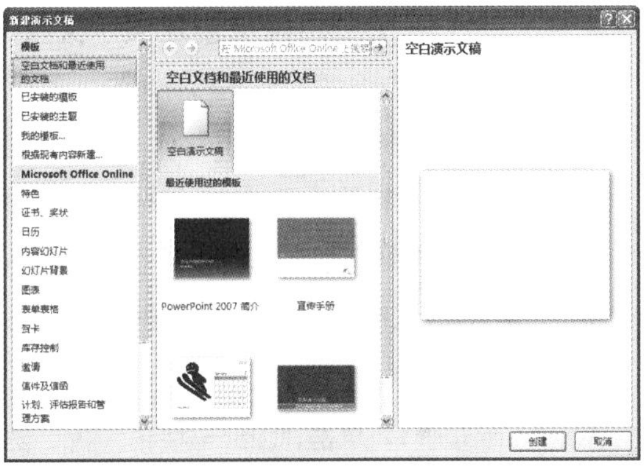

图3-26-1

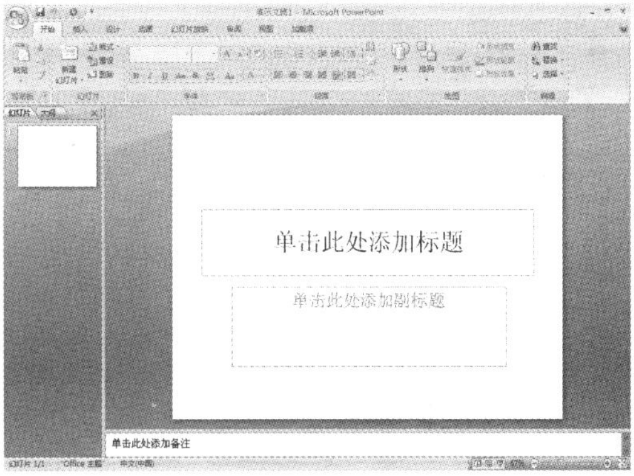

图3-26-2

"大纲"选项卡有助于全面考虑信息并将其有序地放在每一张幻灯片上。如图3-27-1、图3-27-2所示，在"大纲"选项卡指定的幻灯片输入"高职高专《装饰图案》编写提纲"相关文本内容。

1. 在"视图"选项卡上的"演示文稿视图"组中，单击"普通"。

2. 在包含"大纲"和"幻灯片"选项卡的窗格中，单击"大纲"选项卡。

3. 在"大纲"选项卡上，放置指针，然后粘贴内容或开始键入文本。

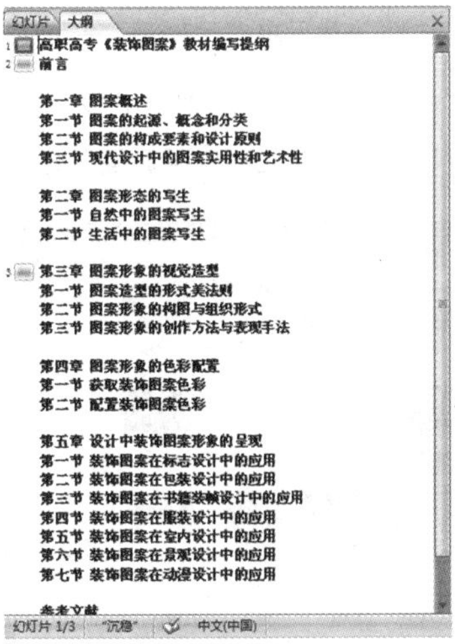

图3-27-1

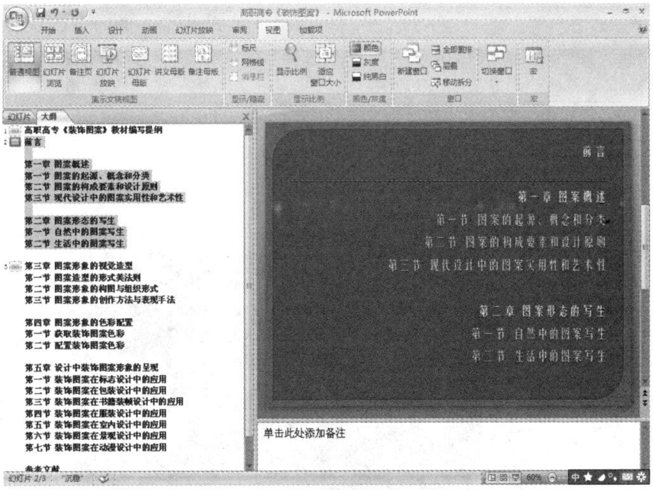

图3-27-2

图3-28-1

图3-28-2

图3-29-2

（三）应用模板创建演示文稿

在 Microsoft Office PowerPoint 2007 演示文稿中，可以应用PowerPoint的内置模板、其他演示文稿中的模板、自己创建并保存到计算机中的模板或者从 Microsoft Office Online 或其他第三方网站下载的模板。

步骤1：单击"Office 按钮"，然后单击"新建"。

步骤2：在"新建演示文稿"对话框中，执行下列操作之一：

■在"模板"下，单击"空白文档和最近使用的文档"、"已安装的模板"或"已安装的主题"，单击所需的内置模板，然后单击"创建"。创建如图3-28-1、图3-28-2所示的演示文稿，通过单击"已安装的模板"栏中的"宽屏演示文稿"即可获得。

■在"模板"下，单击"根据现有内容新建"，找到并单击包含该模板的其他演示文稿文件，然后单击"新建"。创建如图3-29-1、图3-29-2所示的演示文稿，通过单击"根据现有内容新建"选择

图3-29-1

"鸟·工具·你"文件即可获得。

■ 在"模板"下,单击"我的模板",选择自己创建的自定义模板,然后单击"确定"。创建如图3-30-1、图3-30-2所示的演示文稿,通过单击"我的模板"栏中的"2009年日历—运动插画"即

图3-30-1

图3-30-2

可获得。

■ 在"Microsoft Office Online"下,单击模板类别,选择一个模板,然后单击"下载"从 Microsoft Office Online 下载该模板。创建如图3-31-1、图3-31-2所示的演示文稿,通过单击"Microsoft Office Online"栏下的"2009年日历"→"2009年日历—可爱狗照片"即可获得。

提示:要为正在设计的一组演示文稿创建统一的样式、格式和配色方案,可创建一个模板并将其应用于这些演示文稿,可以重复使用此模板来创建具有相同外观的新演示文稿。

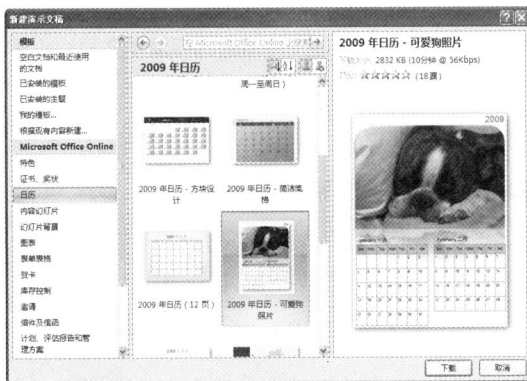

图3-31-1

图3-31-2

(四)管理演示文稿

演示文稿的管理包括打开、关闭和保存演示文稿等方面,这些也是PowerPoint中最常用的基本操作

功能。

1. 打开演示文稿

步骤1：单击"Office 按钮"→"打开"菜单命令，打开如图3-32所示的"打开"对话框。（键盘快捷方式打开文件，请按 Ctrl+O）

图3-32

步骤2：在"查找范围"中找到课件的存放位置，在文件列表中找到所需的课件，单击"打开"按钮，即可将其打开。

2. 关闭演示文稿

在编辑制作演示文稿时，经常会打开多个演示文稿，如果当前的演示文稿不再使用，可以将其关闭，以免占用计算机资源。

步骤1：单击"Office 按钮"→"关闭"菜单命令，如果关闭之前没有保存文件，屏幕会出现如图3-33提示对话框，询问是否保存对"演示文稿"的更改。

步骤2：根据需要，单击"是"按钮关闭该对话框，保存新的更改；单击"否"按钮关闭该对话框，不能保存最新修改。

图3-33

3. 保存演示文稿

保存文件时，可以将它保存到硬盘驱动器上的文件夹、网络位置、磁盘、CD、桌面或其他存储位置。保存文件的形式有以下几种：

（1）保存演示文稿

步骤1：单击"Microsoft Office 按钮"→"保存"菜单命令，以默认文件格式保存演示文稿。（键盘快捷方式保存文件，请按Ctrl+S）

步骤2：在"保存位置"列表中，单击要保存文件的文件夹或驱动器。（图3-34-1、图3-34-2）

图3-34-1   图3-34-2

（2）另存为PowerPoint放映

步骤1：单击"Microsoft Office 按钮"→"另存为"→"PowerPoint放映"菜单命令，保存为始终在幻灯片放映视图中打开的演示文稿。

步骤2：在"保存位置"列表中，单击要保存文件的文件夹或驱动器。

（3）另存为PowerPoint97-2003演示文稿

步骤1：单击"Microsoft Office 按钮"→"另存为"→"PowerPoint97-2003演示文稿"菜单命令，保存一个与PowerPoint97-2003完全兼容的演示文稿。（图3-35）

步骤2：在"保存位置"列表中，单击要保存文件的文件夹或驱动器。

提示：要将副本保存到其他文件夹中，请在"保存位置"表中单击其他驱动器，或者在文件夹列表中单击其他文件夹。要将副本保存在新文件夹中，请单击"新建文件夹"，在"文件名"框中，输入文件的新名称，单击"保存"。

（4）另存为其他格式

步骤1：单击"Microsoft Office 按钮"→"另存为"→"其他格式"菜单命令，保存一个与PowerPoint97-2003完全兼容的演示文稿。

图3-35

步骤2：在"保存位置"列表中，单击要保存文件的文件夹或驱动器。

步骤3：在"文件名"框中，输入文件的新名称。

步骤4：单击"保存类型"列表，然后单击将用来保存文件的文件格式。

二、添加和管理幻灯片

演示文稿一般由多张幻灯片组成，可以从计算机或某一共享位置的其他演示文稿中复制并粘贴，将包含或不包含幻灯片内容的幻灯片添加到演示文稿中。还可以在同一个演示文稿内复制幻灯片，也可以从 PowerPoint 2007版式库中添加幻灯片，有时根据需要调整幻灯片顺序、隐藏或删除幻灯片。

（一）添加包含或不包含幻灯片内容的幻灯片

1. 从幻灯片版式库添加空白幻灯片

步骤1：在"开始"选项卡的"幻灯片"组中，单击"新建幻灯片"，此时将在当前选择的幻灯片后面插入一张空白幻灯片。（键盘快捷方式添加空白幻灯片，请按 Ctrl+M）

步骤2：从版式库中选择一个幻灯片缩略图。（图3-36）

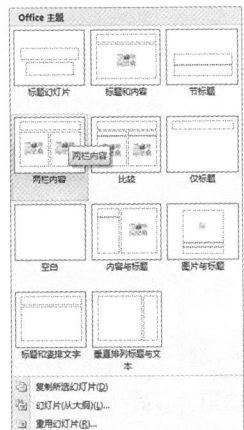

图3-36

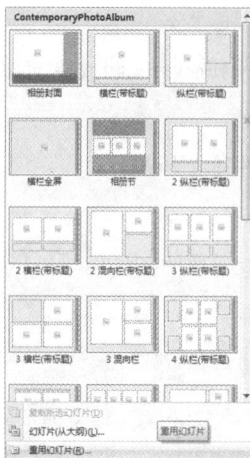

图3-37

图3-38

图3-39

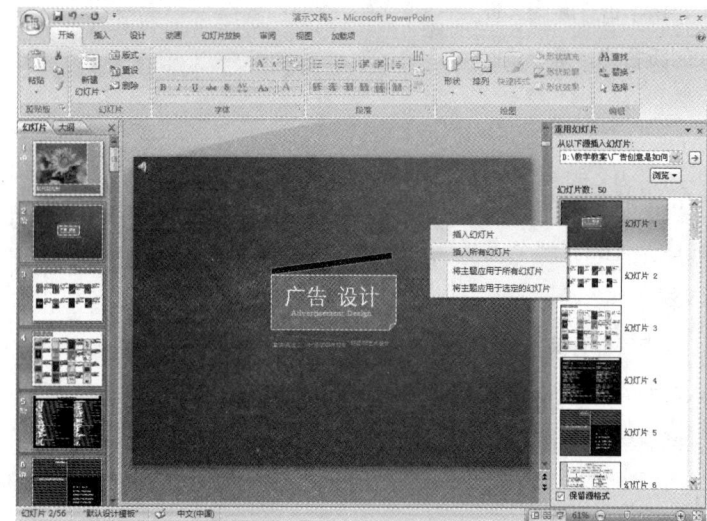

图3-40

2. 从文件添加幻灯片

用上面方法添加的幻灯片，只能插入空白幻灯片，如果要从位于自己计算机或网络共享上的其他演示文稿文件中添加一张或多张幻灯片，可以执行下列操作：

步骤1：打开要向其中添加幻灯片的演示文稿。

步骤2：在包含"大纲"选项卡和"幻灯片"选项卡的窗格中，单击"幻灯片"，然后单击需要添加幻灯片的位置。（图3-37）

步骤3：在"开始"选项卡上的"幻灯片"组中，单击"新建幻灯片"，然后单击"重用幻灯片"。（图3-38）

步骤4：在"重用幻灯片"窗格中，单击"打开PowerPoint文件"。

步骤5：在"浏览"对话框中，找到并单击包含所需幻灯片的演示文稿文件，然后单击"打开"。（图3-39）

提示：在"重用幻灯片"窗格中，Microsoft Office PowerPoint 2007 将显示来自所选演示文稿的幻灯片的缩略图，将指针停留在缩略图上可以查看该幻灯片内容的较大版本。

步骤6：在"重用幻灯片"窗格中，请执行下列操作之一。

■ 要添加单张幻灯片，请单击它。

■ 要添加所有幻灯片，请右键单击任一张幻灯片，然后在快捷菜单（快捷菜单：要显示快捷菜单，请用右键单击某一项目）上单击"插入所有幻灯片"。（图3-40）

■ 如果想让向目标演示文档中添加的幻灯片保留原始演示文稿的格式，请在将该幻灯片添加至目标演示文稿之前选中"保留源格式"复选框。

（二）复制和粘贴幻灯片

将一张或多张幻灯片从一个演示文稿复制到同一演示文稿的某一位置，或复制到其他演示文稿时，可以指定新幻灯片的主题。默认情况下，将幻灯片粘贴到演示文稿中的新位置时，它会继承前面的幻灯片的主题。但是，如果从使用不同主题的其他演示文稿复制幻灯片，则将该幻灯片粘贴到其他演示文稿中时，可以保留该主题。

步骤1：在包含"大纲"和"幻灯片"选项卡的窗格中，单击"幻灯片"选项卡。

步骤2：通过执行下列操作之一选择要复制的幻灯片。

■ 要选择单张幻灯片，请单击它。

■ 要选择多张连续的幻灯片，请单击第一张幻灯片，按 Shift，然后单击要选择的最后一张幻灯片。

■ 要选择多张不连续的幻灯片，请按 Ctrl，然后单击每张要选择的幻灯片。

步骤3：右键单击某张选定的幻灯片，然后单击"复制"。（图3-41）

步骤4：在目标演示文稿中的"幻灯片"选项卡上，找到复制幻灯片插入点前面的那张幻灯片并右键单击它，然后单击"粘贴"。（图3-42-1、图3-42-2）

提示：要保留复制的幻灯片的原始设计，请单击"粘贴选项"按钮 🖺（在"普通"视图中，该按钮显示在"大纲"选项卡或"幻灯片"选项卡上粘贴的幻灯片旁边，或显示在"幻灯片"窗格中），然后单击"保留源格式"。

图3-41

图3-42-1

图3-42-2

复制幻灯片也可以直接将需要复制的幻灯片选中，按"Ctrl+C"组合键将其复制到剪贴板中，再选中目标幻灯片，按"Ctrl+V"组合键粘贴即可。

（三）更改幻灯片顺序

如果用户认为当前演示文稿中幻灯片排列顺序不够合理时，可以进行调整。

步骤1：在包含"大纲"和"幻灯片"选项卡的窗格中，单击"幻灯片"选项卡。

步骤2：在"开始"选项卡上，选择要移动的幻灯片缩略图，然后将其拖动到新的位置。

提示：要选择多个连续的幻灯片，请单击第一个幻灯片，然后在按住 Shift 的同时单击要选择的最后一个幻灯片。要选择多个不连续的幻灯片，请按住 Ctrl，同时单击每个要选择的幻灯片。

（四）隐藏幻灯片

如果需要将一张幻灯片放在演示文稿中，却不希望它在幻灯片放映中出现，则可以隐藏该幻灯片。如果向演示文稿中添加了为同一个主题提供不同详细程度的内容的幻灯片（可能面向不同的观众），此功能特别有用，可以将这些幻灯片标记为隐藏，以便它们不显示在主幻灯片放映中，但仍可以在需要时访问它们。

步骤1：在包含"大纲"和"幻灯片"选项卡的窗格中，单击"幻灯片"选项卡。

步骤2：请执行下列操作之一。

■ 要隐藏幻灯片，请右键单击要隐藏的幻灯片，然后单击"隐藏幻灯片"。隐藏幻灯片图标，显示在隐藏的幻灯片的旁边，图标内部有幻灯片编号。（图3-43-1、图3-43-2）

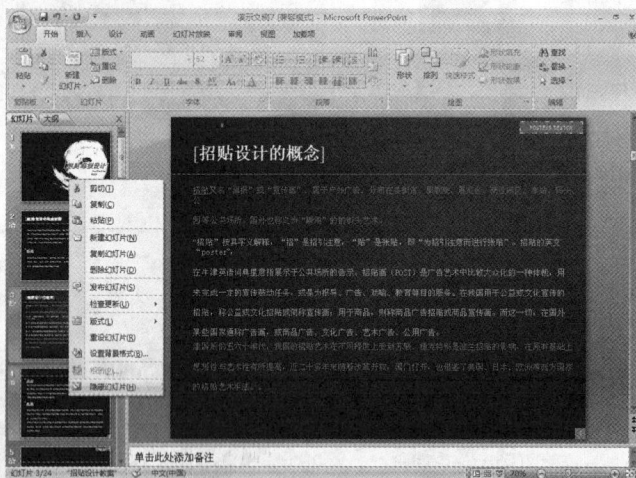 

图3-43-1　　　　　　　　　　　　　　　　　　　　图3-43-2

■ 要显示以前隐藏的幻灯片，请右键单击要显示的幻灯片，然后单击"隐藏幻灯片"。

（5）删除幻灯片

要从演示文稿中删除幻灯片，则应将需要删除的幻灯片选中，右键单击要删除的幻灯片，然后单击"删除幻灯片"，或是直接按"Delete"即可。（图3-44）

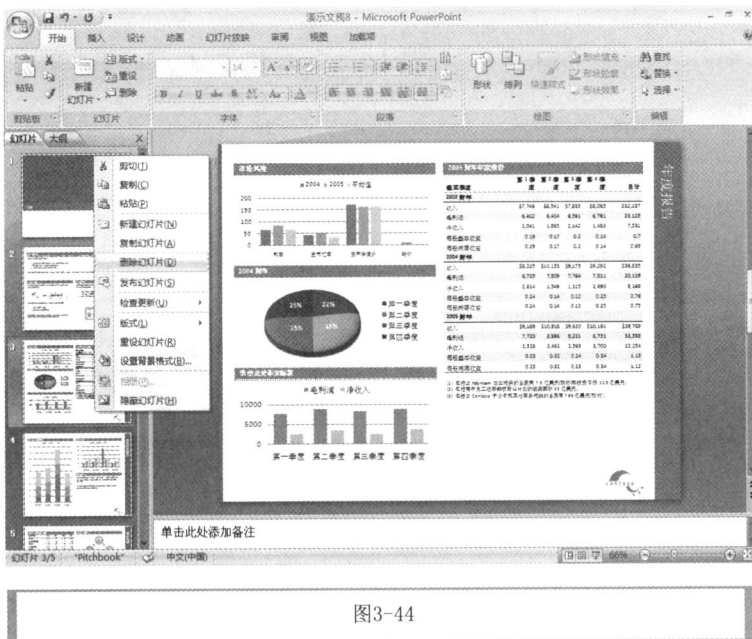

图3-44

第三节　在课件中添加素材

为使演示文稿更加引人入胜，制作者可以根据演示文稿的内容需要，在幻灯片上添加文本、表格、图片、形状、SmartArt图形、图表、艺术字、超链接、动作、声音和影片等素材。

一、添加文本

在PowerPoint 2007中，向幻灯片中添加文本的方式主要有三种：占位符、文本框和形状。

（一）在占位符中添加正文或标题文本

占位符是一种带有虚线或阴影线边缘的框，绝大部分幻灯片版式中都有这种框。在这些框内，可以放置标题及正文或图表、表格和图片等对象。用户在创建演示文稿后，在幻灯片就自动生成一些占位符，用户可以直接在这些占位符中输入或粘贴标题、副标题和正文文本。（图3-45）

占位符是PowerPoint为幻灯片预先设置好的一种版式，用户可以根据自己的需要选择不同的幻灯片版式。执行"开始"→"新建幻灯片"　菜单命令，在"Office主题"中显示出幻灯片版式列表，在该列表中直接单击相应的版式，即可将其应用到当前被选中的幻灯片中。在占位符上单击右键，将会弹出相应的快捷菜单击编辑文本。（图3-46-1至图3-46-4）

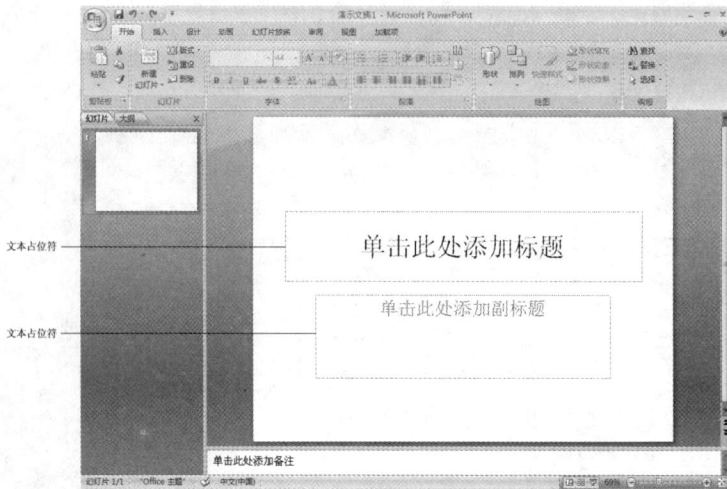

图3-45

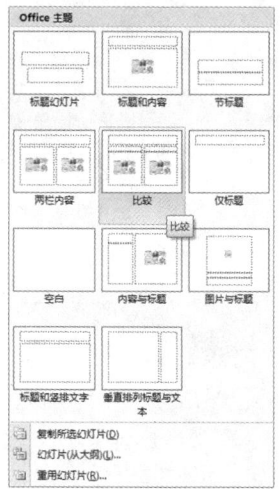

图3-46-1

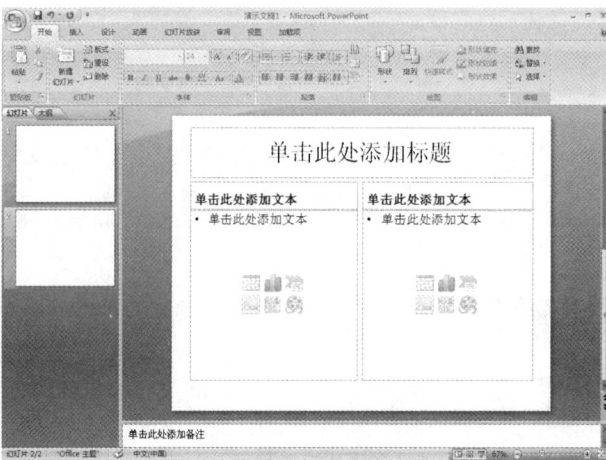

图3-46-2

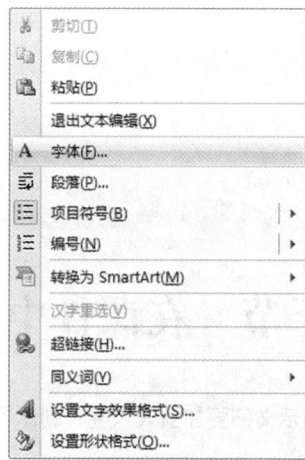

图3-46-3

图3-46-4

提示：如果文本的大小超过占位符的大小，PowerPoint会在键入文本时以递减方式减小字体大小和行间距，使得文本适应占位符的大小。

如图3-47所示图例就是通过在占位符中添加标题文本制作的幻灯片。

（二）在文本框中添加文本

文本框是一种可移动、可调节文字大小的图形容器。使用文本框，可以在一页上放置数个文字块，或使文字与文档中其他文字以不同的方向排列。使用文本框可将文本放置在幻灯片上的任何位置，如文本占位符外部。例如，用户可以通过创建文本框并将其放置在图片旁边来为图片添加标题。此外，如果要将文本添加到形状中但不希望文本附加到形状，那么使用文本框会非常方便。还可以在文本框中为文本添加边框、填充、阴影或三维 (3D) 效果。（图3-48）

在幻灯片中也可以将原有的占位符删除，再单击"插入"→"文本框" [A] 按钮，然后在幻灯片编辑区域中按住鼠标左键拖动即可创建一个文本框。创建好文本框后，就可在其中添加文字。同时可以通过"开始"选项下的"字体"和"段落"菜单中功能命令调整字体样式和效果（图3-49-1、图3-49-2）。例如单击"文字颜色" [A] 按钮，出现如图3-50-1所示的选项菜单，可以更改文字的颜色；单击"文字方向" [||] 按钮，出现如图3-50-2所示的选项菜单，可以更改文字的方向。

（三）在形状中添加文本

正方形、圆形、标注批注框和箭头总汇等形状都可以包含文本。在形状中键入文本时，文本会附加

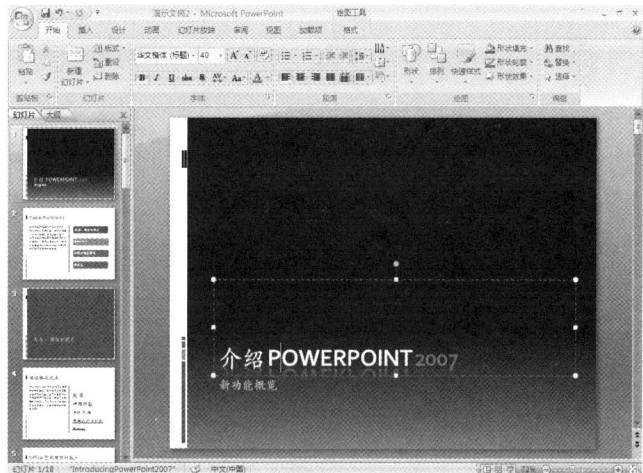

图3-47

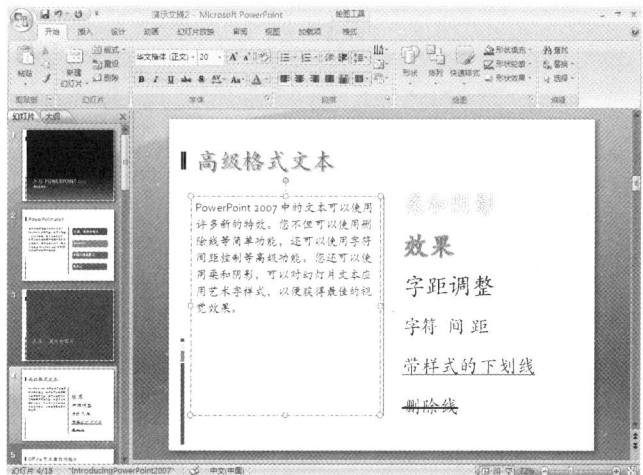

图3-48

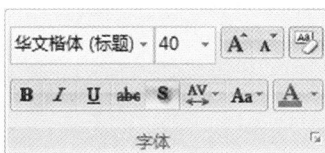

图3-49-1

图3-49-2

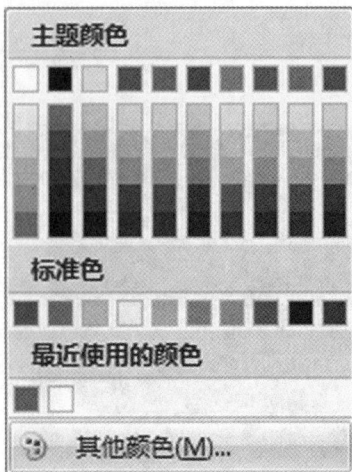

图3-50-1

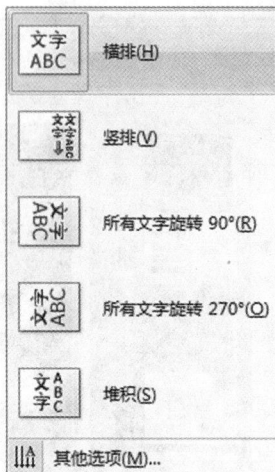

图3-50-2

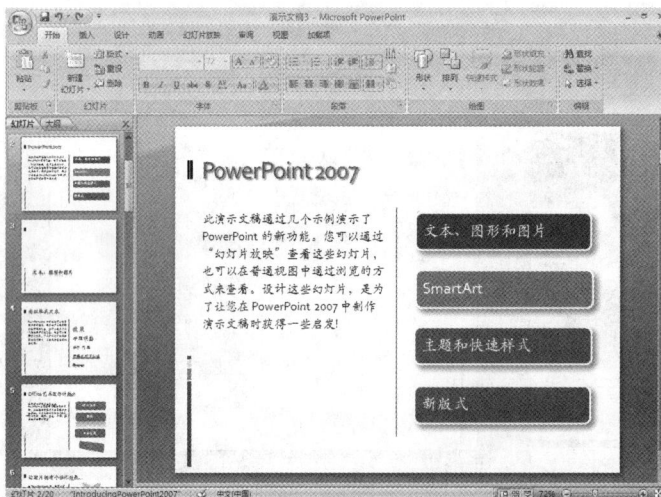

图3-51

到形状并随形状一起移动和旋转；也可以覆盖独立于形状并且不会随形状一起移动的文本。（图3-51）

　　1. 添加作为形状组成部分的文本。要添加会成为形状组成部分的文本，首先选择该形状，然后键入或粘贴文本。

　　2. 添加独立于形状的文本。要添加不会随形状一起移动的文本，首先添加一个文本框，然后键入或粘贴文本。

二、添加表格、图片、形状、SmartArt图形和图表

（一）添加表格

在"插入"选项卡上，单击"表格"按钮，出现如图3-52所示的选项菜单，根据实际需要添加相应的表格。图3-53所示为"人员招聘初试评价记录表"演示文稿，双击幻灯片中的表格，菜单会出现如图3-54-1所示的 "表格工具"，该"格式"选项卡包括表格样式选项、表格样式、艺术样式和绘图表框菜单组，可以选择执行相应命令调整所需表格样式和效果。（图3-54-2）

（二）添加剪贴画或图片

可以将Microsoft Office Online、计算机、网页和文件中的图片和剪贴画插入或复制到 Microsoft Office PowerPoint 2007 演示文稿中，还可以将图片和剪贴画用作幻灯片背景。

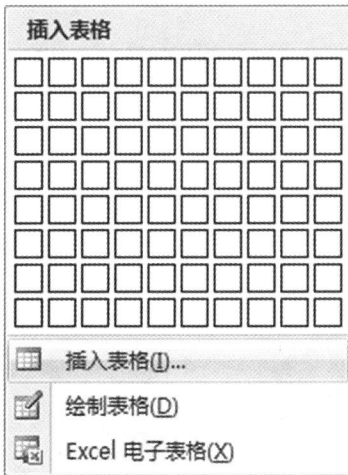

图3-52

图3-53

图3-54-1

图3-54-2

1. 插入剪贴画

步骤1：在"插入"选项卡上的"插图"组中，单击"剪贴画"。（图3-55）

步骤2：在"剪贴画"任务窗格（任务窗格：Office 应用程序中提供常用命令的窗口。它的位置适宜，尺寸又小，可以一边使用这些命令，同时继续处理文件）中的"搜索"文本框中，键入用于描述所需剪贴画的单词或短语，或键入剪贴画的所有或部分文件名称。（图3-56）

步骤3：要缩小搜索范围，请执行下列操作之一。

■ 要将搜索结果限制在特定的剪贴画收藏集中，请在"搜索范围"列表中，选中要搜索的每个收藏集旁边的复选框。

■ 要限制对剪贴画的搜索结果，请在"结果类型"列表中，选中"剪贴画"复选框。也可以选中"照片"、"影片"和"声音"旁边的复选框以搜索这些媒体类型。

步骤4：单击"搜索"。

步骤5：在结果列表中，单击所需剪贴画以将其插入，调整大小、位置后最终效果如图3-57所示。

2. 从文件中插入图片

步骤1：单击要插入图片的位置。

步骤2：在"插入"选项卡上的"插图"组中，单击"图片"。（图3-58）

图3-55

图3-58

图3-56

图3-57

步骤3：找到要插入的图片并双击它。要添加多张图片，请在按住 Ctrl 的同时单击要插入的图片，然后单击"插入"。（图3-59）

图3-59所示为"介绍PowerPoint 2007"演示文稿，双击幻灯片中的图片，菜单会出现如图3-60-1所示的"图片工具"，该"格式"选项卡包括调整、图片样式、排列和大小菜单组，可以选择执行相应命令调整所需图片样式和效果。（图3-60-2至图3-60-8）

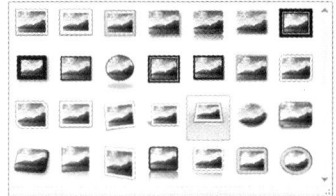

图3-59

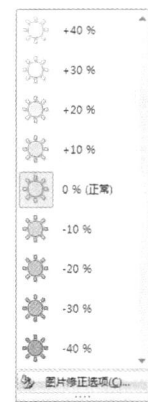

图3-60-2

图3-60-1

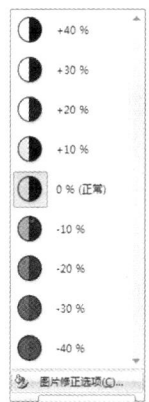

图3-60-3

图3-60-4

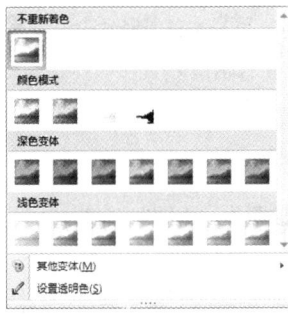

图3-60-5

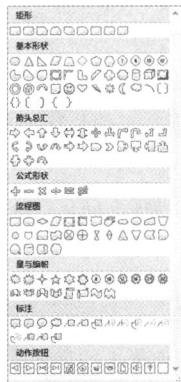

图3-60-6

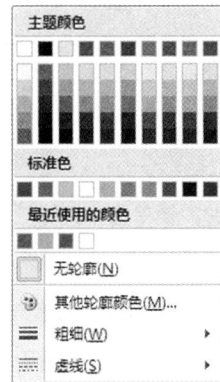

图3-60-7

图3-60-8

图3-61-1

图3-61-2

图3-62

图3-63

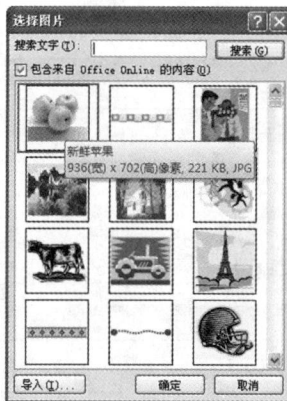

图3-64

提示：从文件插入的图片将嵌入在工作簿或演示文稿中，可以通过链接到图片来减小文件的大小。在"插入图片"对话框中，单击要插入的图片，单击"插入"旁边的箭头，然后单击"链接到文件"。

3．将图片用作幻灯片背景

步骤1：在Office PowerPoint 2007中，单击要向其添加背景图片的幻灯片。

步骤2：要选择多张幻灯片，请单击第一张幻灯片，然后在按住Ctrl的同时单击其他幻灯片。

步骤3：在"设计"选项卡上的"背景"组中，单击"背景样式"，然后单击"设置背景格式"。（图3-61-1、图3-61-2）

步骤4：单击"填充"，然后单击"图片或纹理填充"。（图3-62）

步骤5：请执行下列操作之一。

■ 要从文件插入图片，请单击"文件"，找到要插入的图片，然后双击该图片。（图3-63）

■ 要粘贴已复制的图片，请单击"剪贴板"。

■ 要使用剪贴画作为背景图片，请单击"剪贴画"，然后在"搜索文字"框中键入用于描述所需剪辑（剪辑：一个媒体文件，包含图片、声音、动画或电影）的字词或短语，或键入剪辑的完整或部分文件名。（图3-64）

■ 要在搜索中包括 Microsoft Office Online 上可用的剪贴画，请选中"包含来自Office Online 的内

容"复选框,单击"搜索",然后单击该剪辑以将其插入。(图3-65)

(三)添加形状

可以给演示文稿中的幻灯片添加一个形状或者合并多个形状以生成一个绘图或一个更为复杂的形状。可用形状包括线条、基本几何形状、箭头、公式形状、流程图形状、星、旗帜和标注。添加一个或多个形状后,可以在其中添加文字、项目符号、编号和快速样式。

步骤1:在"开始"选项卡上的"绘图"组中或者"插入"选项卡上的"插图"组中,单击形状。(图3-66-1、图3-66-2)

步骤2:单击所需形状,接着单击文档中的任意位置,然后拖动以放置形状。(图3-67)

图3-68所示为"介绍PowerPoint 2007"演示文稿,双击幻灯片中的形状,菜单会出现如图3-69所示的"绘图工具",该"格式"选项卡包括插入形

图3-65

图3-66-1

图3-66-2

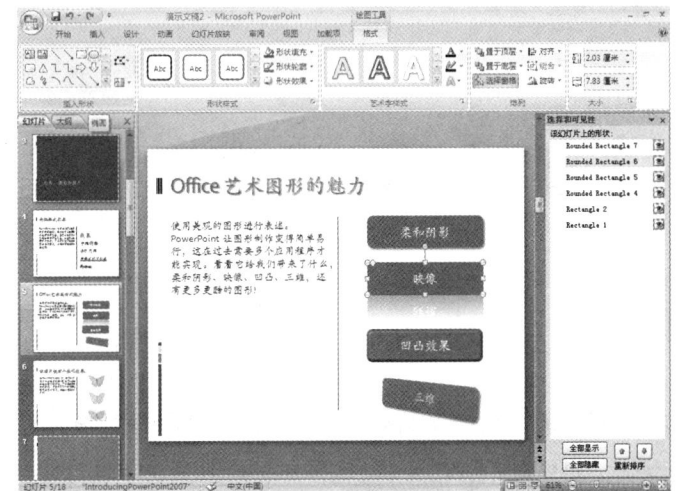

图3-67

图3-68

图3-69

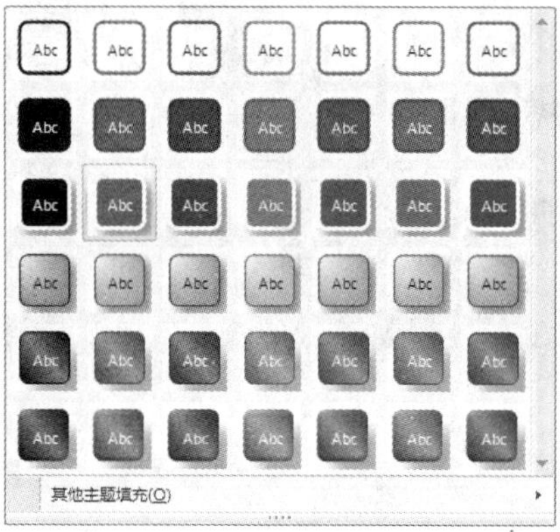

图3-70-1

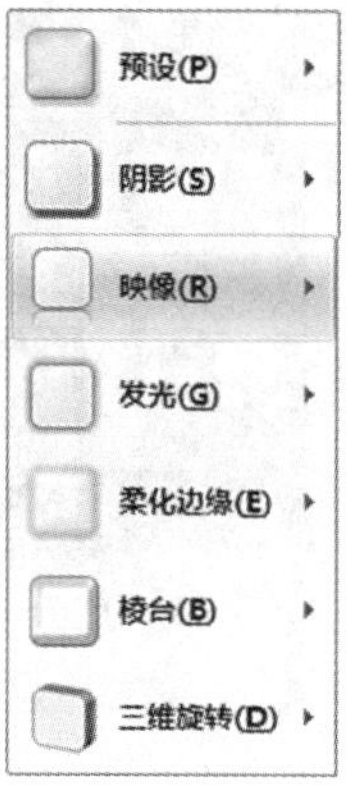

图3-70-2

图3-71-1

图3-71-2

图3-72

状、形状样式、艺术字样式、排列和大小菜单组，可以选择执行相应命令调整所需形状样式和效果。（图3-70-1、图3-70-2）

提示：要创建规范的正方形或圆形（或限制其他形状的尺寸），请在拖动的同时按住 Shift键。

（四）添加SmartArt图形

1. SmartArt 图形创建概述

SmartArt图形是一种具有设计师水准的图形，可以快速、轻松地将其添加到演示文稿中用以表示数据，也可以选择许多不同的图形布局（如循环、列表、进程、层次结构、矩阵等）来有效传达数据背后的信息。创建SmartArt图形时，系统将提示用户选择一种SmartArt图形类型，如"流程"、"层次结构"、"循环"或"关系"。类型类似于SmartArt图形类别，而且每种类型包含几个不同的布局。选择了一个布局之后，可以很容易地更改SmartArt图形布局。新布局中将自动保留大部分文字和其他内容以及颜色、样式、效果和文本格式。（图3-71-1、图3-71-2）

还可以在SmartArt图形中添加和删除形状以调整布局结构。例如，虽然"基本流程"布局显示有三个形状，用户的流程可能只需两个形状，也可能需要四个形状。当添加或删除形状以及编辑文字时，形状的排列和这些形状内的文字量会自动更新，从而保持SmartArt图形布局的原始设计和边框（图3-72）。由于 Office PowerPoint 2007 演示文稿通常包含带有项目符号列表的幻灯片，因此，可以快速将幻灯片文字转换为SmartArt图形。此外，还可以在 Office PowerPoint 2007 演示文稿中向SmartArt图形添加动画。

2. 创建SmartArt图形时要考虑的内容

在创建SmartArt图形之前，对那些最适合显示数据的类型和布局进行可视化。希望通过SmartArt图形传达哪些内容？是否要求特定的外观？由于用户可以快速轻松地切换布局，因此可以尝试不同类型的不同布局，直至找到一个最适合对信息进行图解的布局为止。（表3-1）

表3-1 图形的用途及类型

图形的用途	图形类型
显示无序信息	列表（图 3-73）
在流程或日程表中显示步骤	流程（图 3-74）
显示连续的流程	循环（图 3-75）
创建组织结构图	层次结构（图 3-76）
图示连接	关系（图 3-77）
显示各部分如何与整体关联	矩阵（图 3-78）
显示与顶部或底部最大部分的比例关系	棱锥图（图 3-79）

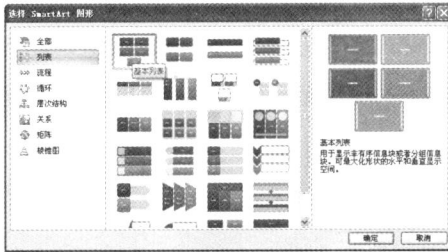

图3-73

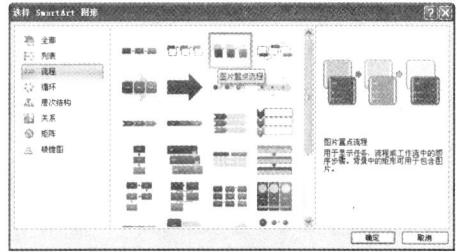

图3-74

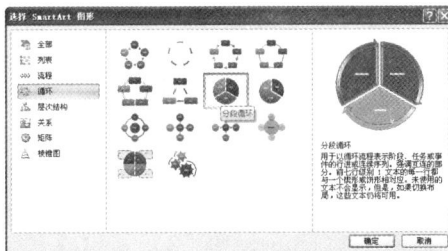

图3-75

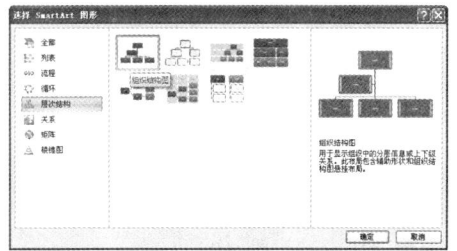

图3-76

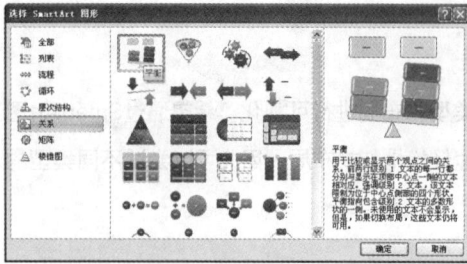

图3-77

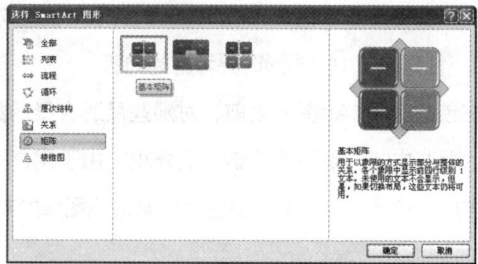

图3-78

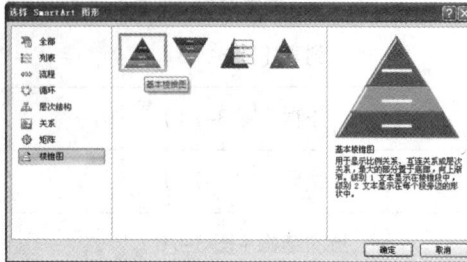

图3-79

同时，还要考虑内容文字量，因为文字量通常决定了所用布局以及布局中所需的形状个数。通常，在形状个数和文字量仅限于表示要点时，SmartArt 图形最有效。如果文字量较大，则会分散SmartArt图形的视觉吸引力，使这种图形难以直观地传达信息。但某些布局（如"列表"类型中的"梯形列表"）适用于文字量较大的情况（图3-80）。此外，某些SmartArt 图形布局包含的形状个数是固定的。例如，"关系"类型中的"平衡箭头"布局用于显示两个对立的观点或概念。只有两个形状可以包含文字，并且不能将该布局改为显示多个观点或概念。（图3-81）

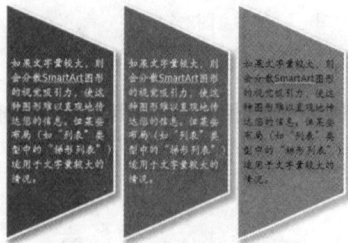

图3-80

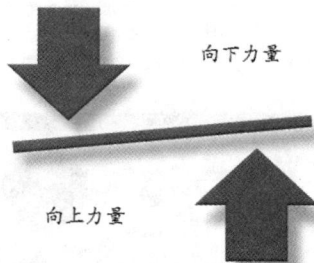

图3-81

3. 创建SmartArt图形

步骤1：在"插入"选项卡的"插图"组中，单击"SmartArt"。（图3-82）

步骤2：在"选择SmartArt图形"对话框中，单击所需的类型和布局。（图3-83）

步骤3：执行下列操作之一以便输入文字。

■ 单击SmartArt图形中的一个形状，然后键入文本。（图3-84）

■ 单击"文本"窗格中的"[文本]"，然后键入或粘贴文字。

■ 从其他程序复制文字，单击"[文本]"，然后粘贴到"文本"窗格中。

提示：如果看不到"文本"窗格，则单击SmartArt图形，在"SmartArt 工具"下的"设计"选项卡上，单击"创建图形"组中的"文本窗格"。（图3-85-1、图3-85-2）

图3-82

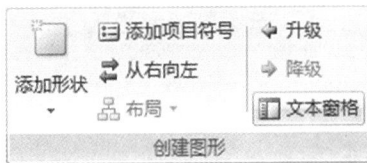

图3-85-1

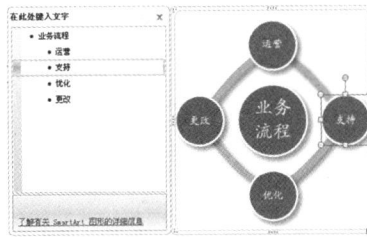

图3-85-2

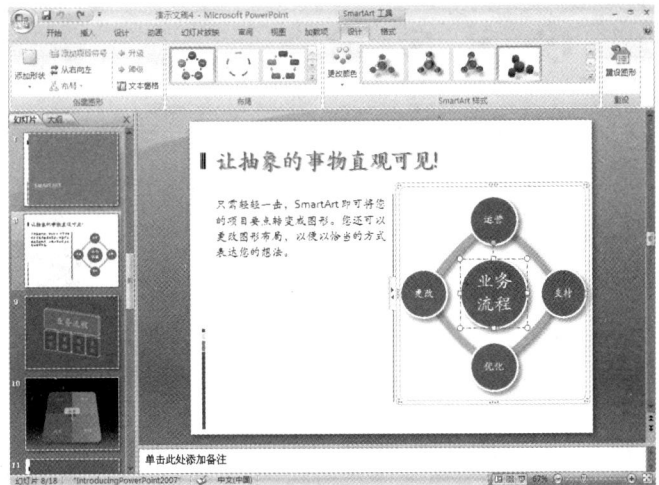

图3-83

图3-84

4. 更改SmartArt图形颜色

步骤1：单击SmartArt图形。

步骤2：在"SmartArt工具"下的"设计"选项卡上，单击"SmartArt样式"组中的"更改颜色"。

步骤3：单击所需的颜色变体。（如图3-86-1、图3-86-2）

5. 应用SmartArt图形样式

"SmartArt样式"是各种效果（如线形、棱台或三维）的组合，可应用于SmartArt图形中的形状以创建独特且具专业设计效果的外观。

步骤1：单击SmartArt图形。

步骤2：在"SmartArt工具"下"设计"选项卡上的"SmartArt样式"组中，单击所需的SmartArt样式。

步骤3：要查看更多的SmartArt样式，请单击"其他"按钮 。（如图3-87-1、图3-87-2）

提示：如果幻灯片上已经有文字，则可以将文字转换为SmartArt图形。 也可以通过添加单个形状、删除形状、移动形状、调整形状大小和设置文字格式等方式自定义 SmartArt图形。若要从空白布局开始，请删除"文本"窗格中的所有占位符文本，或者先按"Ctrl+A"再按"Delete"。

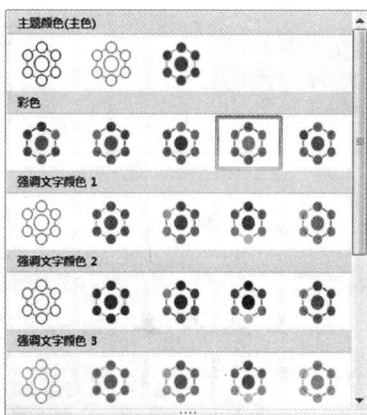

图3-86-1

图3-86-2

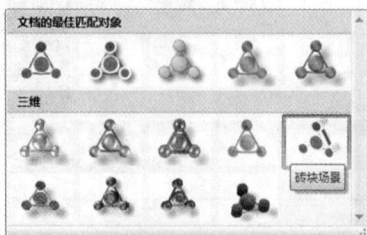

图3-87-1

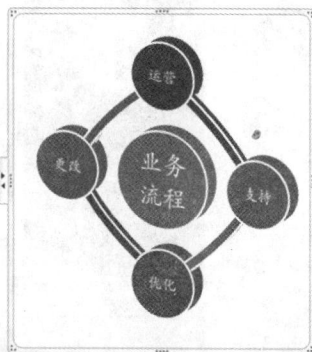

图3-87-2

（五）添加图表

Office PowerPoint 2007 包含很多不同类型的图表（图3-88-1、图3-88-2），它们可用来向观众传达有关库存水平、组织更改以及销量图等信息。可以用下面两种方法之一将图表添加到演示文稿中：

1. 可在演示文稿中嵌入并插入图表，当在PowerPoint 中从图表嵌入数据时，可以在Office Excel 2007中编辑这些数据，并且工作表将随 PowerPoint 文件一起保存。（图3-89-1、图3-89-2）

2. 可将Excel图表粘贴到演示文稿中并链接到Office Excel 2007中的数据，当从Office Excel 2007复制图表并将其粘贴到演示文稿中时，图表中的数据链接到 Excel 工作表。如果要更改图表中的数据，则必须在Office Excel 2007中被链接的工作表中进行更改。该 Excel工作表是一个单独的文件，并且不随PowerPoint文件一起保存。

图3-88-1

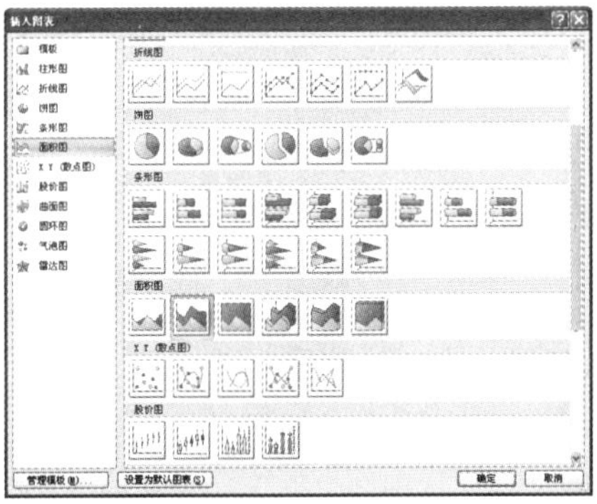

图3-88-2

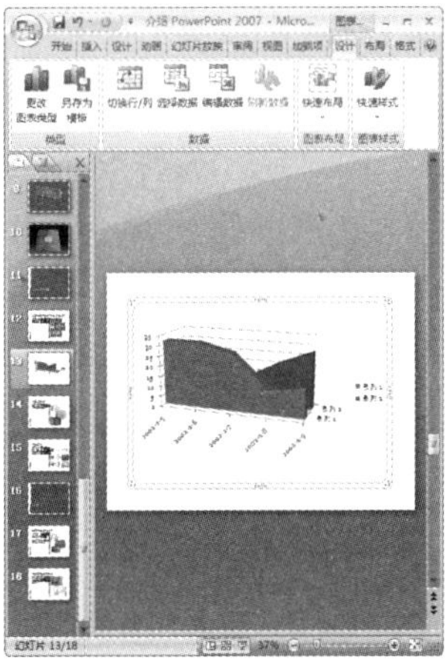

图3-89-1

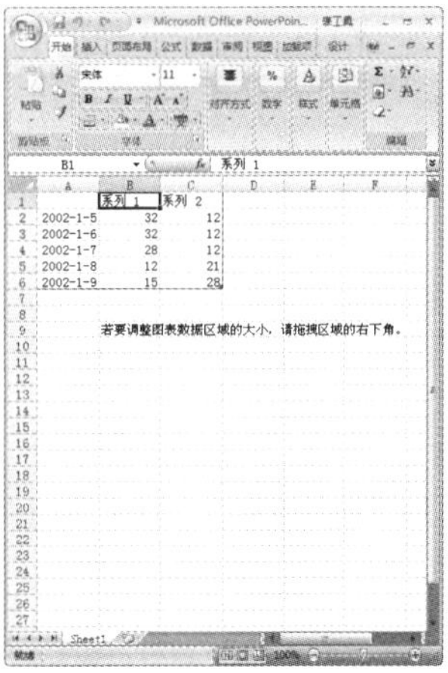

图3-89-2

图3-90所示为"介绍PowerPoint 2007"演示文稿，双击幻灯片中的图表，菜单会出现如图3-91所示的 "图表工具"，该"格式"选项卡包括类型、数据、图表布局和图表菜单组，可以选择执行相应命令调整所需图表样式和效果。（图3-92-1、图3-92-2）

提示：如果计算机上未安装Microsoft Office Excel 2007，则无法利用 2007 Microsoft Office System中的高级图表制作功能。如果未安装Office Excel 2007，则当在Microsoft Office PowerPoint 2007 中创建新图表时，Microsoft Graph将打开，一个图表随后出现，并在数据表中含有其关联数据。

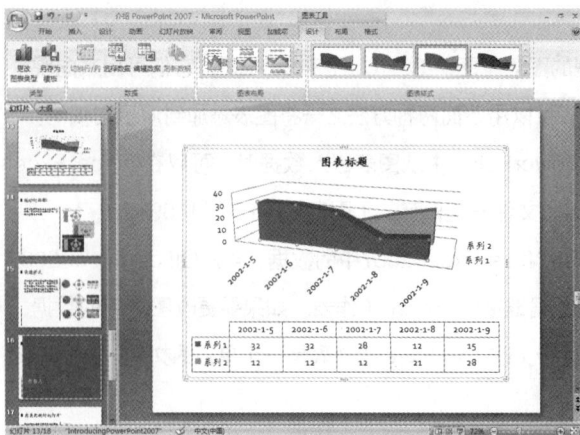

图3-90

图3-92-1

图3-91

图3-92-2

图3-93-1

图3-93-2

图3-93-3

三、添加艺术字样式

艺术字是一个文本样式库，用户可以将其中的文本样式添加到演示文稿中以产生装饰效果，如阴影或镜像文本。在PowerPoint 2007中，还可以对现有文本应用效果，使之成为艺术字。

（一）添加艺术字样式

在"插入"选项卡上的"文字"组中，单击"艺术字"，然后单击所需艺术字样式，输入需要的文字。（图3-93-1、图3-93-2、图3-93-3、图3-94）

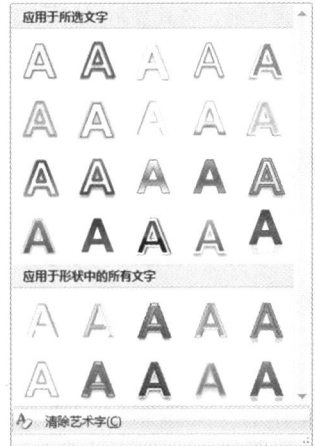

图3-94	图3-95

提示：可以自定义围绕艺术字的形状以及艺术字中的文字。 如果Office 2007发布版文档中有图表，可以将图表标题替换为艺术字，以着重强调该标题。

（二）删除艺术字样式

用户删除文字的艺术字样式时，文字会保留下来。选定要删除其艺术字样式的艺术字，在"绘图工具"下，在"格式"选项卡上的"艺术字样式"组中，单击"其他"按钮 ，然后单击"清除艺术字"。（图3-95）

提示：要删除部分文字的艺术字样式，请选定要删除其艺术字样式的文字，然后执行上述步骤。如果要删除艺术字，选择要删除的艺术字，然后按"Delete"。

四、添加声音和影片

（一）添加和播放声音

为了增强演示文稿的效果，可以通过计算机、网络或Microsoft剪辑管理器中的文件添加声音；也可以自己录制声音，将其添加到演示文稿中，或者使用CD中的音乐，以达到强调或实现特殊效果的目的。在幻灯片上插入声音时，将显示一个表示所插入声音文件的图标。若要在进行演示时播放声音，可以将声音设置为在显示幻灯片时自动开始播放、在单击鼠标时开始播放、在一定的时间延迟后自动开始播放或作为动画序列的一部分播放。

只有.wav 声音文件才可以嵌入，所有其他的媒体文件类型都只能以链接的方式插入。默认情况下，如果.wav声音文件的大小超过100 KB，将自动到演示文稿，而不采用嵌入 （嵌入对象：包含在源文件中并且插入目标文件中的信息，一旦嵌入，该对象成为目标文件的一部分，对嵌入对象所做的更改反映在目标文件中）的方式。最大可将.wav嵌入文件的大小限制值增加到50，000 KB，但提高此限制也会增加整个演示文稿的大小。插入链接的声音文件时，PowerPoint会创建一个指向该声音文件当前位置的链接。如果之后将该声音文件移动到其他位置，则需要播放该文件时PowerPoint会找不到文件。最好在插入声音前，将其复制到演示文稿所在的文件夹中。PowerPoint 会创建一个指向该声音文件的链接；即使将该文件夹移动或复制到另一台计算机上，只要声音文件位于演示文稿文件夹中，PowerPoint 就能找到该文件。确保链接文件位于演示文稿所在文件夹中的另一种方法是使用"打包成CD"功能，此功能可将所有文件复制到演示文稿所在的位置（CD 或文件夹），并自动更新声音文件的所有链接。

1. 插入声音

步骤1：在包含"大纲"和"幻灯片"选项卡的窗格中，单击"幻灯片"选项卡，单击要添加声音的幻灯片。

步骤2：在"插入"选项卡上的"媒体剪辑"组中，单击"声音"下的箭头。（图3-96-1、图3-96-2）

步骤3：请执行下列操作之一。

■ 单击"文件中的声音"，找到包含所需文件的文件夹，然后双击要添加的文件。（图3-97）

■ 单击"剪辑管理器中的声音"，滚动"剪贴画"任务窗格，找到所需的剪辑；然后单击剪辑，以将其添加到幻灯片中。（图3-98-1至图3-98-3）

提示：可以在添加到演示文稿之前预览剪辑。在"剪贴画"任务窗格中显示可用剪辑的"结果"框中，将鼠标指针移到该剪辑的缩略图上，单击出现的箭头，然后单击"预览/属性"。

2. 预览声音

步骤1：在幻灯片上，单击声音图标。

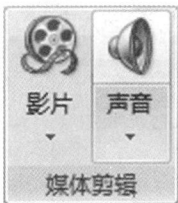

图3-96-1

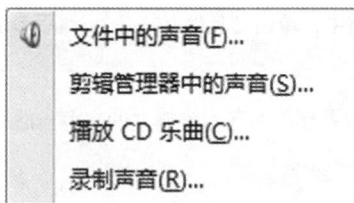

图3-96-2

图3-97

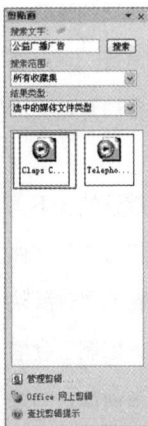

图3-98-1

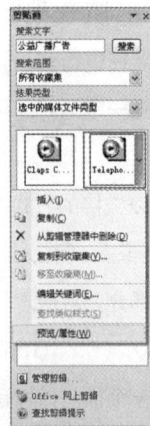

图3-98-2

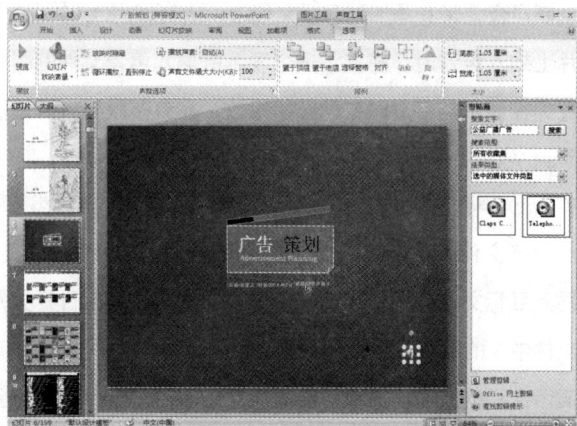

图3-98-3

步骤2：在"声音工具"下的"选项"选项卡上，在"播放"组中，单击"预览"。也可以双击声音图标。（图3-99）

3. 选择"自动"或"在单击时"

插入声音时，会出现一条提示消息，询问以何种方式开始播放声音：是"自动"开始播放，还是"在单击时"开始播放。（图3-100）

| 图3-99 | 图3-100 |

■ 若要在放映该幻灯片时自动开始播放声音，请单击"自动"。放映幻灯片时，如果没有其他媒体效果，会自动播放此声音。如果还有其他效果（如动画），则将在该效果后播放声音。

■ 若要通过在幻灯片上单击声音来手动播放，请单击"在单击时"。插入声音时，会添加一种播放触发器效果。该设置之所以称为触发器，是因为必须单击某一特定区域才能播放声音。

4. 连续播放声音

如果使用声音效果的目的是为了进行强调，用户也许希望声音只播放一次，这也是 Microsoft Office PowerPoint中声音的默认行为。若要使声音在停止之前一直播放，或使声音在演示期间一直播放，则需要在"自定义动画"任务窗格中选择停止选项，或者将声音设置为连续播放。如果不选择声音的停止时间，将在再次单击幻灯片时停止播放。

（1）在一张幻灯片放映期间连续播放声音

步骤1：单击声音图标。

步骤2：在"声音工具"下的"选项"选项卡上，在"声音选项"组中，选中"循环播放，直到停止"复选框。循环播放时，声音将连续播放，直到转到下一张幻灯片为止。

（2）跨多张幻灯片播放声音

步骤1：单击声音图标。

| 图3-101 | 图3-102 |

图3-103

步骤2：在"动画"选项卡的"动画"组中，单击"自定义动画"。（图3-101）

步骤3：在"自定义动画"任务窗格中，单击"自定义动画"列表中所选声音右侧的箭头，然后单击"效果选项"。（图3-102）

步骤4：在"效果"选项卡上的"停止播放"下，单击"之后"，然后选择应在其上播放该文件的幻灯片总数。（图3-103）

（二）添加和播放影片

与图片或图形不同，影片文件始终都链接到演示文稿，而不是嵌入到演示文稿中。影片属于桌面视频文件，其格式包括AVI或MPEG，文件扩展名包括 .avi、.mov、.mpg 和.mpeg。典型的影片可能包含一个演讲者的发言，比如无法亲自参加会议的执行官的讲话，可以使用影片开展培训或进行演示。可以从计算机中的文件、Microsoft剪辑管理器、网络或Intranet中向幻灯片添加影片和动态GIF文件，使用多种方式播放影片或GIF文件（显示幻灯片时自动播放、单击时播放或创建一个计时以在特定的延迟后播放）；还可以跨多张幻灯片播放影片或在整个演示文稿中连续播放影片，或者设置影片选项，例如隐藏影片框或调整框的大小。（部分功能使用参见"添加和播放声音"）

1. 插入影片

为防止可能出现的链接问题，向演示文稿添加影片之前，最好先将影片复制到演示文稿所在的文件夹。

步骤1：在"普通"视图中，单击要添加影片或动态GIF文件的幻灯片。

步骤2：在"插入"选项卡上的"媒体剪辑"组中，单击"影片"下方的箭头。（图3-104-1、图3-104-2）

步骤3：请执行下列操作之一。

图3-104-1

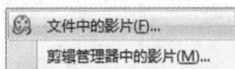

图3-104-2

■ 单击"文件中的影片"，找到包含所需文件的文件夹，然后双击要添加的文件。（图3-105-1、图3-105-2）

■ 单击"剪辑管理器中的影片"，滚动"剪贴画"任务窗格以查找所要的剪辑，然后单击该剪辑将其添加到幻灯片中。（图3-106）

2. 预览影片

步骤1：在"普通"视图中，单击幻灯片上要预览的影片框。

步骤2：在"影片工具"下的"选项"选项卡上，单击"播放"组中的"预览"。（图3-107）

提示：在"普通"视图，也可以通过双击来预览影片。

如果影片或动态 GIF 文件是自定义动画序列的一部分，可在"自定义动画"任务窗格中单击"播放"以进行预览。

如果演示文稿有多张幻灯片，请使用标题占位符来标识包含影片框的幻灯片，即可知道哪张幻灯片可以单击和播放。

如果插入的影片作为使用Microsoft Windows Media Player播放的对象，可能需要在 Windows

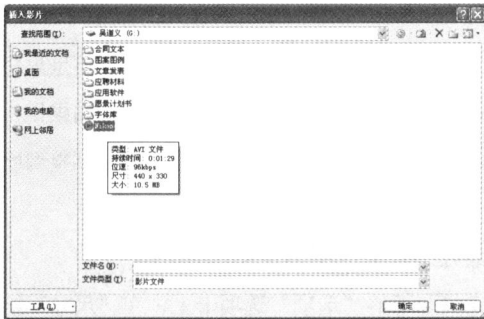

图3-105-1

图3-105-2

图3-106

图3-107

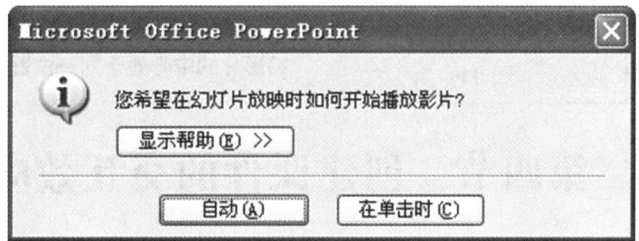

图3-108

Media Player 中单击"停止"、"开始"和"暂停"按钮来控制影片的播放。

3. 选择"自动"或"在单击时"

插入影片时，会出现一条提示消息，询问用户希望如何开始播放影片：是"自动"开始播放，还是"在单击时"影片开始播放。（图3-108）

■ 若要在放映幻灯片时自动开始播放影片，请单击"自动"。影片播放过程中，可单击影片以暂停播放。要继续播放，请再次单击影片。

■ 若要通过在幻灯片上单击影片来手动开始播放，请单击"在单击时"。

提示：可以随时更换其他功能选项。单击影片，然后在"影片工具"下，单击"选项"选项卡，在"影片选项"组中选择所要的选项。

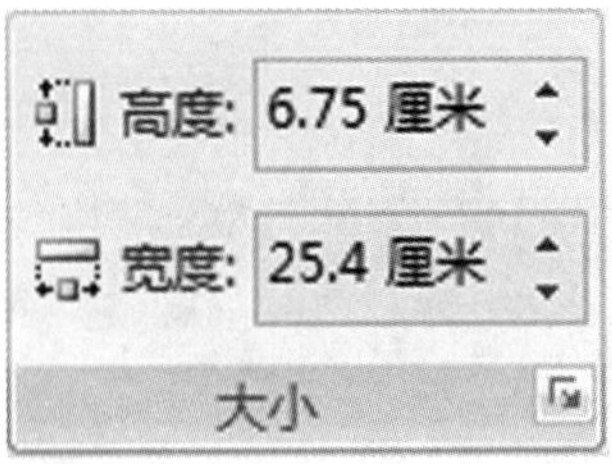

图3-109

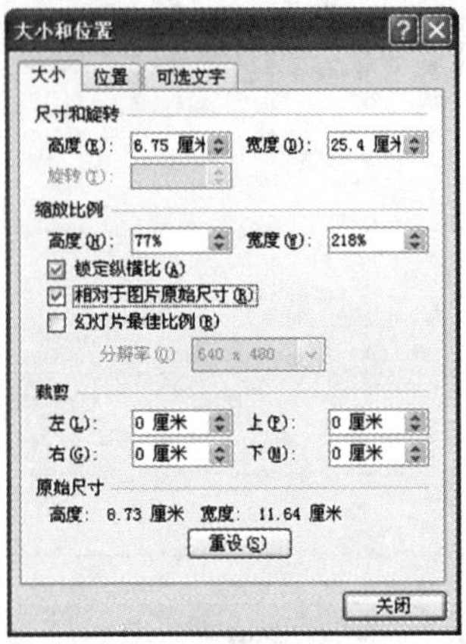

图3-110

4. 调整影片的尺寸

在演示过程中播放影片时，可使影片充满整个屏幕，而不是只将影片作为幻灯片的一部分进行播放，这称为全屏播放影片。如果用户不希望通过全屏模式播放影片，可以撤销全屏选项，将影片调整到所需的尺寸。

步骤1：在"普通"视图中，单击要调整大小的影片。

步骤2：在"影片工具"下的"选项"选项卡上，在"尺寸"组中，单击"对话框启动器"。（图3-109）

步骤3：请执行下列操作之一。

■ 在"尺寸和旋转"下的"高度"和"宽度"框中，分别输入所需的尺寸。

■ 在"缩放比例"下的"高度"和"宽度"框中，分别输入所需的、相对于影片原始尺寸的百分比大小；若要保持影片的高宽比例，选择"锁定纵横比"复选框。（图3-110）

提示：若要防止影片在播放时出现跳跃，请选择"幻灯片最佳比例"复选框。也可以通过拖动影片的边框来调整影片的尺寸，若要保持影片的中心处于同一位置，可在拖动鼠标时按住Ctrl键。

第四节　创建课件的交互效应

一般情况下，设计与制作的多媒体课件在放映时只能从头到尾按幻灯片顺序播放。其实，可以事先对幻灯片中的对象设置"动作"、"超链接"和"动作按钮"，这样在使用课件时，便于按照文稿的内在逻辑关系来展示课件内容，达到有效的交互效应。

一、创建超链接设置交互

在Microsoft Office PowerPoint 2007中，超链接是从一张幻灯片到同一演示文稿中的另一张幻灯片的连接，或是从一张幻灯片到不同演示文稿中的另一张幻灯片、电子邮件地址、网页或文件的连接。可以从文本或一个对象（如图片、图形、形状）创建链接。

（一）创建连接到相同演示文稿中的幻灯片

步骤1：在"普通"视图中，选择要用作超链接的文本或对象。

步骤2：在"插入"选项卡上的"链接"组中，单击"超链接"。（图3-111）

步骤3：在"链接到"下，单击"本文档中的位置"。（图3-112）

步骤4：请执行下列操作之一。

■ 链接到当前演示文稿中的自定义放映：在"请选中文档中的位置"下，单击要用作超链接目标的自定义放映，选中"显示并返回"复选框。

■ 链接到当前演示文稿中的幻灯片：在"请选中文档中的位置"下，单击要用作超链接目标的幻灯片。（图3-113）

（二）创建连接到不同演示文稿中的幻灯片

步骤1：在"普通"视图中，选择要用作超链接的文本或对象。

步骤2：在"插入"选项卡上的"链接"组中，单击"超链接"。

步骤3：在"链接到"下，单击"原有文件或网页"。（图3-114）

步骤4：找到包含要链接到的幻灯片的演示文稿。

步骤5：单击"书签"，然后单击要链接到的幻灯片的标题。（图3-115）

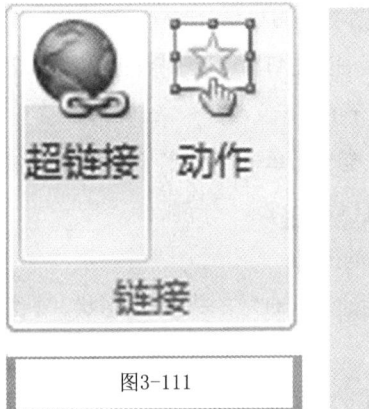

图3-111

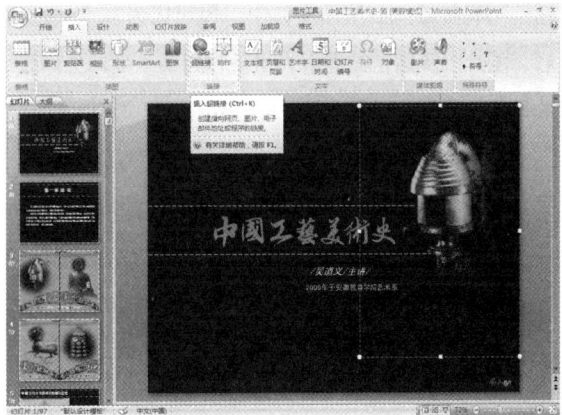

图3-112

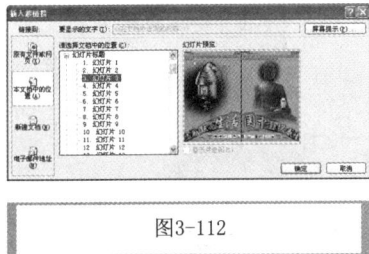

图3-113

图3-114

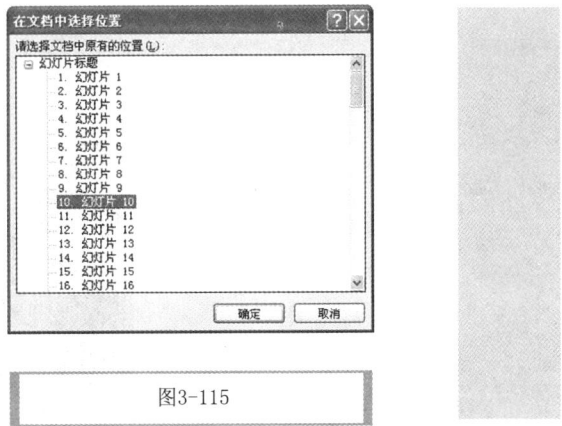

图3-115

（三）创建连接到电子邮件地址

步骤1：在"普通"视图中，选择要用作超链接的文本或对象。

步骤2：在"插入"选项卡上的"链接"组中，单击"超链接"。

步骤3：在"链接到"下单击"电子邮件地址"。

步骤4：在"电子邮件地址"框中，键入要链接到的电子邮件地址，或在"最近用过的电子邮件地址"框中，单击电子邮件地址。（图3-116）

步骤5：在"主题"框中，键入电子邮件的主题。

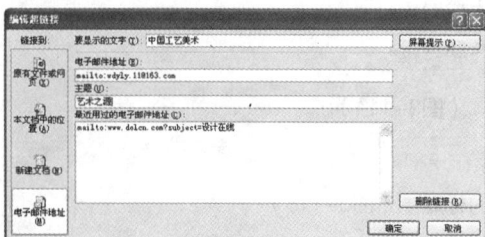

图3-116

二、创建动作按钮设置交互

PowerPoint 2007中动作按钮是一个现成的按钮，可将其插入到演示文稿中，也可以为其定义超链接。广义的动作按钮可以包含形状、文本框、图形、图片以及通常被理解为用于转到下一张、上一张、第一张和最后一张幻灯片和用于播放影片或声音的符号。动作按钮通常用于自己运行演示文稿，例如在展台上重复显示的演示文稿。

步骤1：在"插入"选项卡上的"插图"组中，单击"形状"下的箭头，然后单击"更多"按钮▾。（图3-117-1、图3-117-2）

步骤2：在"动作按钮"下，单击要添加的按钮。

步骤3：单击幻灯片上的一个位置，然后通过拖动为该按钮绘制形状。（图3-118）

步骤4：在如图3-119所示的"动作设置"对话框中，执行下列操作之一。

■ 要选择动作按钮在被单击时的行为，请单击"单击鼠标"选项卡。

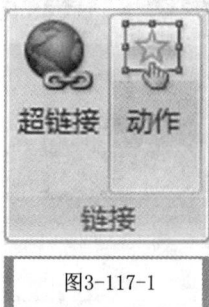

图3-117-1

图3-117-2

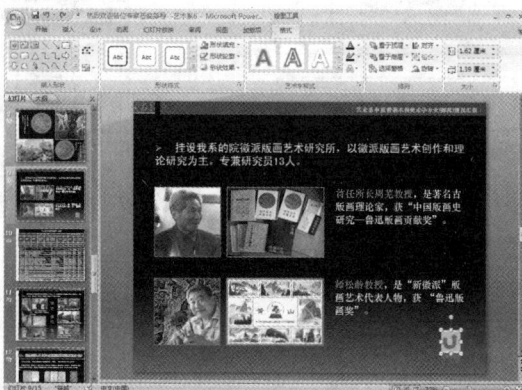

图3-118

■ 要选择鼠标移过时动作按钮的行为，请单击"鼠标移过"选项卡。

步骤5：要选择单击鼠标或鼠标移过动作按钮时所发生的操作，请执行下列操作之一。

■ 如果不想进行任何操作，则请单击"无动作"。

■ 要创建超链接，请单击"超链接到"，然后选择超链接的目标。

■ 要运行程序，请单击"运行程序"，单击"浏览"，然后找到要运行的程序。

■ 要运行宏（宏：可用于自动执行任务的一项或一组操作），请单击"运行宏"，然后选择要运行的宏。

■ 要播放声音，请选中"播放声音"复选框，然后选择要播放的声音。

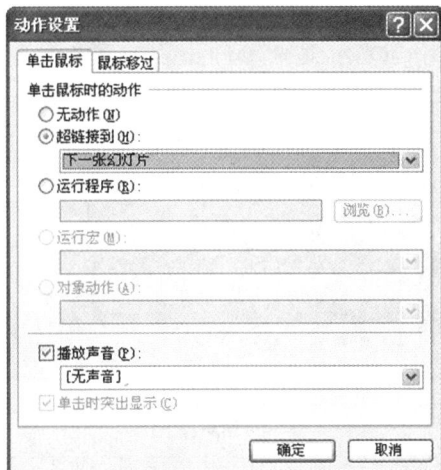

图3-119

第五节　设计课件的主题样式

PowerPoint 2007主题取代了在PowerPoint的早期版本中使用的设计模板。在过去，设置协调一致的演示文稿很费时间，因为制作者必须分别为表格、图表、形状和图示选择颜色或样式选项。在2007 Microsoft Office system中，主题简化了创建协调一致、具有专业外观文档的过程，这不仅可以在一个程序中实现，而且还可以在多个程序中实现。目前，在 Microsoft Office Excel 2007、Microsoft Office PowerPoint 2007、Microsoft Office Word 2007和Microsoft Office Outlook 2007中，可以使用相同的主题，并且单击一下鼠标就可以轻松应用一个主题。要尝试不同的主题，请将指针停留在主题库中的某个缩略图上，并注意演示文稿的变化。

如图3-120-1至图3-120-4所示的是应用于同一演示文稿的四个不同主题，这四个主题依次排列为："纸张"、"中性"、"沉稳"和"模块"。

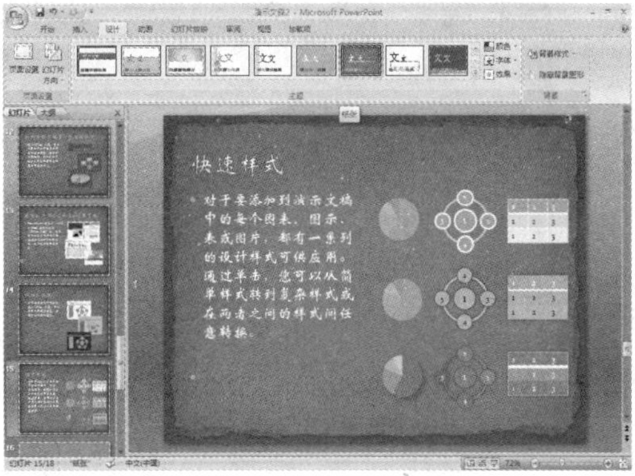

图3-120-1

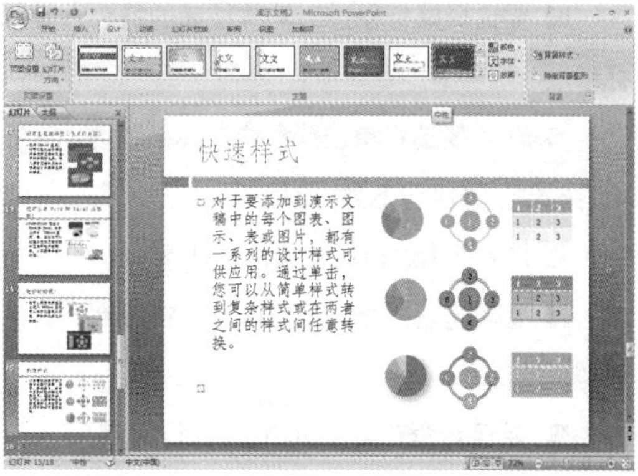

图3-120-2

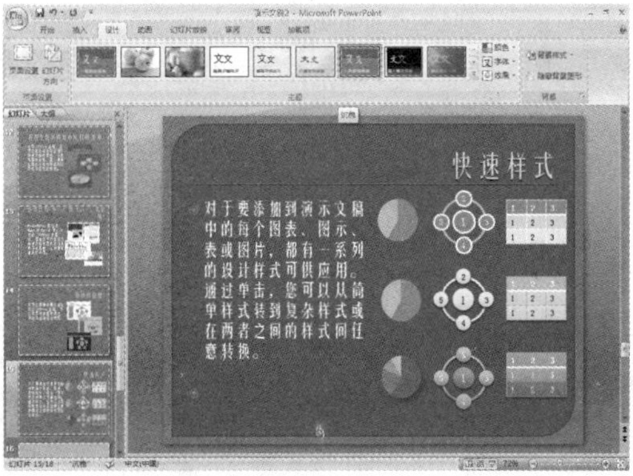

图3-120-3

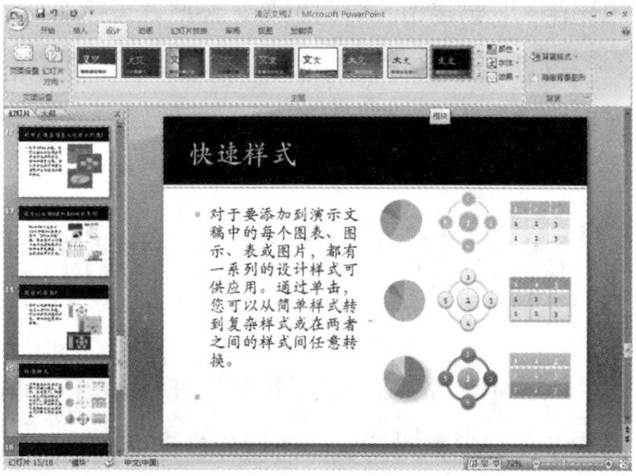

图3-120-4

一、主题与模板之间的区别

主题是用户在主题库中看到的内容。虽然主题可以是独立的文件类型(.thmx),但用户创建的每个演示文稿内部都包含一个主题(甚至于新的空白演示文稿也应用了主题)。内置主题不包含文本或数据,但主题颜色、主题字体或主题效果将应用于文档的所有部分,包括文本和数据。PowerPoint模板是一种特殊的"入门"文件类型(.potx)。打开一个模板时即会打开一个新的演示文稿,其中包含应用于该模板的内容、版式、格式、样式和主题。

当创建并保存一个模板后,以后便可以在"新建演示文稿"对话框中访问它。当创建并保存一个主题后,该主题将出现在主题库中。

二、应用主题样式

(一)自定义主题

用户可以从核心内置主题入手创建许多不同的自定义主题。有关主题颜色、主题字体和主题效果的自定义设置位于主题库的旁边(图3-121)。选择一个主题,更改其设置或定义自己的设置,然后将这些设置作为新主题保存在库中，如果用户不再需要它们，还可以删除自定义主题。

要获得更多新的颜色、字体和效果，可以从Microsoft Office Online下载新的主题：在"设计"选项卡上的"主题"组中，单击"其他"按钮，然后单击"Microsoft Office Online上的其他主题"。（图3-122）

图3-121

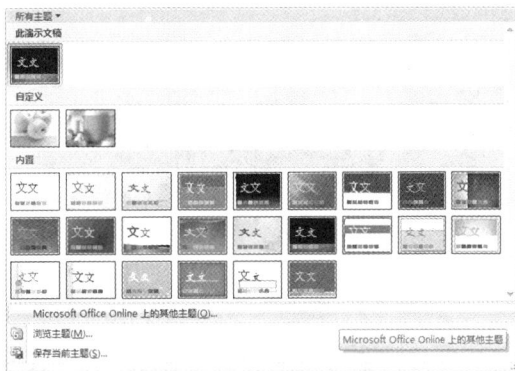

图3-122

（二）向演示文稿应用多个主题

如果希望演示文稿包含多个主题，演示文稿必须包含多个幻灯片母版。每个主题都与一组版式相关联，每一组版式又都与一个幻灯片母版相关联，因此，两个幻灯片母版将有两组版式（两种设计）可以应用于演示文稿。

1. 执行下列操作，将主题应用于第一个幻灯片母版和一组版式。

步骤1：在"视图"选项卡上的"演示文稿"组中，单击"幻灯片母版"。（图3-123）

步骤2：在"幻灯片母版"选项卡上的"编辑主题"组中，单击"主题"。（图3-124）

步骤3：请执行下列操作之一。

■ 若要应用内置主题，请在"内置"下单击所需的主题。

■ 若要应用新创建的主题或经过修改并保存的现有主题，请在"自定义"下单击所需的主题。

■ 要应用自定义主题或存储在另一个位置的主题文档，请单击"浏览主题"，然后找到并选择所需的主题。

图3-123

■ 若要从 Office Online上下载免费主题，请单击"Microsoft Office Online上的其他主题"。通过滚动找到主题。双击所需的主题，然后单击"下载"。

图3-124

2. 执行下列操作，将主题应用于第二个幻灯片母版和第二组版式。

步骤1：在"幻灯片母版"视图中，在幻灯片母版和版式缩略图任务窗格中，向下滚动到版式组中的最后一张版式缩略图。

步骤2：在版式组中最后一个幻灯片版式的正下方单击。（图3-125）

步骤3：在"幻灯片母版"选项卡上的"编辑主题"组中，单击"主题"。如图3-126所示选择添加的"平衡"主题样式。

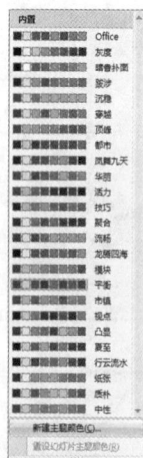

图3-125

图3-126

三、更改主题颜色、主题字体和主题效果

（一）主题颜色

更改主题颜色对演示文稿的更改效果最为显著，当单击"主题"组中的"颜色"时，主题名称旁边显示的颜色代表该主题的强调文字颜色和超链接颜色。主题颜色可以很得当地处理浅色背景和深色背景。主题中"内置"有可见性规则，因此用户可以随时切换颜色并且所有内容将仍然清晰可见且外观良好。（图3-127）

主题颜色包含12种颜色槽。前四种水平颜色用于文本和背景，用浅色创建的文本总是在深色中清

图3-127

图3-128

晰可见，而用深色创建的文本总是在浅色中清晰可见；接下来的六种强调文字颜色，它们总是在四种潜在背景色中可见。最后两种颜色不会在以下图片中显示，而将为超链接和已访问的超链接保留。主题颜色与基于它的一组淡色和阴影一同显示在每个颜色库中，通过从该扩展的匹配组中选择颜色，可以对应用该主题的各个内容部分进行格式设置。当主题颜色发生更改时，颜色库将发生更改，使用该主题颜色的所有文档内容也将发生更改。主题颜色库显示内置主题中的所有颜色组，要创建自己的自定义主题颜色，请在"主题"组中单击"颜色"，然后单击"新建主题颜色"。（图3-128）

（二）主题字体

每个Office主题定义了两种字体：一种字体用于标题；另一种字体用于正文文本，二者可以是相同的字体（随处使用），也可以是不同的字体。更改主题字体将对演示文稿中的所有标题和项目符号文本进行更新，在以前的PowerPoint发行版中，必须在幻灯片母版上进行此类全局更改。

单击"主题"组中的"字体"时，用于每种主题字体的标题字体和正文文本字体的名称将显示在相应的主题名称下（图3-129）。 此外，已对"新建主题字体"对话框进行更新以显示当前正在使用的主题字体。（图3-130）

（三）主题效果

主题效果指定如何将效果应用于图表、SmartArt图形、形状、图片、表格、艺术字和文本。通过使用主题效果库，可以替换不同的效果集以快速更改这些对象的外观。虽然用户不能创建自己的主题效果集，但是可以选择要在自己的主题中使用的效果。每个主题中都包含一个用于生成主题效果的效果矩阵，此效果矩阵包含三种样式级别的线条、填充和特殊效果，如阴影效果和三维 (3D) 效果。图3-131所示为"Office"主题（默认主题）的效果矩阵。

四、设置背景样式和页面大小、方向

（一）背景样式

背景样式是 Office PowerPoint 2007独有的样式，它们使用新的主题颜色模型，新的模型定义了将用于文本和背景的两种深色和两种浅色。浅色总是在深色上清晰可见，而深色也总是在浅色上清晰可见。例如，在浅色背景上使用深色文本时，背景样式中提供了六种强调文字颜色，它们在四种可能出现的背景色中的任意一种背景色上均可以清晰可见。

图3-129

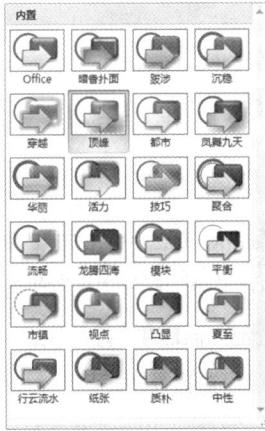

图3-131

图3-130

图3-132

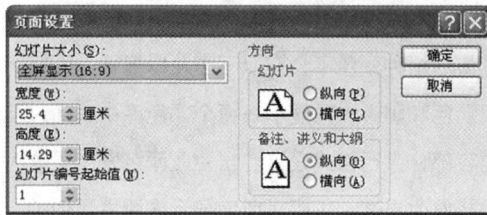

图3-134

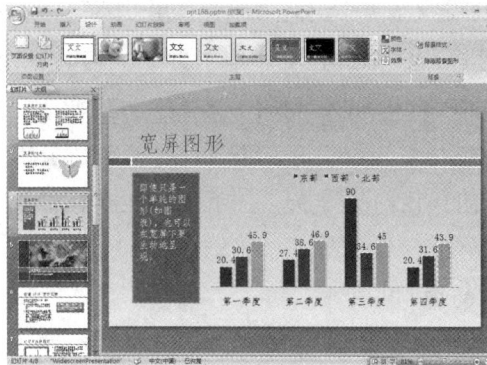

图3-133

图3-135

同样，在每个主题（主题：主题颜色、主题字体和主题效果三者的组合）中包含三个背景填充定义：细微、中等和强烈。通过将这四种背景色和三种主题背景进行组合，可以获得十二种可能的背景样式。要访问背景样式库，请在"设计"选项卡上的"背景"组中，单击"背景样式"（图3-132）。如果要自定义演示文稿的背景样式，单击"设置背景格式"，然后选择所需的选项。（图3-133）

提示：如果只向演示文稿中的部分幻灯片应用背景样式或主题，请右键单击该背景样式或主题，然后单击快捷菜单上的"应用于选定幻灯片"。

（二）页面设置

要更改演示文稿中幻灯片页面的大小和方向，可以在"设计"选项卡上的"页面设置"组中，单击"页面设置"（图3-134）。效果如图3-135所示"宽屏演示文稿"的横向样式。

第六节　设置课件的动画效果

使用Office PowerPoint 2007中的动画功能可以给文本、图片、SmartArt图形、图表、形状及其他对象添加预设动画方案和自定义动画效果。利用动画技术效果可以突出演示文稿的重点内容、控制信息流，吸引学生的注意力。在幻灯片间切换以及通过将内容切入或移出来最大化幻灯片空间，如果使用合理，这些动画效果将给学生带来学习的激情和趣味。点击PowerPoint 2007中"动画"选项卡上的"自定义动画"（图3-136），出现"自定义动画"窗格（图3-137）中默认的"添加效果"。进入效果，添加对象进入演示文稿的多种动画效果。（图3-138-1至图3-138-3）

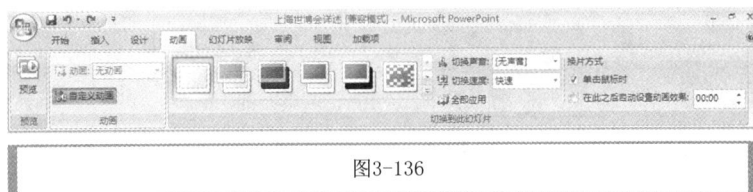

图3-136

图3-138-1

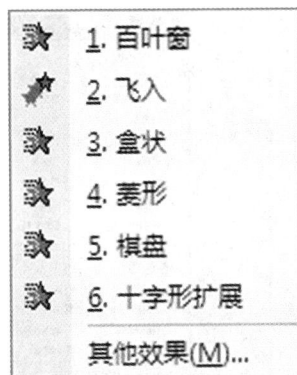

图3-138-2

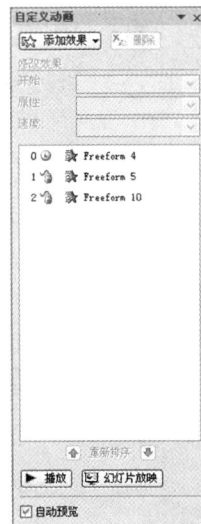

图3-138-3

图3-137

强调效果，强调文本或对象在演示文稿的多种动画效果。（图3-139-1至图3-139-3）

退出效果，使得对象退出演示文稿的多种动画效果。（图3-140-1至图3-140-3）

动作路径，通过添加或绘制路径，创建对象在演示文稿中的多种动画效果。（图3-141-1至图3-141-3）

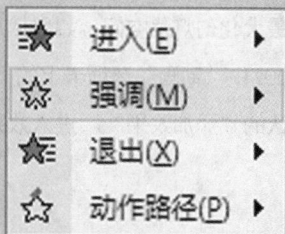

图3-139-1

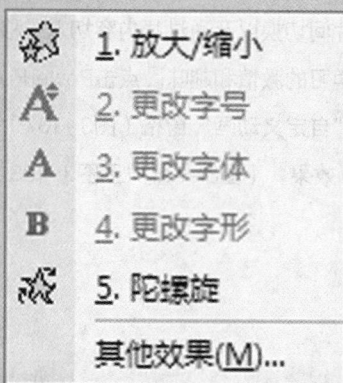

图3-139-2

图3-139-3

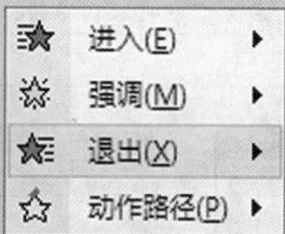

图3-140-1

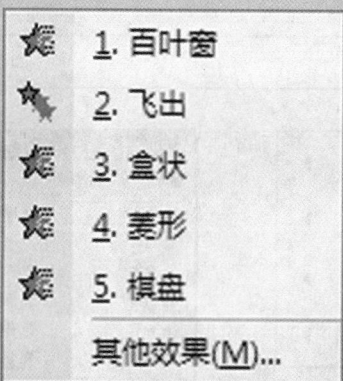

图3-140-2

图3-140-3

图3-141-1

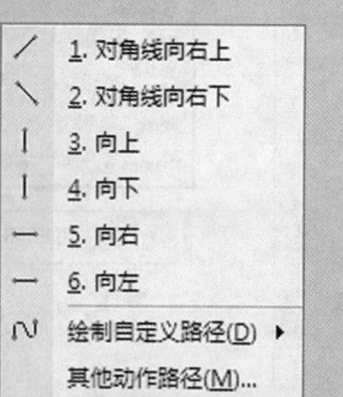

图3-141-2

图3-141-3

一、将文本或对象制作成动画

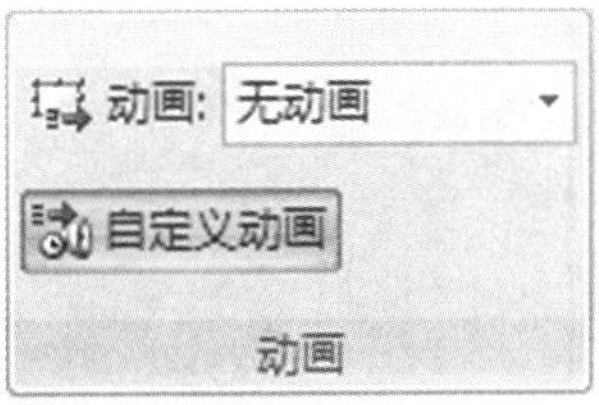

可以对幻灯片占位符中的项目，或者对段落应用自定义动画。例如，可以对幻灯片上的所有项目应用飞入动画，也可以对项目符号列表中的单个段落应用该动画，除了预设或自定义外，还可以使用进入、强调或退出选项。此外，还可以对一个项目应用多个动画，从而可以实现项目符号项

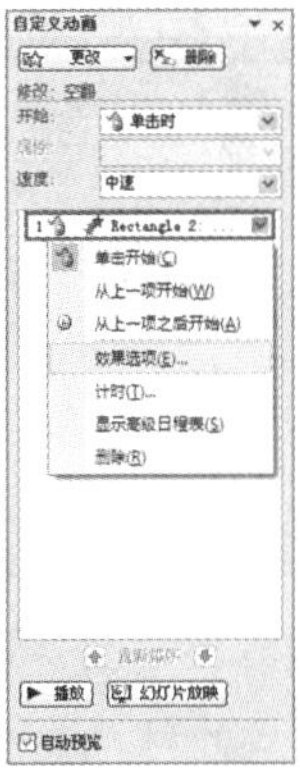

图3-142-1

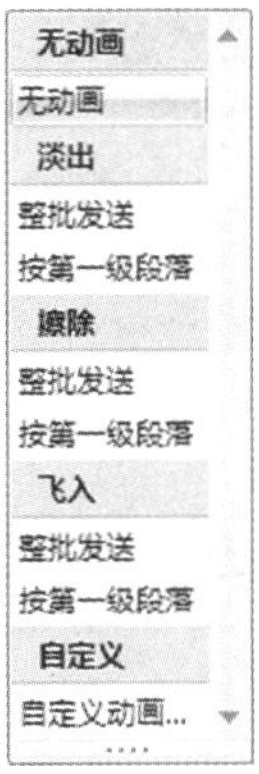

图3-142-2

图3-143

在飞入后再飞出。大多数动画选项都包括可以选择的关联效果。关联效果包括用于在播放动画时播放声音的选项以及可应用于字母、词语或段落的文本动画。例如，让标题逐字飞入，而不是一次性全部飞入。

（一）将文本或对象应用标准动画效果

步骤1：单击要制作成动画的文本或对象。

步骤2：在"动画"选项卡上的"动画"组中，从"动画"列表中选择所需的动画效果。（图3-142-1、图3-142-2）

（二）创建自定义动画效果并将其应用于文本或对象

步骤1：单击要制作成动画的文本或对象。

步骤2：在"动画"选项卡上的"动画"组中，单击"自定义动画"。

步骤3：在"自定义动画"任务窗格中，单击"添加效果"，然后执行以下一项或多项操作。

■ 要使文本或对象进入时带有效果，指向"进入"，然后单击相应的效果。

■ 要向幻灯片上已显示的文本或对象添加效果，指向"强调"，然后单击相应的效果。

■ 要向文本或对象添加可使项目在某一点离开幻灯片的效果，指向"退出"，然后单击相应的效果。

■ 要添加使文本或对象以指定模式移入的效果，指向"动作路径"，然后单击相应的路径。

步骤4：要指定向文本或对象应用效果的方式，请右键单击"自定义动画"列表中的自定义动画效果，然后单击"效果选项"。（图3-143）

步骤5：请执行下列操作之一。

■ 要指定文本设置，请在"效果"、"计时"和"文本动画"选项卡上单击要用来将文本制作成动画的选项（图3-144）。设置后，最终动画效果如图3-145-1、图3-145-2所示。

要指定对象设置，请在"效果"和"计时"选项卡上单击要用来将对象制作成动画的选项。

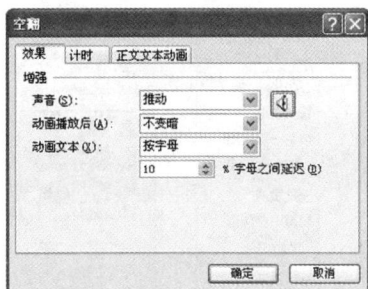

图3-144

图3-145-1

图3-145-2

二、将SmartArt图形制作成动画

为了额外强调或在阶段中显示信息，可以将一段动画添加到SmartArt图形或SmartArt图形的单个形状里。例如，可以让形状从屏幕的一端快速地飞入或缓慢地淡入。可用的动画取决于用户为SmartArt图形选择的布局，但总是可以同时将全部形状制成动画，或一次一个形状地制作动画。将SmartArt图形制作成动画的最好方式是使用"动画"列表中的选项，如有必要，可以在"自定义动画"任务窗格中自定义动画。（图3-146）

幻灯片上的动画项目以不可打印的编号标记注释。这些标记与自定义动画列表中的动画相对应，显示于SmartArt图形的旁边，且仅在"自定义动画"任务窗格显示时，才在"普通"视图中显示。（图3-147）

图3-146

图3-147

（一）添加动画

步骤1：单击要将其制成动画的SmartArt图形。

步骤2：在"动画"选项卡的"动画"组中，从"动画"列表中选择需要的动画。

在将SmartArt图形制成动画时，根据使用的布局，可以从表3-2所示的选项中进行选择。

表3-2

动画	说明
作为一个对象	将整个 SmartArt 图形当作一个大图片或对象来应用动画
整批发送	同时将 SmartArt 图形中的全部形状制成动画。当动画中的形状旋转或增长时，该动画与"作为一个对象"的不同之处会很明显。使用"整批发送"时，每个形状单独旋转或增长。使用"作为一个对象"时，整个 SmartArt 图形旋转或增长
逐个	一个接一个地将每个形状单独地制成动画
逐个按分支	同时将相同分支中的全部形状制成动画。该动画适用于组织结构图或层次结构布局的分支，与"逐个"相似
一次按级别	同时将相同级别的全部形状制成动画。例如，如果有一个布局，其中，三个形状包含 1 级文本，三个形状包含 2 级文本，则首先将包含 1 级文本的三个形状一起制成动画，然后再将包含 2 级文本的三个形状一起制成动画
逐个按级别	首先按照级别将 SmartArt 图形中的形状制成动画，然后再在级别内单个地进行动画制作。例如，如果有一个布局，其中，四个形状包含 1 级文本，三个形状包含 2 级文本，则首先将包含1级文本的四个形状中的每个形状单独地制成动画，然后再将包含 2 级文本的三个形状中的每个形状单独制成动画

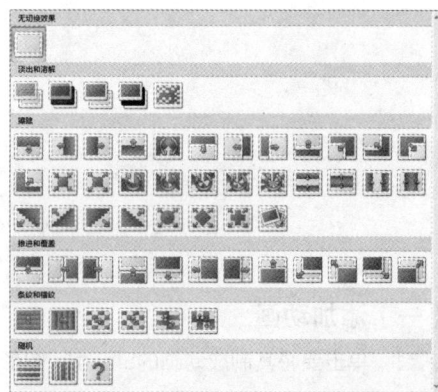

图3-148	图3-149

（二）颠倒动画的顺序

步骤1：单击包含要颠倒顺序的动画的SmartArt图形。

步骤2：在"动画"选项卡的"动画"组中，单击"自定义动画"。

步骤3：右键单击自定义动画列表中的自定义动画，然后单击快捷菜单上的"效果选项"。

步骤4：单击"SmartArt动画"选项卡，然后选择"倒序"复选框。（图3-148）

（三）删除动画

步骤1：单击包含要移除的动画的SmartArt图形。

步骤2：在"动画"选项卡的"动画"组的"动画"列表中，单击"无动画"。

三、在幻灯片之间添加切换效果

幻灯片切换效果是在"幻灯片放映"视图中从一个幻灯片移到下一个幻灯片时出现的类似动画的效果。可以控制每个幻灯片切换效果的速度，还可以添加声音。Microsoft Office PowerPoint 2007包含很多不同类型的幻灯片切换效果，包括无切换效果、水平百叶窗、垂直百叶窗、盒状收缩、盒状展开、横向棋盘式、纵向棋盘式、水平梳理、垂直梳理等多种。若要查看更多切换效果，请在"快速样式"列表中单击"其他"按钮，如图3-149所示。

（一）向演示文稿中的幻灯片添加幻灯片切换效果

步骤1：在包含"大纲"和"幻灯片"选项卡的窗格中，单击"幻灯片"选项卡。

步骤2：在"开始"选项卡上，单击某个幻灯片缩略图。

步骤3：在"动画"选项卡上的"切换到此幻灯片"组中，单击一个幻灯片切换效果。

步骤4：若要查看更多切换效果，请在"快速样式"列表中单击"其他"按钮。（图3-150）

■ 若要设置幻灯片切换速度，在"切换到此幻灯片"组中，单击"切换速度"旁边的箭头，然后选择所需的速度。

步骤5：请执行下列操作之一。

■ 若要将所有的幻灯片切换效果添加到演示文稿，在"切换到此幻灯片"组中，单击"全部应用"。

■ 若要将不同的幻灯片切换效果添加到演示文稿中的另一个幻灯片，重复步骤2~4。

（二）向幻灯片切换效果添加声音

步骤1：在包含"大纲"和"幻灯片"选项卡的窗格中，单击"幻灯片"选项卡。

图3-150

图3-151

图3-152

步骤2：在"开始"选项卡上，单击某个幻灯片缩略图。

步骤3：在"动画"选项卡上的"切换到此幻灯片"组中，单击"切换声音"旁边的箭头，然后执行下列操作之一。

■ 若要添加列表中的声音，请选择所需的声音。（图3-151）

■ 若要添加列表中没有的声音，请选择"其他声音"，找到要添加的声音文件，然后单击"确定"。

步骤4：若要将声音添加到其他幻灯片切换效果，重复步骤2~3。

四、更改或删除幻灯片切换效果

（一）更改幻灯片切换效果

步骤1：在包含"大纲"和"幻灯片"选项卡的窗格中，单击"幻灯片"选项卡。

步骤2：在"开始"选项卡上，单击要修改幻灯片切换效果的幻灯片的缩略图。

步骤3：在"动画"选项卡的"切换到此幻灯片"组中，单击该幻灯片的另一个幻灯片切换效果。

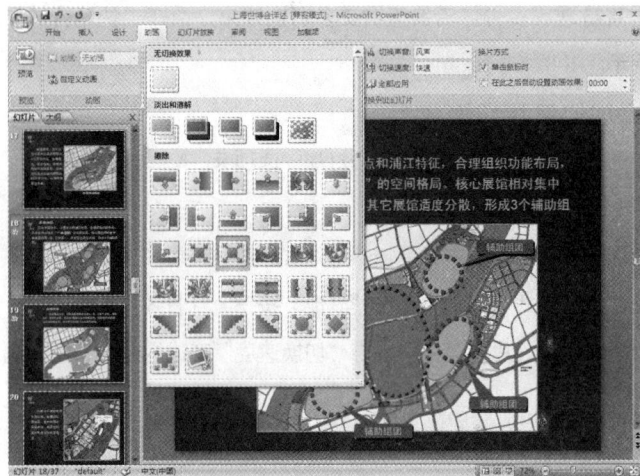

步骤4：要在"快速样式"列表中查看更多切换效果，请单击"其他"按钮。（图3-152）

步骤5：要重新设置幻灯片切换速度，请在"切换到此幻灯片"组中，单击"切换速度"旁边的箭头，然后选择所需的速度。

步骤6：请执行下列操作之一。

■ 要更改所有幻灯片切换效果在"切换到此幻灯片"组中，单击"全部应用"。

■ 要更改另一个幻灯片切换效果，重复步骤2~4。

（二）删除幻灯片切换效果

步骤1：在包含"大纲"和"幻灯片"选项卡的窗格中，单击"幻灯片"选项卡。

步骤2：在"开始"选项卡上，单击要删除幻灯片切换效果的幻灯片的缩略图。（图3-153）

步骤3：请执行下列操作之一。

■ 要删除演示文稿中全部幻灯片的幻灯片切换效果，在"动画"选项卡的"切换到此幻灯片"组中，单击"全部应用"。

■ 要删除演示文稿中另一个幻灯片的幻灯片切换效果，重复步骤2~4。

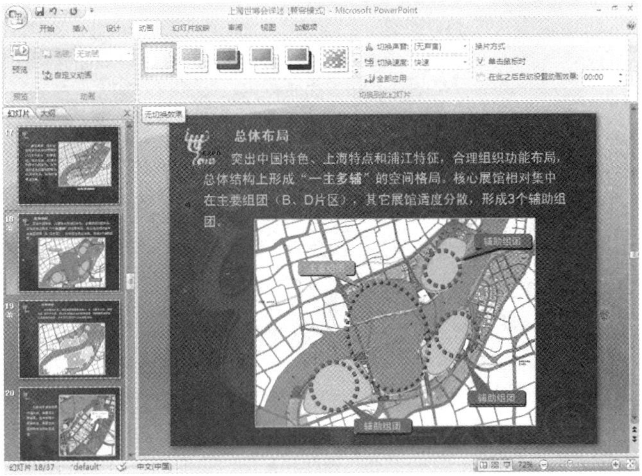

图3-153

五、在演示文稿中播放Adobe Flash动画

如果用户有一个动画图形，并且该图形是通过使用Adobe Flash创建并被保存为扩展名为.swf的Shockwave文件，则可以通过使用名为Shockwave Flash Object的ActiveX 控件和Adobe Macromedia Flash Player，在Microsoft Office PowerPoint 2007演示文稿中播放该文件。若要播放Flash文件，需要在幻灯片中添加一个ActiveX控件并创建一个从此控件指向该 Flash文件的链接，或在演示文稿中嵌入该文件。

下面以"产品交互设计"课件中添加"iBar.swf"文件为例，具体步骤如下：

步骤1：在计算机上安装Flash Player。

步骤2：在PowerPoint的"普通"视图中，显示要在其上播放动画的幻灯片。（图3-154）

步骤3：单击"Office 按钮" ，然后单击"PowerPoint选项"。（图3-155）

步骤4：单击"常用"，然后在"PowerPoint首选使用选项"下，选中"在功能区显示'开发工具'选项卡"复选框，然后单击"确定"。（图3-156）

步骤5：在"开发工具"选项卡上的"控件"组中，单击"其他控件" 。（图3-157）

步骤6：在控件列表中，单击"Shockwave Flash Object"，并单击"确定"（图3-158）。然后，在幻灯片上拖动以绘制控件，通过拖动尺寸控点调整控件大小。（图3-159）

步骤7：右键单击Shockwave Flash Object，然后单击"属性"。（图3-160-1）

步骤8：在"按字母顺序"选项卡上，单击 Movie 属性。

步骤9：在值列（"影片"旁边的空白单元格）中，键入要播放的Flash文件的完整驱动器路径，包括文件名如d:\iBar.swf（图3-160-2），或键入其统一资源定位器 (URL)。最终播放效果如图3-161所示。

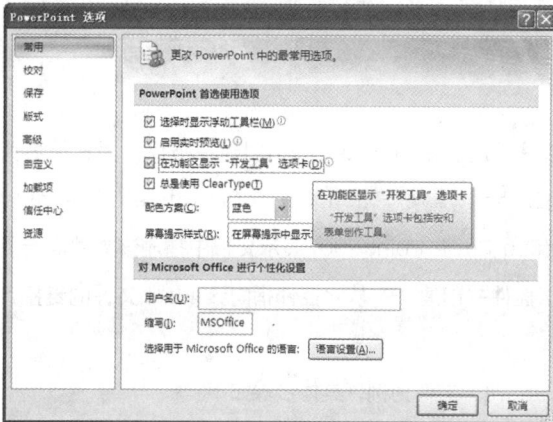

图3-154

图3-155

图3-156

图3-158

图3-159

图3-157

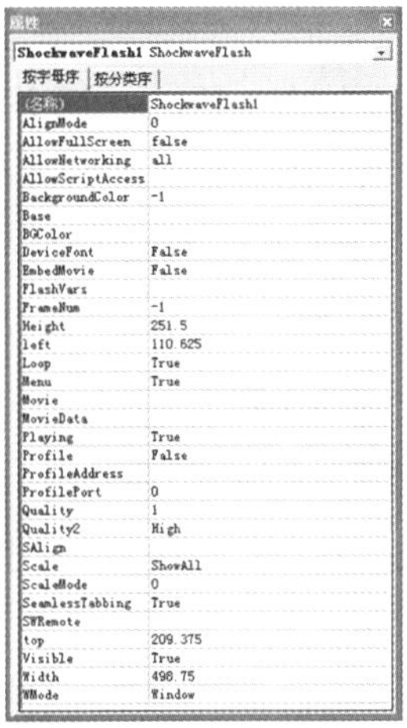

图3-160-1

图3-160-2

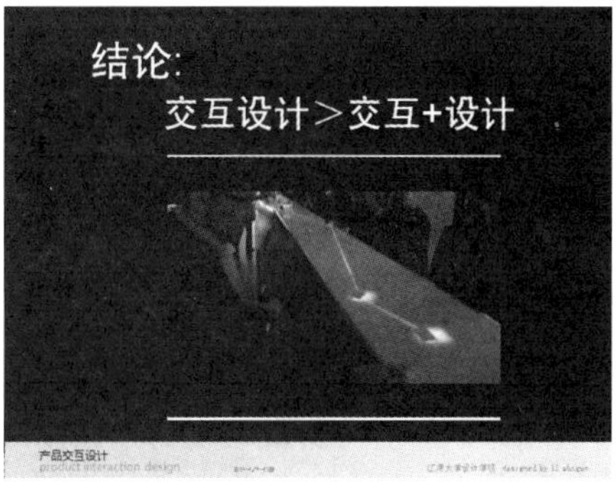

图3-161

步骤10：若要设置有关如何播放动画的特定选项，请执行以下操作，然后关闭"属性"对话框。

■ 若要在显示幻灯片时自动播放文件，则请将Playing 属性设置为True。如果Flash文件内置有"开始/倒带"控件，则可将 Playing 属性设置为False。

■ 如果不希望重复播放动画，则请将 Loop 属性设置为False。

■ 若要嵌入Flash文件以便与其他人共享演示文稿，请将EmbedMovie属性设置为True。但是，要运行Flash文件，必须在任何运行该演示文稿的计算机上注册Shockwave Flash Object控件。

第七节　放映幻灯片和发布课件

放映制作好的课件之前，可以对其放映方式进行设置，选择合适的放映类型进行演示，可以根据放映方法、放映计算机的能力以及观众的需要来选择执行相关的任务。讲解演示文稿前，用户可能需要练习讲解并为观众创建支持材料。课件制作完成后，根据演示者和目标受众的需求，可以选择相应的功能发布幻灯片和演示文稿。

一、创建并演示幻灯片自定义放映

通过在Microsoft Office PowerPoint 2007中创建自定义放映，可以使一个演示文稿适合不同观众的要求。使用自定义可以展示演示文稿中一组独立幻灯片，或创建指向演示文稿中的一组幻灯片的超链接。自定义放映有两种：基本的自定义放映和带超链接的自定义放映。基本自定义放映是一个独立的演示文稿，或是一个包括原始演示文稿中某些幻灯片的演示文稿；带超链接的自定义放映是导航到一个或多个独立演示文稿的快速方法。

（一）创建基本自定义放映

使用基本自定义放映可将单独的演示文稿划分到创建组织中不同的组。例如，"立体构成"部分课件包含总共19张幻灯片，首先可以创建名为"导入"的自定义放映，它只包括幻灯片1至3；其次可以创建名为"授课"的第二个自定义放映，它包括幻灯片4至18；再次可以创建名为"作业"的第三个自定义放映，它包括幻灯片19（图3-162）。当用户从演示文稿中创建自定义放映时，始终可以按其原始顺序放映整个演示文稿。

步骤1：打开"立体构成"演示文稿，在"幻灯片放映"选项卡上的"开始幻灯片放映"组中，单击"自定义幻灯片放映"旁边的箭头，然后单击"自定义放映"。（图3-163）

步骤2：在"自定义放映"对话框中，单击"新建"。（图3-164）

步骤3：在"在演示文稿中的幻灯片"下，选择幻灯片1、幻灯片2和幻灯片3，然后单击"添加"。（图3-165）

步骤4：若要更改幻灯片出现的顺序，在"在自定义放映中的幻灯片"下，单击某张幻灯片，然后单击箭头之一，在列表中上下移动该幻灯片。

步骤5：在"幻灯片放映名称"框中键入名称"导入"，然后单击"确定"（图3-166-1）；重复第1至5步，利用"立体构成"演示文稿中的其他幻灯片创建"授课"和"作业"的自定义放映。（图3-166-2）

图3-162

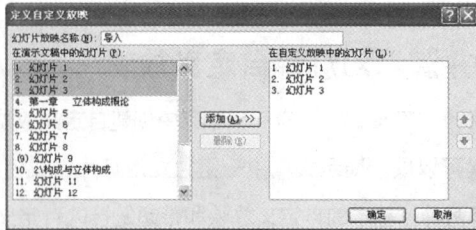

图3-163

图3-164

图3-165

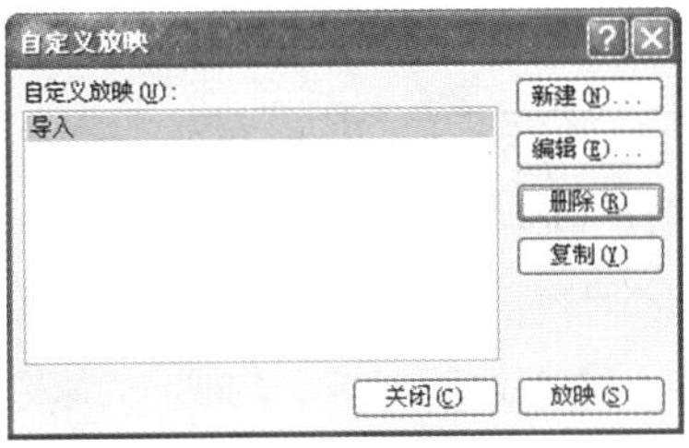

图3-166-1

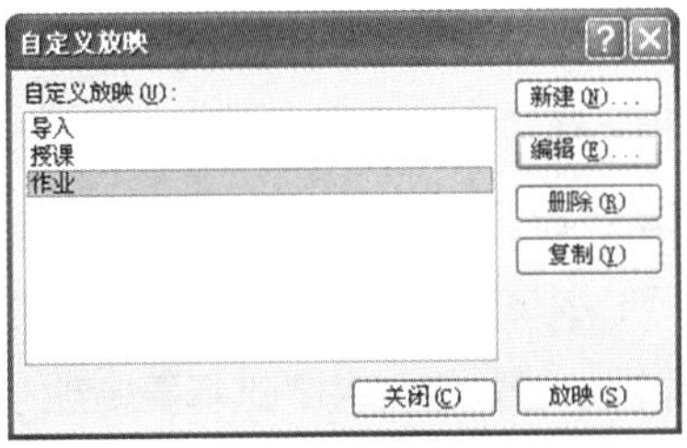

图3-166-2

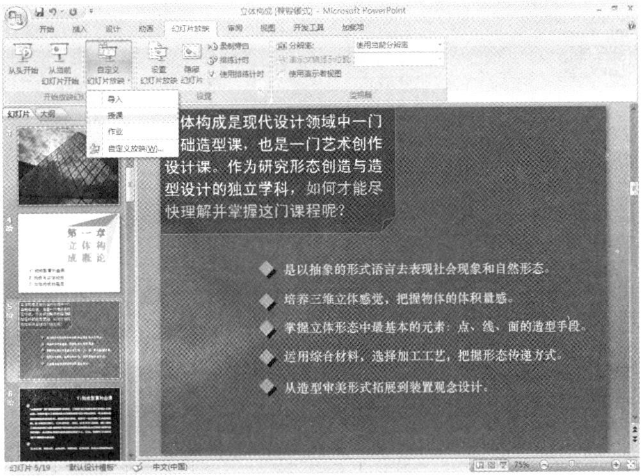

图3-167

步骤6：若要预览自定义放映，请在"自定义放映"对话框中单击放映的名称，然后单击"放映"。

提示：在"幻灯片放映"选项卡上的"开始幻灯片放映"组中，放映幻灯片的方式有三种：从头开始（从第一张幻灯片开始放映，快捷键F5，Esc键终止）、从当前幻灯片开始（快捷键Shift+F5，Esc键终止）和自定义幻灯片放映。（图3-167）

（二）创建带超链接的自定义放映

使用带超链接的自定义放映可组织演示文稿中的内容。例如，如果为"立体构成"中"第一章"创建了一个主要的自定义放映，那么可以为第一章中每部分创建一个自定义放映，并从主要演示文稿中链接到这些放映；也可以使用带超链接的自定义放映来创建目录幻灯片，利用目录幻灯片，可以导航到演示文稿中不同的部分，以便能够选择在某个特定时刻要向观众放映哪些部分。（图3-168）

步骤1：打开"立体构成"演示文稿，在"幻灯片放映"选项卡上的"开始幻灯片放映"组中，单击"自定义幻灯片放映"旁边的箭头，然后单击"自定义放映"。

步骤2：在"自定义放映"对话框中，单击"新建"。

步骤3：请执行下列操作，完成如图3-169所示。

■ 在"在演示文稿中的幻灯片"下，选择幻灯片5至9，然后单击"添加"；在"幻灯片放映名称"框中键入名称"构成教育的由来"，然后单击"确定"。

■ 在"在演示文稿中的幻灯片"下，选择幻灯片10至12，然后单击"添加"；在"幻灯片放映名称"框中键入名称"构成与立体构成"，然后单击"确定"。

■ 在"在演示文稿中的幻灯片"下，选择幻灯片13至18，然后单击"添加"；在

图3-168

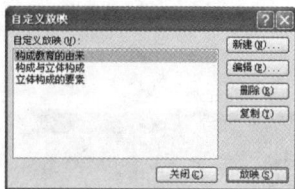

图3-169

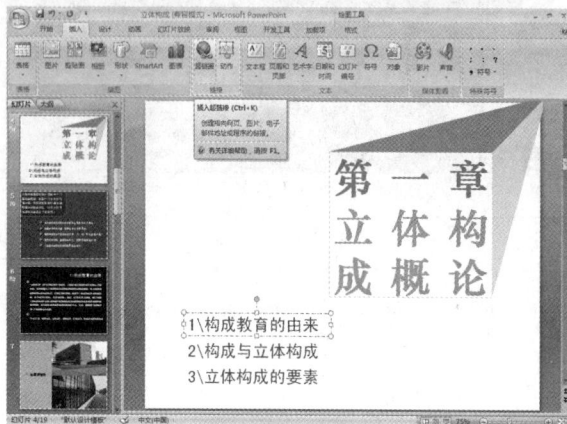

图3-170

"幻灯片放映名称"框中键入名称"立体构成的要素",然后单击"确定"。

步骤4:创建幻灯片4从主要放映指向辅助放映的超链接,依次选中用于代表该超链接的文本(构成教育的由来、构成与立体构成和立体构成的要素)。(图3-170)

步骤5:在"插入"选项卡上的"链接"组中,单击"超链接"。

步骤6:在"链接到"下,单击"本文档中的位置"。

步骤7:要链接到自定义放映,在"请选择文档中的位置"列表中,选择要转到的每部分自定义放映,然后选中"显示并返回"复选框。(图3-171-1至图3-171-3)

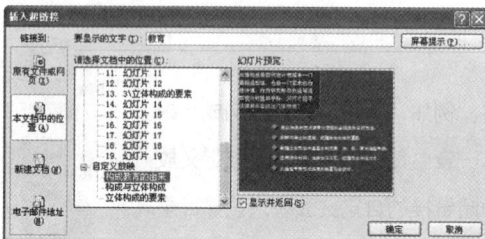

图3-171-1

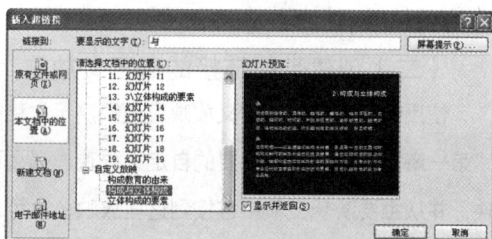

图3-171-2

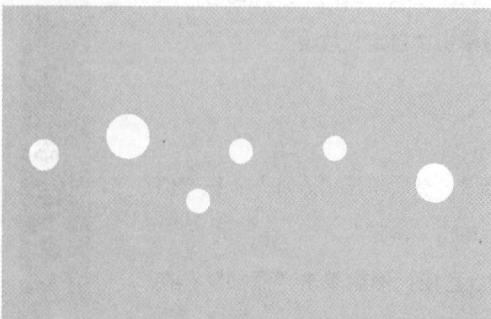

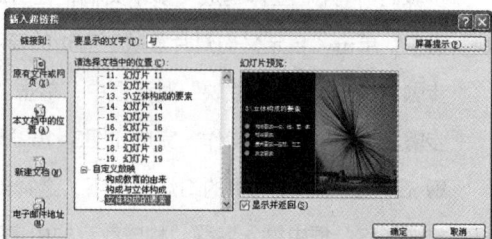

图3-171-3

（三）启动自定义放映

步骤1：在"幻灯片放映"选项卡上的"设置"组中，单击"设置幻灯片放映"。（图3-172）

步骤2：在"设置放映方式"对话框中的"放映幻灯片"下，单击"自定义放映"，然后单击所需的自定义放映（图3-173），单击"确定"。

提示：打开要以自定义幻灯片放映方式查看的演示文稿。在"视图"选项卡的"演示文稿视图"组中，单击"幻灯片放映"。

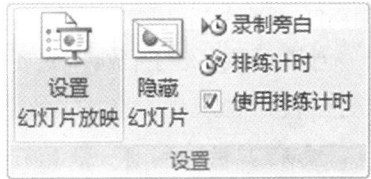

图3-172

图3-173

二、创建自运行的演示文稿

借助自运行的演示文稿，无需进行人工演示即可向他人传达信息。例如，可以在学校或会议的多媒体或展台中设置一个自运行的演示文稿，或者向对方发送包含自运行演示文稿的CD，可以将大多数控件设置为不可用，这样观众就无法更改自运行的演示文稿。

（一）添加导航

如果要让观众可以随意浏览自运行演示文稿，可以添加超链接或动作按钮以提供导航。

使用超链接帮助观众浏览演示文稿或转到其他程序，还可以使用动作按钮（内置的导航按钮）为演示文稿提供类似网页的外观，其中包括"主页"、"帮助"、"后退"、"前进"等按钮。

（二）添加旁白

可以添加录制的旁白，与演示文稿一起播放。添加旁白有助于更加清晰地表达自运行演示文稿中的信息。要录制旁白，台式计算机需要声卡、麦克风和麦克风连接器，便携式计算机只需要麦克风和麦克风连接器。可以在运行演示文稿前录制旁白，或者在演示文稿运行过程中录制旁白并加上观众的意见（在"放映"选项卡上的"设置"组中，单击"录制旁白"，出现如图3-174所示的对话框）。如果不希望旁白贯穿整个演示文稿，那么可以为选定的幻灯片或对象单独录制声音或意见。（图3-175）

（三）排练和记录幻灯片计时

可以使用自动计时将演示文稿设置为自运行，或者将演示文稿设置为让观众根据自己的速度通过单击动作按钮来浏览演示文稿。如果将演示文稿设置为在展

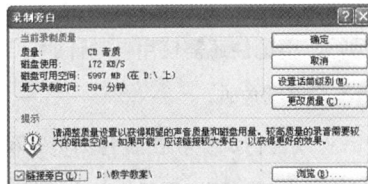

图3-174

图3-175

台运行，那么只能单击带超链接或动作按钮的对象。

步骤1：在"幻灯片放映"选项卡上的"设置"组中，单击"排练计时"。此时将显示如图3-176所示的"预演"工具栏，"幻灯片放映时间"框开始对演示文稿计时。

预演工具栏包括：下一张（前进到下一张幻灯片）；暂停；幻灯片放映时间；重复；演示文稿的总时间五个栏目。

步骤2：对演示文稿计时，请在"预演"工具栏上执行以下一项或多项操作。

■ 若要移动到下一张幻灯片，请单击"下一张"。

■ 若要暂时停止记录时间，请单击"暂停"。

■ 若要在暂停之后继续开始记录时间，请再次单击"暂停"。

■ 若要为幻灯片设置准确的显示时间长度，请在"幻灯片放映时间"框中键入时间长度。

■ 若要重新开始记录当前幻灯片的时间，请单击"重复"。

步骤3：设置了最后一张幻灯片的时间后，将出现一个消息框，其中显示了演示文稿的总时间，并出现如图3-177所示的提示，需执行下列操作之一。

■ 若要保存记录的幻灯片计时，请单击"是"。

图3-176

图3-177

■ 若要放弃记录的幻灯片计时，请单击"否"。

■ 此时将打开"幻灯片浏览"视图，其中显示了演示文稿中每张幻灯片的时间。（图3-178）

（四）将演示文稿设置为在展台运行

通过将演示文稿设置为在展台运行，可以控制用鼠标单击屏幕上的任意位置时是否放映幻灯片。例如，如果用户希望以某个特定的速度查看演示文稿，请设置自动计时，然后将演示文稿设置为在展台上运行。

步骤1：在"幻灯片放映"选项卡上的"设置"组中，单击"设置幻灯片放映"。

步骤2：在"放映类型"下，单击"在展台浏览（全屏幕）"。（图3-179）

提示：如果将幻灯片设置为在展台运行，请记住还需使用自动计时、导航超链接或动作按钮，否则自运行的演示文稿将在第一张幻灯片之后不再继续放映。

幻灯片的放映类型包括演讲者放映、观众自行浏览和在展台浏览三种。在演讲者放映类型下需要用户在全屏的模式下手工放映，在一张幻灯片束后，可以用鼠标单击或按空格键播放下一张幻灯片，这样可以使讲解内容与幻灯片放映同步进行；在观众自行浏览类型下，演示文稿是在窗口模式下进行放映的，将会显示放映窗口的菜单栏；在展台浏览类型下不需要用户手动播放，幻灯片将会自动运行，并进行自动循环播放。

三、将演示文稿发布到CD数据包

课件制作完成后，通常不是在同一台计算机上放映。如果仅仅将制作好的课件复制到另一台计算机上，而该计算机又未安装PowerPoint程序，或者课件中使用的超链接文件或True Type字体在该计算机上不存在，则不能保证课件的正常播放。因此，需要将课件复制到CD数据包、网络或计算机的本地磁盘驱动器中时，这样会复制Office PowerPoint Viewer 2007以及所有链接的文件（如影片或声音）。

在复制和分发演示文稿之前，请检查演示文稿中是否存在隐藏数据和个人信息，然后决定复制的演示文稿

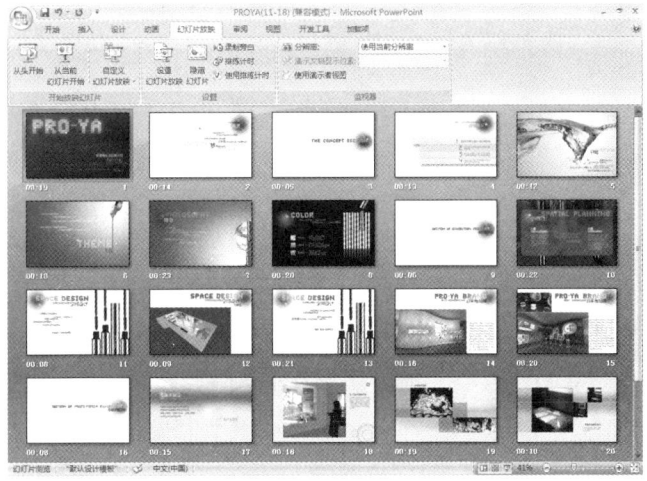

图3-178

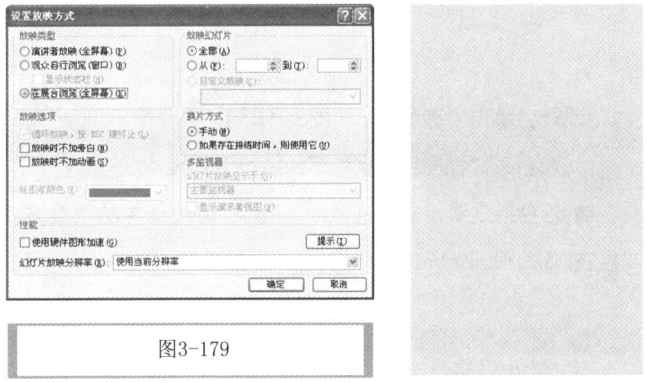

图3-179

中是否适合于包括这些信息。隐藏信息可能包括演示文稿创建者的姓名、单位的名称，以及其他可能不希望外人看到的机密信息；另外，还要检查演示文稿中是否存在设置为不可见格式的对象或隐藏幻灯片。

步骤1：打开要复制的演示文稿；如果正在处理尚未保存的新演示文稿，需保存该演示文稿。

步骤2：请执行下列操作之一。

■ 如果要将演示文稿复制到网络或计算机上的本地磁盘驱动器，请转至第3步。

■ 如果要将演示文稿复制到CD，请在CD 驱动器中插入CD。

步骤3：在"Microsoft Office按钮"上，指向"发布"旁边的箭头，然后单击"CD数据包"。（图3-180）

步骤4：在"CD数据包"对话框的"将CD命名为"框中，键入要将演示文稿复制到其中的CD或文件夹的名称。（图3-181）

步骤5：要选择想复制的演示文稿及其播放顺序，请执行下列操作。

图3-180

■ 要添加演示文稿，请单击"添加文件"，选择要添加的演示文稿，然后单击"添加"。为每个要添加的演示文稿重复此步骤。（图3-182）

■ 如果添加了多个演示文稿，则会按"要复制的文件"列表中的列出顺序播放这些演示文稿。要更改顺序，则选择一个要移动的演示文稿，然后单击箭头按钮，在列表中上下移动该演示文稿。

■ 要从"要复制的文件"列表中删除演示文稿或文件，请选择该演示文稿或文件，然后单击"删除"。

步骤5：单击"选项"。（图3-183）

步骤6：在"程序包类型"下，执行下列操作之一。

■ 若要指定演示文稿在PowerPoint Viewer中的播放方式，则单击"查看器程序包(更新文件格式以便在PowerPoint Viewer中运行)"，然后在"选择演示文稿在播放器中的播放方式"列表中选择一个选项。

■ 若要生成观众可以在安装有PowerPoint或PowerPoint Viewer的计算机上观看的包，则单击"存档程序包(不更新文件格式)"。

步骤7：在"包含这些文件"下，执行下列一项或两项操作。

■ 为了确保包中包括与演示文稿相链接的文件，需选中"链接的文件"复选框。与演示文稿相链接的文件可以包括链接有图表、声音

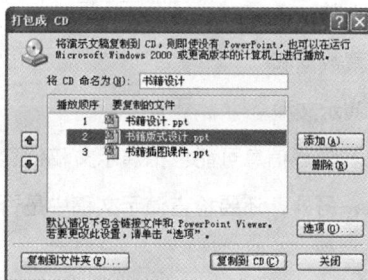

图3-181

图3-182

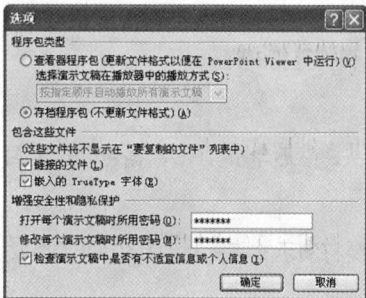

图3-183

图3-184-1

图3-184-3

图3-184-2

图3-184-4

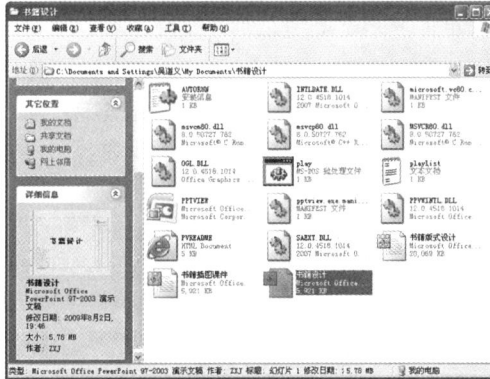

图3-184-5

文件、电影剪辑及其他内容的Microsoft Office Excel工作表。

■ 若要保留嵌入的TrueType字体，需选中"嵌入的TrueType字体"复选框。

步骤8：若想要求其他用户在打开或编辑任何复制演示文稿之前先提供密码，需在"增强安全性和隐私保护"下，键入要求用户在打开和编辑每个演示文稿时提供的密码。

■ 如果任何要复制的文件已经指定有密码，PowerPoint就会提示用户选择为那些文件保留以前指定的密码，还是用新密码覆盖旧密码。如果选择覆盖以前指定的密码，文件的复制版本就不再接受旧密码。不过，原始版本仍然会接受旧密码。

步骤9：要检查演示文稿中是否存在隐藏数据和个人信息，需选中"检查演示文稿中是否有不适宜信息或个人信息"复选框。

步骤10：单击"确定"，关闭"选项"对话框。

图3-185

步骤11：请执行下列操作之一。

■ 如果要将演示文稿复制到网络或计算机上的本地磁盘驱动器，则单击"复制到文件夹"，输入文件夹名称和位置，然后单击"确定"。（图3-184-1至图3-184-5）

■ 如果要将演示文稿复制到CD，则单击"复制到CD"，然后单击"确定"。（图3-185）

思考与练习题：

1. 学习PowerPoint 2007的新功能。
2. 掌握PowerPoint 2007的基本使用方法。
3. 熟练掌握在课件中添加各种教学素材的方法。
4. 如何合理设置课件的动画效果与交互效应。
5. 在完成本章学习后提交一份使用PowerPoint 2007制作的课件作业。

第四章　使用Microsoft Office PowerPoint 2007制作美术教学课件

本章通过《中国民间美术》《吉祥物设计》《剪剪撕撕画画贴贴》三个课件，案例式地讲解使用Microsoft Office PowerPoint 2007制作美术教学课件的方法与步骤。本章共三节，每节分为教学设计、课件设计和课件制作三个部分。其中，课件制作又分为模块设计与模块制作两个部分：模块设计，阐述课件中各个教学模块的具体内容和教学意图；模块制作，讲解幻灯片的制作步骤。鉴于第二章已对PowerPoint 2007的各项功能和操作方法作了详细的说明，本章不再逐一讲解每张幻灯片的制作步骤，只选取课件中制作比较复杂的幻灯片与同类幻灯片的某一张予以说明。

第一节　《中国民间美术》课件设计与制作

一、教学设计

（一）课题

中国民间美术

（二）教材

人民美术出版社普通高中课程标准实验教科书《美术鉴赏》第十六课

（三）教学时间

2课时

（四）学情分析

受外来文化的冲击和影响，很多高中生忽略了对民族文化的认知，对民间艺术的认识不足。大多高一年级的学生对民间美术仅有浅显的认识，缺乏必要的欣赏与辨析能力。

（五）教材分析

本课的教学内容包括：明确民间美术涵义，介绍民间美术种类，了解民间美术与民俗的关系，理解民间美术的艺术语言特征等四大问题。教材通过介绍具有代表性的民间美术艺术样式，帮助学生了解、认识中国民间美术。

（六）教学目标

1. 知识与能力目标

了解民间美术的种类、样式及艺术特色，理解民间美术的涵义。培养学生欣赏、辨别、分析民间美术的能力。

2. 过程与方法目标

运用多媒体手段，生动、形象地展现中国民间美术的种类、样式、面貌与特色，带给学生艺术欣赏的顶峰体验。

3. 情感、态度与价值观目标

激发学生热爱和保护民族传统文化的热情和意识。

（七）教学重点

民间美术的种类、样式，民间美术与民俗的关系。

（八）教学难点

民间美术的涵义，民间美术的艺术语言特征。

（九）教学准备

1. 教师准备：多媒体课件，各种民间美术实物。

2. 学生准备：收集有关民间美术的资料和当地民间艺术品。

（十）教学过程（具体教学过程略，下同）

二、课件设计

人美版高中《美术鉴赏》第十六课《中国民间美术》属于"欣赏·评述"学习领域，内容繁杂、知识点多、信息量大。针对这一特点，课件以欣赏为主线，充分利用Microsoft Office PowerPoint 2007软件的各种功能将文字、图片、音乐、影像、动画融为一体，展现丰富多彩的教学内容，引导学生自主地分析、探究和解决问题。下面，从设计理念、结构设计、内容设计、风格设计四个方面讲述课件的设计思路。

设计理念。PPT是人的思想、观念的载体，有什么样的设计理念就有什么样的PPT。美术教学PPT课件应该是一个让学生充满期待的舞台，当舞台大幕拉开时，会有精彩纷呈的"节目"呈现在他们眼前，而不能是充斥着大量文字、枯燥内容的电子课本。因此，在设计《中国民间美术》一课的课件时，尽量摒弃抽象理论，减少文字信息，运用多媒体手段生动、形象地展现中国民间美术的种类、样式、面貌与特色，以带给学生艺术欣赏的顶峰体验。

结构设计。中国民间美术种类繁多，内容复杂。为保证课件结构合理、条理清晰，层递式地设置了民间美术的概念、民间美术的种类、民间美术的艺术语言特征和民间美术与民俗的关系四个教学主体模块；为体现教学课件的规范性和完整性，还设置了导入、课堂总结、课外活动三个教学辅助模块。

内容设计。内容设计决定着多媒体课件的质量与水准。经过反复调整与优化，我们以《高中美术鉴赏》课本、《义务教育美术课程标准》（2011年版）为依据，整合大量文本资料，围绕教学重难点，精心设计了"三个活动、两个高潮、一个看点"。分别是：年画作品欣赏与评述，从贺"百日"礼物说民俗内涵，学生寻访合肥民俗"三个活动"；猜题竞答和民俗保护"两个高潮"；看名家制作剪纸"一个看点"。考虑到民间美术与其他学科及日常生活的密切关系，课件中还融入诗歌、音乐、电影、实地考察等内容。如此设计既可让学生在学习中由此及彼、触类旁通，又能让他们在宏大的文化语境中深化对民间美术的认识与理解。

风格设计。美术教学课件的整体风格应契合具体课题。针对《中国民间美术》一课的内容与特点，课件在页面、色彩、字体等方面的设计上都力求简洁、明快、质朴。

三、课件制作

（一）导入

1. 模块设计

"导入"模块，首先，在课件上显示王安石《元日》一诗："爆竹声中一岁除，春风送暖入屠苏。前门万户曈曈日，总把新桃换旧符。"同时，播放《春节序曲》作为背景音乐，营造课堂气氛。随后，用PPT软件的动画效果凸显"新桃""旧符"两词，并提出问题："大家知道新桃、旧符是什么吗？"然后，引出"桃符"这一概念。解释"桃符"时，又引入了神荼、郁垒这两位《山海经》中的神话人物，并简要讲述有关他们的传说。之后，展示平度年画《神荼、郁垒》图片，让学生形象地感知两位神话人物。继而，展示一幅贴有对联和门神的民居大门图片，说明桃符、年画在日常生活中的作用与功能。最后，在课件中引用郭沫若先生"美在民间永不朽"这句名言，引出课题——《中国民间美术》。为精简课件的模块，将课件目录页并入"导入"模块。在这张幻灯片上，标示新课的四个部分：民间美术的概念、民间美术的种类、民间美术的艺术语言和特征、民间美术与民俗的关系，以便学生清晰地了解教学基本内容。

整个导入过程以"桃符"为线索，以环环相扣的问答形式展开教学活动，通过诗歌、音乐、故事、图片等教学媒介将抽象概念还原为可感形象，自然而然地把学生带入学习中国民间美术的情境之中。

2. 模块制作

"导入"模块由六张幻灯片组成。

第一张幻灯片，《中国民间美术》课件课题页。

步骤1：启动PowerPoint 2007，创建演示文稿，新建空白幻灯片。

步骤2：在"设计"选项卡上的"背景"组中，单击"背景样式"。打开"设置背景格式"对话框，单击"图片或纹理填充"，单击"文件"，插入一张事先准备好的图片作为空白幻灯片的背景。

步骤3：在"插入"选项卡上的"插图"组中，单击"形状"，插入"矩形"，调整为细长条。选中该对象，在"绘图工具/格式"选项卡的"形状样式"组中，单击"形状填充"，单击"其他填充颜色"。打开"颜色"对话框，单击"自定义"，设置为深红色。

步骤4：在深红色矩形条的下方，插入"矩形"。重复步骤3的操作，把矩形设置为橙色。

步骤5：在"插入"选项卡上的"文本"组中，单击"文本框"，在橙色矩形中，插入"横排文本框"，输入教材版本、课题、授课年级等信息。幻灯片效果如图4-1所示。

第二张幻灯片是"导入"模块中比较复杂的一张幻灯片。

步骤1：新建空白幻灯片。

步骤2：在"设计"选项卡上的"背景"组中，单击"背景样式"，然后单击"设置背景格式"。打开"设置背景格式"对话框，单击"填充"，选中"渐变填充"，在"类型"

图4-1

下拉列表中选择"线性"选项，在"方向"下拉列表中选择"线性向下"选项，在"颜色"下拉列表中单击"其他颜色"。打开"颜色"对话框，单击"自定义"，设置为米黄色。

步骤3：在"插入"选项卡上的"插图"组中，单击"形状"，在幻灯片的右上角，插入"矩形"，调整为竖长条。选中该对象，在"绘图工具/格式"选项卡的"形状样式"组中，单击"形状填充"，单击"其他填充颜色"，选择橙色。单击"形状效果"，在"映象"下拉列表的"映象变体栏"中选择"全映象，接触"选项。

步骤4：在橙色矩形条的左边，插入"矩形"。重复步骤3的操作，把矩形设置为红色。

步骤5：在"插入"选项卡上的"文本"组中，单击"文本框"。在红色矩形中，插入"垂直文本框"，输入"元日"。

步骤6：在文本框——"元日"的左下方，插入"垂直文本框"，输入"王安石"。

步骤7：在幻灯片的中部，插入"横排文本框"，输入《元日》一诗，预留两处空白。

步骤8：在两处空白中，插入两个"垂直文本框"，分别输入"新桃"和"旧符"。

步骤9：在幻灯片的右上角，插入"矩形"。重复步骤4的操作。

步骤10：在上一个矩形的右下角，插入"垂直文本框"，输入"桃符"。

步骤11：在文本框——"桃符"的下方，插入"横排文本框"，输入解释桃符的一段文字。

步骤12：在"插入"选项卡上的"媒体剪辑"组中，单击"声音"，在下拉列表中单击"文件中的声音"，插入音乐《春节序曲》。

步骤13：选中音乐的"小喇叭"图标，在"动画"选项卡上的"动画"组中，单击"自定义动画"。打开"自定义动画"任务窗格，在"开始"下拉列表中选择"之前"选项。

步骤14：选中文本框——"元日"，打开"自定义动画"任务窗格，在"进入"下拉列表中选择"颜色打字机"选项，在"开始"下拉列表中选择"之前"选项，在"速度"下拉列表中选择"快速"选项。

步骤15：选中"新桃"和"旧符"两个文本框，形成组合对象，打开"自定义动画"任务窗格，在"进入"下拉列表中选择"放大"选项，在"开始"下拉列表中选择"单击时"选项，在"速度"下拉列表中选择"中速"选项。

步骤16：选中幻灯片左上方的橙色矩形，打开"自定义动画"任务窗格，在"进入"下拉列表中选择"线形"选项，在"开始"下拉列表中选择"单击时"选项，在"速度"下拉列表中选择"快速"选项。

步骤17：选中文本框——"桃符"。重复步骤16的操作。

步骤18：选中解释桃符的文本框。重复步骤16的操作（幻灯片的动画效果参见教材配套教学素材，下同）。幻灯片效果如图4-2所示。

第三张幻灯片，展示桃符的图片。

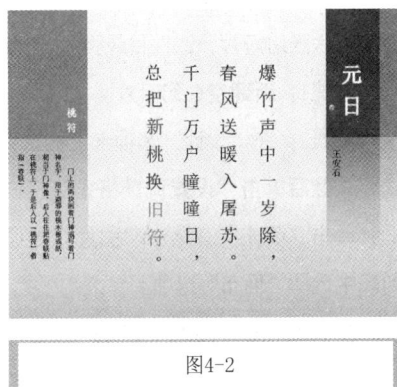

图4-2

步骤1：新建空白幻灯片。

步骤2：在"插入"选项卡上的"插图"组中，单击"图片"，插入一张图片，调整图片的位置和大小。选中该对象，在"图片工具/格式"选项卡的"图片样式"组中，选择"简单框架，白色"选项。单击"图片效果"，在"映象"下拉列表的"映象变体栏"中选择"紧密映象，接触"选项。

步骤3：在"插入"选项卡上的"插图"组中，单击"形状"，在图片的右下方，插入"矩形"，调整为细长条。选中该对象，在"绘图工具/格式"选项卡的"形状样式"组中，单击"形状填充"，在"标准色"中选择"深红"。单击"形状效果"，在"映象"下拉列表的"映象变体"栏中选择"紧密映象，接触"选项。

步骤4：在深红色矩形条的上方，插入"横排文本框"，输入"桃符（神荼、郁垒）"。

步骤5：在深红色矩形条的下方，插入"横排文本框"，输入《山海经》中记载神荼、郁垒的一段文字。

步骤6：选中图片《桃符》，在"动画"选项卡上的"动画"组中，单击"自定义动画"。打开"自定义动画"任务窗格，单击"添加效果"，在"进入"下拉列表中选择"渐入"选项，在"开始"下拉列表中选择"之前"选项，在"速度"下拉列表中选择"快速"选项。

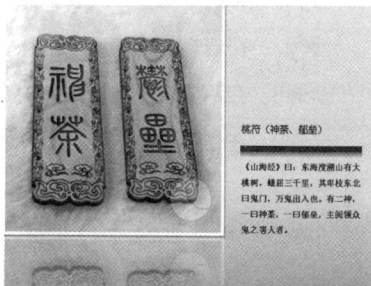

图4-3

步骤7：选中以上两个文本框及深红色矩形条，形成组合对象。打开"自定义动画"任务窗格，单击"添加效果"，在"进入"下拉列表中选择"飞入"选项，在"开始"下拉列表中选择"单击时"选项，在"方向"下拉列表中选择选择"字底部"选项，在"速度"下拉列表中选择"快速"选项。幻灯片效果如图4-3所示。

第四张幻灯片，展示平度年画《神荼、郁垒》图片。制作步骤参见图4-3所示。幻灯片效果如图4-4所示。

第五张幻灯片，展示民居大门图片。制作步骤参见图4-3所示。幻灯片效果如图4-5所示。

图4-4

第六张幻灯片，课件目录页。

步骤1：新建空白幻灯片。

步骤2：在"设计"选项卡上的"背景"组中，单击"背景样式"，然后单击"设置背景格式"。打开"设置背景格式"对话框，单击"填充"，选中"图片或纹理填充"，在"纹理"下拉列表中选择"画布"选项。

步骤3：在"插入"选项卡上的"插图"组中，单击"形状"，在幻灯片左上方，插入"矩形"，调整大小和位置。选

图4-5

中该对象，在"绘图工具/格式"选项卡的"形状样式"组中，单击"形状填充"，单击"其他填充颜色"。打开"颜色"对话框，单击"自定义"，设置为朱红色。单击"渐变"，在下拉列表的"变体"栏中选择"线性向下"选项。

步骤4：在"插入"选项卡上的"文本"组中，单击"文本框"，在朱红色矩形中，插入"横排文本框"，输入"中国民间美术"。选中该对象，在"绘图工具/格式"选项卡的"艺术字样式"组中，单击"文本效果"，在"映象"下拉列表的"映象变体"栏中选择"紧密映象，接触"选项。

步骤5：在上一个文本框的下方，插入"横排文本框"，输入"高中一年级·美术鉴赏"。

步骤6：在"插入"选项卡上的"插图"组中，单击"图片"，插入剪纸图片《老鼠娶亲》，覆盖在朱红色矩形的右半部分。

步骤7：在"插入"选项卡上的"插图"组中，单击"SmartArt"，在"列表"栏中选择"垂直V形列表"，于其中输入本课四部分教学内容的标题。

图4-6

步骤8：选中垂直V形列表，在"动画"选项卡上的"动画"组中，单击"自定义动画"。打开"自定义动画"任务窗格，单击"添加效果"，在"进入"下拉列表中选择"升起"选项，在"开始"下拉列表中选择"之前"选项，在"速度"下拉列表中选择"中速"选项。幻灯片效果如图4-6所示。

至此，"导入"模块制作完成。

（二）讲授新课——民间美术的概念

1. 模块设计

"民间美术的概念"模块，用一段从教材和其他资料中提炼的文字解释民间美术的概念。为消除单纯文字信息的单调感，特意裁剪、组合了几张民间艺术品图片置于文字的右边，美化页面。虽然《高中美术鉴赏教学参考资料》将"民间美术的概念"列为教学难点，但是我们并不想就这一问题作过多解释，而意在通过言简意赅的文字快速过渡到"民间美术的种类"这一模块，尽可能让学生在形象、可感的民间艺术品中自发地理解民间美术的概念。

2. 模块制作

"民间美术的概念"模块共一张幻灯片。

步骤1：新建空白幻灯片。

步骤2：在"设计"选项卡上的"背景"组中，单击"背景样式"，然后单击"设置背景格式"。打开"设置背景格式"对话框，单击"填充"，选中"纯色填充"，在"颜色"下拉列表中选择"白色，背景1，深色15%"选项。

步骤3：在"插入"选项卡上的"插图"组中，单击"形状"，在幻灯片左上方，插入"矩形"，调整大小和位置。选中该对象，在"绘图工具/格式"选项卡的"形状样式"组中，单击"形状填充"，单击"其他填充颜色"。打开"颜色"对话框，单击"自定义"，设置为朱红色。单击"渐变"，在下拉列表的"变体"栏中选择"线性向下"选项。单击"形状效果"，在"映象"下拉列表的"映象变体"栏中选择"全映象，8pt偏移量"选项。

步骤4：重复图4-6步骤4的操作。

步骤5：重复图4-6步骤5的操作。

步骤6：在幻灯片右上方，插入"对角圆角矩形"。重复步骤3的操作，把对角圆角矩形设置为深红色。

步骤7：在"插入"选项卡上的"文本"组中，单击"文本框"，在深红色对角圆角矩形中，插入"横排文本框"，输入"民间美术的种类"。

步骤8：在"插入"选项卡上的"插图"组中，单击"图片"，在深红色对角圆角矩形的下方，插入一张皮影戏图片。

步骤9：在皮影戏图片的下方，傩堂戏面具图片。

步骤10：在傩堂戏面具图片的下方，插入一张蜡染刺绣图片。

步骤11：在蜡染刺绣图片的下方，插入一张风筝图片。

步骤12：在幻灯片的中部，插入"横排文本框"，输入"什么是民间美术"。

步骤13：在上一个文本框的下方，插入"横排文本框"，输入"民间美术是广大农村劳动人民为满足自身精神生活的需要而创作，并在他们自己当中应用和广泛留传的美术作品。"

步骤14：选中深红色对角圆角矩形和文本框——"民间美术的种类"，形成组合对象，在"动画"选项卡上的"动画"组中，单击"自定义动画"。打开"自定义动画"任务窗格，单击"添加效果"，在"进入"下拉列表中选择"淡出"选项，在"开始"下拉列表中选择"之前"选项，在"速度"下拉列表中选择"中速"选项。

步骤15：选中皮影戏图片，打开"自定义动画"任务窗格，单击"添加效果"，在"进入"下拉列表中选择"飞入"选项，在"开始"下拉列表中选择"之前"选项，在"方向"下拉列表中选择"自右侧"选项，在"速度"下拉列表中选择"非常快"选项。

步骤16：选中傩堂戏面具图片，重复步骤15的操作。

步骤17：选中风筝图片，重复步骤15的操作。

步骤18：选中蜡染刺绣图片，重复步骤15的操作。

步骤19：选中文本框——"什么是民间美术"，重复步骤15的操作。

步骤20：选中文本框——"民间美术是广大农村劳动人民为满足自身精神生活的需要而创作，并在他们自己当中应用和广泛留传的美术作品。"打开"自定义动画"任务窗格，单击"添加效果"，在"进入"下拉列表中选择"颜色打字机"选项，在"开始"下拉列表中选择"单击时"选项，把播放速度设定为0.08秒。幻灯片效果如图4-7所示。

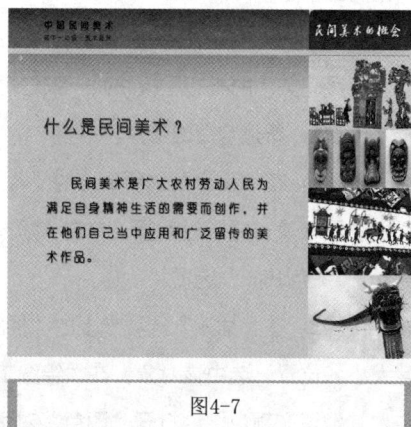

图4-7

至此，"民间美术的概念"模块制作完成。

（三）讲授新课——民间美术的种类

1. 模块设计

"民间美术的种类"模块，是课件的重要部分，包括：民间绘画、民间雕塑、民间剪纸、民间玩具、染织刺绣、民间戏具、民间美术（其他）七个子模块，以及模块标题页与总结页两个页面。

"民间美术的种类"标题页，标示民间美术的八种主要类型。由于民间美术种类繁多，教学中无法一一详述。课件中，主要挑选年画、剪纸、戏剧等种类予以重点展示，其他类型只略作介绍。

"民间绘画"子模块，由年画四大产地与年画作品欣赏评述两个环节组成。"年画四大产地"环节，从天津杨柳青、苏州桃花坞、山东杨家埠、河北武强四大年画产地，挑选《四季平安》《一团和气》《增福财神》《上关下财》四张代表性作品，让学生大致了解各地年画的风格与特色。"年画作品欣赏与评述"环节，将各地精美的年画作品图片制作成自动播放模式，并于其中穿插作品名称、题材、产地、创作背景，以及有关年画的俗语、俚语等文字信息，再配以日本音乐家坂本龙一创作的《香从何来》作为背景音乐。整个教学过程1分30秒，通过图片、文字、音乐共同营造出的审美情境，让学生自己感受、体验年画的艺术魅力，思考并回答问题。学生作答后，教师稍加总结，归纳年画的题材和体裁。这一环节的设计出于三方面考虑。其一，遵照课题所属学习领域的教学要求。通过作品欣赏与评述，培养学生的艺术鉴赏力。其二，创设"历时性"与"共时性"的教学情境体验。即在这1分30秒的每个时间点与整个时间段上，同时或交替地刺激学生的多种感官，以增强教学感染力，提高教学效率。其三，转变教师课堂主导者的角色定位。引导学生与作品直接交流，感受作品的艺术气息，形成自己对民间艺术品的认识和理解。

"民间雕塑"子模块，是课件的次要部分，用四张幻灯片分别展示石雕、砖雕、面塑等民间雕塑类型及典型作品。

"民间剪纸"子模块，是课件重点介绍的内容，主要由单色剪纸、彩色剪纸、剪纸制作三个环节组成。"单色剪纸"环节，首先，在课件中引用郭沫若先生的诗作："曾见北国之窗花，其味天真而浑厚。今见南方之刻纸，玲珑剔透未有。"然后，展示陕西剪纸大师高凤莲、甘肃剪纸大师祁秀梅、江苏剪纸大师张永寿、福建剪纸大师林桃的四件作品，比较中国南北剪纸艺术风格的差异。然后，设置一个问题："我们平时看到的剪纸大都是红色的，那么有没有其他颜色的剪纸呢？"最后，选取剪纸大师祁秀梅黑色剪纸《生命树》、叶润生蓝色剪纸《蝶恋花》、王子淦绿色剪纸《金鱼》，讲解单色剪纸其他不太常见的形式。"彩色剪纸"环节，主要介绍制作彩色剪纸的方法。选取剪纸大师库淑兰两幅代表作《江娃拉马》《剪花娘子》，介绍彩色剪纸的拼色法；挑选当代剪纸名家金凤杰的三幅作品，介绍彩色剪纸的泼色法。通过两代剪纸艺术家的作品，讲解彩色剪纸两种常用方法，对比剪纸艺术在不同历史时期所呈现出的面貌与特色。"剪纸制作"环节，插入一段由工艺美术大师张仃讲述民间艺人剪纸的视频，帮助学生了解剪纸的基本方法。"民间剪纸"子模块教学内容依照由浅入深、层层推进的逻辑关系进行设计，既要让学生了解剪纸的基本类型、艺术特色，又要让学生掌握制作剪纸的步骤与技巧。

"染织刺绣"子模块，是课件的次要部分，简要介绍贵州、陕西、青海、山西等地具有代表性的民间刺绣。

"民间戏具"子模块，展示藏戏表演现场、藏戏面具和傩堂戏表演现场、傩堂戏面具的图片。另外，插入了戛纳电影节获奖影片《活着》中皮影戏表演的视频剪辑片段。这一子模块的设计主要体现在电影视频片段的插入上。课件前面的各个模块主要以图文结合的形式展现教学内容，形式单一、缺乏新鲜感会导致学生产生厌烦情绪。分子生物学家约翰·梅迪纳博士指出，人类的大脑具有不断寻找新刺激的特性，集中精力的时间最多只有十分钟。因而，我们在此处插入一段电影视频，适时地转换教学形式，使学生转移注意力，重新集中精神。

"民间美术（其他）"子模块，用一张幻灯片展示家具、彩灯等民间美术的其他类型。

"民间美术的种类"模块总结页，对民间美术的种类作简短的总结。同时，引出下一个模块——民间美术的艺术语言特征。

2. 模块制作

"民间美术的种类"模块由八个子模块组成，共25张幻灯片。

第一张幻灯片，"民间美术种类"模块标题页。

步骤1：新建空白幻灯片。

步骤2：在"插入"选项卡上的"插图"组中，单击"形状"，在幻灯片左上方，插入"矩形"，调整大小和位置。选中该对象，在"绘图工具/格式"选项卡的"形状样式"组中，单击"形状填充"，单击"其他填充颜色"。打开"颜色"对话框，单击"自定义"，设置为深蓝色。单击"渐变"，在下拉列表的"变体"栏中选择"线性向下"选项。单击"形状效果"，在"映象"下拉列表的"映象变体"栏中选择"全映象，8pt偏移量"选项。

步骤3：在"插入"选项卡上的"文本"组中，单击"文本框"，在深蓝色矩形中，插入"横排文本框"，输入"中国民间美术"。

步骤4：在上一个文本框的下方，插入"横排文本框"，输入"高中一年级·美术鉴赏"。

步骤5：在幻灯片右上方，插入"对角圆角矩形"。重复步骤2的操作，把对角圆角矩形设置为深红色。

步骤6：在深红色对角圆角矩形中，插入"横排文本框"，输入"民间美术的种类"。

步骤7：在"插入"选项卡上的"插图"组中，单击"图片"，在深红色对角圆角矩形的下方，插入一张风筝的图片。选中该对象，选中该对象，在"图片工具/格式"选项卡的"形状样式"组中，单击"图片效果"，在"映象"下拉列表的"映象变体"栏中选择"全映象，8pt偏移量"选项。

步骤8：选中深红色对角圆角矩形和文本框——"民间美术的种类"，形成对象组合，在"动画"选项卡上的"动画"组中，单击"自定义动画"。打开"自定义动画"任务窗格，单击"添加效果"，在"进入"下拉列表中选择"淡出"选项，在"开始"下拉列表中选择"之前"选项，在"速度"下拉列表中选择"中速"选项。

步骤9：在幻灯片空白处，连续插入8个"对角圆角矩形"，依次输入民间美术的各个种类。

步骤10：选中第一个对角圆角矩形，打开"自定义动画"任务窗格，单击"添加效果"，在"进

入"下拉列表中选择"飞入"选项,在"开始"下拉列表中
选择"单击时"选项,在"方向"下拉列表中选择"自左
侧"选项,在"速度"下拉列表中选择"中速"选项。

步骤11:在"动画"选项卡上的"动画"组中,再依次
为另外7个对角圆角矩形添加同样的动画效果。幻灯片效果如
图4-8所示。

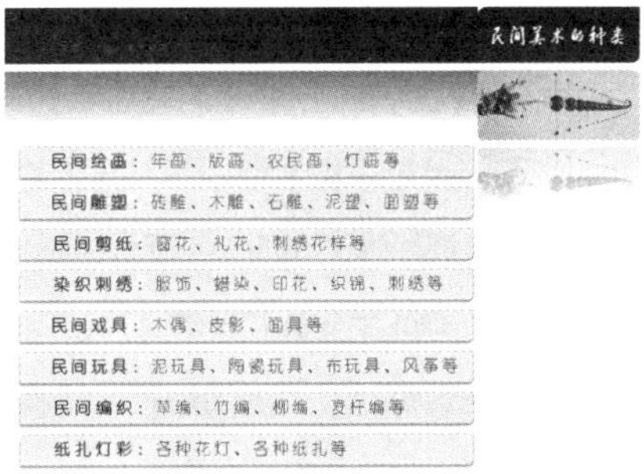

第二张幻灯片至第五张幻灯片,"民间绘画"子模块的
"年画四大产地"环节。第二张幻灯片的制作步骤如下。

步骤1:新建空白幻灯片。

步骤2:重复上一张幻灯片步骤1的操作。

图4-8

步骤3:在"插入"选项卡上的"插图"组中,单击"形状",在幻灯片左上方,在幻灯片右上方,
插入"对角圆角矩形",调整大小和位置。选中该对象,在"绘图工具/格式"选项卡的"形状样式"
组中,单击"形状填充",单击"其他填充颜色",打开"颜色"对话框,单击"自定义",设置为朱
红色。单击"渐变",在下拉列表的"变体"栏中选择"线性向下"选项。单击"形状效果",在"映
象"下拉列表的"映象变体"栏中选择"全映象,8pt偏移量"选项。

步骤4:在"插入"选项卡上的"文本"组中,单击"文本框",在朱红色对角圆角矩形中,插入
"横排文本框",输入"民间美术的种类"。

步骤5:重复步骤3的操作,把对角圆角矩形设置为湖蓝色。

步骤6:在湖蓝色对角圆角矩形中,插入"横排文本框",输入"民间绘画(年画)"。

步骤7:在"插入"选项卡上的"插图"组中,单击"图片",在幻灯片中右部,插入年画图片《四
季平安》。选中该对象,在"绘图工具/格式"选项卡的"图片样式"组中,选择"旋转,白色"选项。

步骤8:在图片《四季平安》的下方,插入"横排文本框",输入"四季平安(天津杨柳青年
画)"。

步骤9:在上一个文本框的下方,插入"横排文本框",输入"艺术特点:笔法细腻、人物秀丽、色
彩明艳、内容丰富"。

步骤10:在"插入"选项卡上的"文本"组中,单击"文本框",在图片《四季平安》的左边,插
入"横排文本框",输入"有鱼有肉不算年,贴上年画才算年。——谚语"。

步骤11:选中上一个文本框,在"动画"选项卡上的"动画"组中,单击"自定义动画"。打开
"自定义动画"任务窗格,单击"添加效果",在"进入"下拉列表中选择"颜色打字机",在"开
始"下拉列表中选择"之前"选项,在"速度"下拉列表中选择"非常快"选项。

步骤12:选中图片《四季平安》,打开"自定义动画"任务窗格,单击"添加效果",在"进入"
下拉列表中选择"浮动",在"开始"下拉列表中选择"单击时"选项,在"速度"下拉列表中选择
"快速"选项。

步骤13:选中文本框——"四季平安(天津杨柳青年画)",打开"自定义动画"任务窗格,单击

"添加效果"，在"进入"下拉列表中选择"切入"，在"开始"下拉列表中选择"单击时"选项，在"方向"下拉列表中选择"自底部"选项，在"速度"下拉列表中选择"非常快"选项。

步骤14：选中文本框——"艺术特点：笔法细腻、人物秀丽、色彩明艳、内容丰富"，重复步骤13的操作。幻灯片效果如图4-9所示。

第三张幻灯片至第五张幻灯片，制作步骤参见图4-3所示。幻灯片效果如图4-10至图4-12所示。

第六张幻灯片，"民间绘画"子模块的"年画作品欣赏与评述"环节。这张幻灯片是课件中最复杂的一个页面，制作分为两个流程。

流程一：制作单幅幻灯片。

步骤1：新建空白幻灯片。

步骤2：在"插入"选项卡上的"插图"组中，单击"形状"，在幻灯片左上方，插入"对角圆角矩形"，调整大小和位置。选中该对象，在"绘图工具/格式"选项卡的"形状样式"组中，单击"形状填充"，单击"其他填充颜色"。打开"颜色"对话框，单击"自定义"，设置为深蓝色。单击"渐变"，在下拉列表的"变体"栏中选择"线性向下"选项。

图4-9

图4-10

图4-11

图4-12

步骤3：在"插入"选项卡上的"文本"组中，单击"文本框"，在深蓝色对角圆角矩形中，插入"横排文本框"，输入"年画作品欣赏与评述"。

步骤4：在深蓝色对角圆角矩形的右边，插入"矩形"，调整大小和位置。选中该对象，在"绘图工具/格式"选项卡的"形状样式"组中，单击"形状填充"，单击"其他填充颜色"。打开"颜色"对话框，单击"自定义"，设置为褐色。单击"形状效果"，在"映象"下拉列表的"映象变体"栏中选择"全映象，接触"选项。

步骤5：在褐色矩形的下方，插入"对角圆角矩形"。选中该对象，在"绘图工具/格式"选项卡的"形状样式"组中，单击"形状填充"，单击"其他填充颜色"。打开"颜色"对话框，单击"自定义"，设置为浅灰色。

步骤6：在浅灰色对角圆角矩形中，插入"横排文本框"，输入"下面请大家欣赏一些精美的年画作品，总结年画的主要题材，谈谈自己对年画的认识。"

步骤7：在"插入"选项卡上的"插图"组中，单击"图片"，插入年画图片《天地全神仙图》。选中该对象，在"图片工具/格式"选项卡的"图片样式"组中，选择"映象圆角矩形"选项。

步骤8：在图片《天地全神仙图》的下方，插入"横排文本框"，输入"天地全神仙图（武强年画）"。

步骤9：在上一个文本框的下方，插入"横排文本框"，输入"过去有'十分年画七分神'的说法，就是百分之七十的年画是各种神啊、仙啊。"

步骤10：在图片《天地全神仙图》的右边，插入年画图片《灶神》，重复步骤7的操作。

步骤11：在《灶神》下方，插入"横排文本框"，输入"灶神（平度年画）"。

步骤12：在上一个文本框下方，插入"横排文本框"，输入"灶神乃东厨司令，受一家香火，保一家康泰，查一家善恶，奏一家功过。——《敬灶全书·真君劝善》"。幻灯片效果如图4-13-1所示。

步骤13：参照以上步骤，另外制作5张幻灯片。幻灯片效果如图 4-13-2至图4-13-6所示。

流程二：叠加幻灯片，添加动画效果。

步骤1：在图4-13-1所示幻灯片中，选中文本框——"下面请大家欣赏一些精美的年画作品，总结年画的主要题材，谈谈自己对年画的认识。"在"动画"选项卡上的"动画"组中，单击"自定义动画"。打开"自定义动画"任务窗格，在"进入"下拉列表中选择"颜色打字机"，在"开始"下拉列表中选择"之前"选项，在"速度"下拉列表中设定为"非常快"选项。

步骤2：在"插入"选项卡中的"媒体剪辑"组中，单击"声音"，在下拉列表中单击"文件中的声音"，插入音乐《香从何来》。选中音乐的"小喇叭"图标，打开"自定义动画"任务窗格，在"开

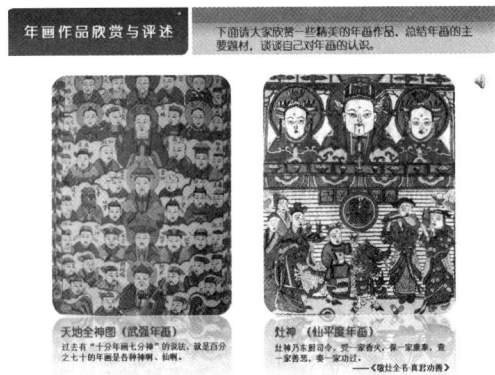

图4-13-1

图4-13-2

图4-13-3

图4-13-4

图4-13-5

图4-13-6

图4-13-7

始"下拉列表中选择"单击时"选项。

步骤3：选中图片《天地全神仙图》，打开"自定义动画"任务窗格，在"进入"下拉列表中选择"飞入"，在"开始"下拉列表中选择"之前"选项，在"方向"下拉列表中选择"自底部"选项，在"速度"下拉列表中选择"非常快"选项。

步骤4：选中文本框——"天地全神仙图（武强年画）"，打开"自定义动画"任务窗格，在"进入"下拉列表中选择"飞入"选项，在"开始"下拉列表中选择"之后"选项，在"方向"下拉列表中选择"自底部"选项，在"速度"下拉列表中选择"非常快"选项。

步骤5：选中文本框——"过去有'十分年画七分神'的说法，就是百分之七十的年画是各种神啊、仙啊。"打开"自定义动画"任务窗格后，重复步骤4的操作。

步骤6：选中流程一中步骤1所制作的深蓝色对角圆角矩形，打开"自定义动画"任务窗格，在"退出"下拉列表中选择"百叶窗"选项，在"开始"下拉列表中选择"单击"选项，在"方向"下拉列表中选择"水平"选项，在"速度"下拉列表中选择"非常快"选项。

步骤7：依次选中幻灯片中的各个对象，参照步骤6的操作，做各种"退出"的动画效果。

步骤8：选中图4-13-2所示幻灯片中的所有对象，整体剪切至图4-13-1所示幻灯片中，形成第一层叠加。按照步骤1至步骤7的操作，做各种"进入"和"退出"的动画效果。

步骤9：按照步骤8的操作，依次叠加另外四张幻灯片，并参照步骤1至步骤7为每一个对象做各种"进入"和"退出"的动画效果。这张多层叠加幻灯片最终的效果如图4-13-7所示。

第七张幻灯片，年画作品欣赏与评述小结。制作步骤参见图4-9所示。幻灯片效果如图4-14所示。

第八张至第十一张幻灯片，"民间雕塑"子模块。制作步骤参见图4-9所示。幻灯片效果如图4-15至图4-18所示。

第十二张至十七张幻灯片，"民间剪纸"子模块。

第十二张，"民间剪纸"子模块标题页。制作步骤参见图4-9所示。幻灯片效果如图4-19所示。

第十三张幻灯片，"民间剪纸（单色）"环节。这是一张两层叠加的幻灯片。制作步骤参见图4-13

图4-14

图4-15

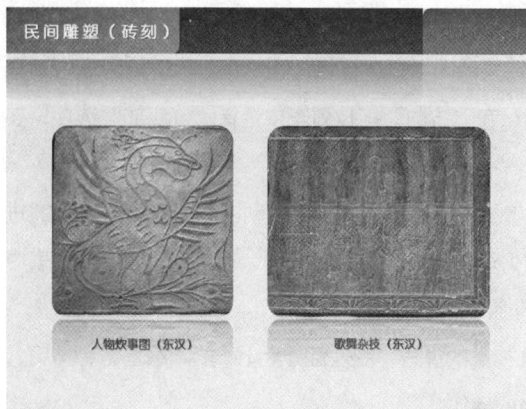

民间雕塑（砖刻）

人物炊事图（东汉）　　　歌舞杂技（东汉）

图4-16

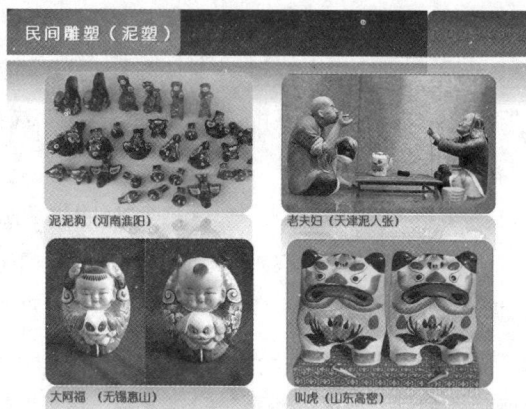

民间雕塑（泥塑）

泥泥狗（河南淮阳）　　　老夫妇（天津泥人张）

大阿福（无锡惠山）　　　叫虎（山东高密）

图4-17

民间雕塑（面塑）

图4-18

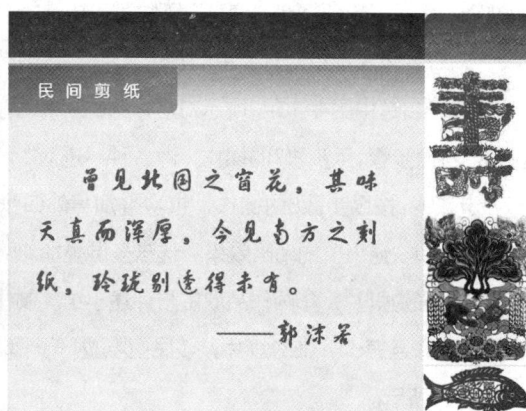

民间剪纸

昔见北国之窗花，其味
天真而浑厚，今见南方之刺
纸，玲珑剔透得未有。

——郭沫若

图4-19

所示。幻灯片效果如图4-20所示。

　　第十四张幻灯片，课堂小提问。这也是一张两层叠加的幻灯片。制作步骤参见图4-13所示。幻灯片效果如图4-21所示。

　　第十五、十六张幻灯片，"民间剪纸（彩色）"环节。制作步骤参见图4-13所示。幻灯片效果如图4-22、图4-23所示。

　　第十七张幻灯片，"剪纸制作"环节。

　　步骤1：新建空白幻灯片。

　　步骤2：在"插入"选项卡的"媒体剪辑"组中，单击"影片"，在下拉列表中单击"文件中的声音"，插入视频《张仃—剪纸》。

　　步骤3：选中视频《张仃—剪纸》，在"动画"选项卡上的"动画"组中，单击"自定义动画"。打开"自定义动画"任务窗格，在"开始"下拉列表中选择"单击时"选项。幻灯片效果如图4-24所示。

第十八、十九张幻灯片，"民间玩具"子模块。制作步骤参见图4-9所示。幻灯片效果如图4-25、图4-26所示。

图4-20

图4-21

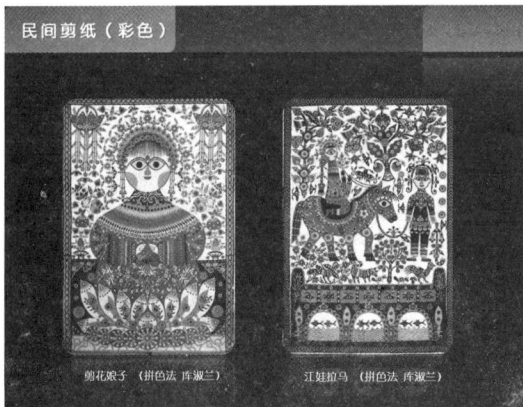

图4-22

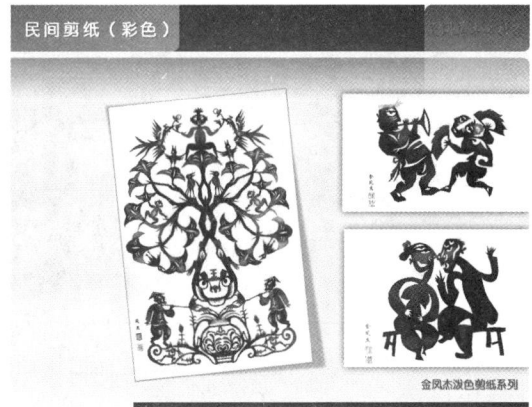

图4-23

图4-24

图4-25

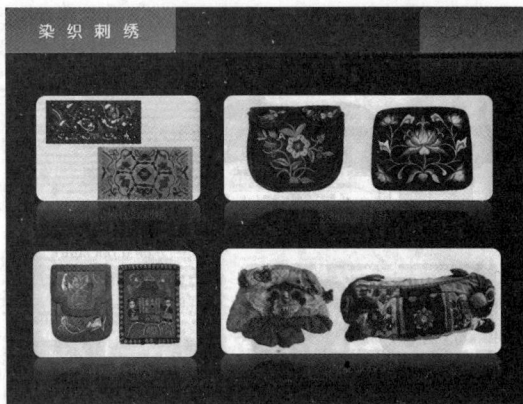

图4-26

图4-27

图4-28

图4-29

　　第二十张幻灯片，"蜡染刺绣"子模块。制作步骤参见图4-9所示。幻灯片效果如图4-27所示。

　　第二十一至二十三张幻灯片，"民间戏具"子模块。

　　第二十一、二十二张幻灯片，"民间戏具（面具）"环节。制作步骤参见图4-9所示。幻灯片效果如图4-28、图4-29所示。

　　第二十三张幻灯片，"民间戏具（皮影戏）"环节。制作步骤参见图4-24所示。幻灯片效果如图4-30所示。

　　第二十四张幻灯片，"民间美术（其他）"子模块。制作步骤参见图4-9所示。幻灯片效果如图4-31所示。

　　第二十五张幻灯片，"民间美术的种类"模块总结页。制作步骤参见图4-9所示。幻灯片效果如图4-32所示。

　　至此，"民间美术的种类"模块制作完成。

图4-30

图4-31

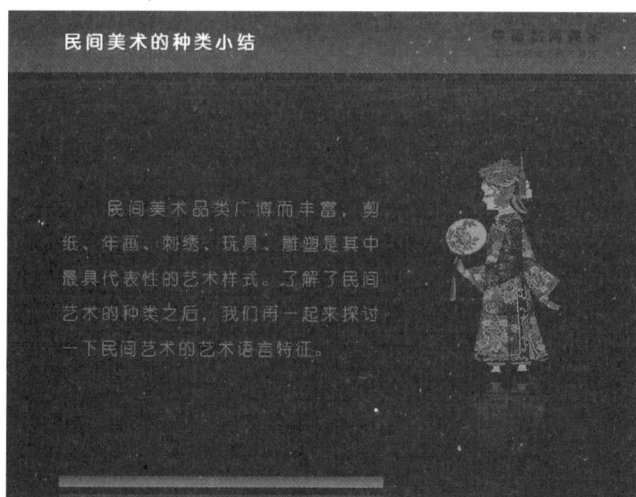

图4-32

（四）讲授新课——民间美术的艺术语言特征

1. 模块设计

"民间美术的艺术语言特征"模块，是本课的难点，包括艺术特点、表现手法两个子模块，以及模块标题页和总结页两个页面。

"民间美术的艺术语言特征"模块标题页，标示艺术特色和表现手法两个子模块。

"艺术特点"子模块，展示《老鼠娶亲》《六合同春》两幅年画，分别讲述民间美术艺术语言特点的两个重要方面。

"表现手法"子模块，首先以蝙蝠、鹿、石榴、桃、牡丹等一组图片解释其象征的福、禄、富裕、多子多福、长寿、牡丹等寓意。然后，进入"猜题竞答"环节：先后展示《三星高照》《金玉满堂》《耄耋》三张图片，让学生猜猜其中的寓意。以说民俗、讲故事的形式帮助学生理解民间美术的艺术特点这一教学难点。

2. 模块制作

这一模块由两个子模块组成，共8张幻灯片。

第一张幻灯片，"民间美术的艺术语言特征"模块标题页。制作步骤参见图4-9所示。幻灯片效果如图4-33所示。

第二张幻灯片，"艺术特点"子模块。制作步骤参见图4-9所示。幻灯片效果如图4-34所示。

第三张幻灯片，"表现手法"子模块。制作步骤参见图4-9所示。幻灯片效果如图4-35所示。

第四至第七张幻灯片，"民间美术的艺术语言特征"模块的"猜一猜"环节。制作步骤参见图4-9所示。幻灯片效果如图4-36至图4-39所示。

到八张幻灯片，"民间美术的艺术语言特征"模块总结页。制作步骤参见图4-9所示。幻灯片效果如图4-40所示。

至此，"民间美术的艺术语言特征"模块制作完成。

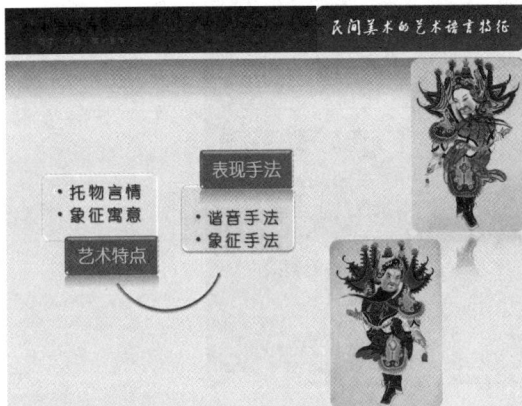

图4-33

图4-34

图4-35

图4-36

图4-37

图4-38

图4-39

图4-40

（五）讲授新课——民间美术与民俗的关系

1. 模块设计

"民间美术与民俗的关系"模块，包括模块标题页，以及民俗活动（岁时节令）、民俗活动（人生礼仪）两个子模块。

"民间美术与民俗的关系"标题页，以图文结合的形式说明民间美术与民俗的关系。

"民俗活动（岁时节令）"子模块，展示《五毒图》。

"民俗活动（人生礼仪）"子模块，展示"贺百日"礼物图片，请学生说出这几件物品所蕴含的民俗文化内涵。这一子模块以师生互动的形式帮助学生理解民间美术与民俗之间的关系。

2. 模块制作

这一模块两个子模块组成，共三张幻灯片。制作步骤参见图4-9所示。幻灯片效果如图4-41至图4-43所示。

图4-41

图4-42

图4-43

至此，"民间美术与民俗的关系"模块制作完成。

（六）课堂总结

1. 模块设计

"课堂总结"模块，对全课的教学内容进行总结，同时，说明民间美术不受重视的现状，激发学生热爱和保护民族文化的热情与意识。

2. 制作模块

这一模块共两张幻灯片。制作步骤参见图4-9所示。幻灯片效果如图4-44、图4-45所示。

至此，"课堂总结"模块制作完成。

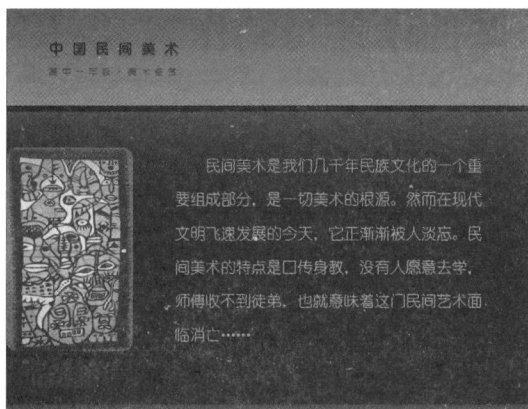

图4-44

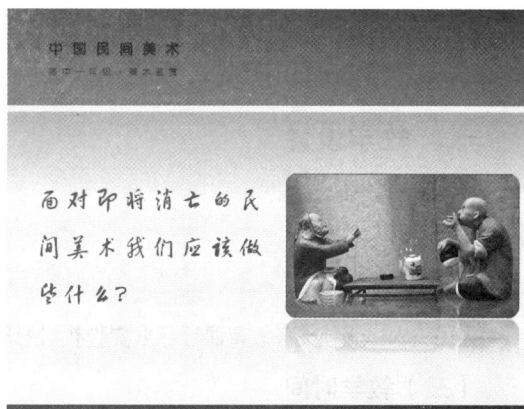

图4-45

图4-46

图4-47

（七）课外活动

1. 模块设计

"课外活动"模块，对教学内容做进一步的延伸和拓展。首先，提出问题："面对即将消亡的民间美术，我们应该做些什么？"然后，插入一段合肥六中学生调查民间美术的视频，展示他们的调查成果。最后，布置两道作业：（1）分组调查安徽各地的民间美术种类、特点及民间美术家，每组写一份调查报告；（2）查阅资料或向老人咨询，中国传统春节期间有哪些民俗活动。

2. 模块制作

这一模块共两张幻灯片。

第一张幻灯片。制作步骤参见4-9所示。幻灯片效果如图4-46所示。

第二张幻灯片，布置作业。制作步骤参见图4-9所示。幻灯片效果如图4-47所示。

至此，整个课件制作完毕。

第二节 《吉祥物设计》课件设计与制作

一、教学设计

（一）课题

吉祥物设计

（二）教材

人民美术出版社义务教育课程标准实验教材七年级第十三册第十三课

（三）教学时间

1课时

（四）学情分析

初一年级学生喜爱体育运动，认识一些大型运动会的吉祥物，但对于吉祥物的类型、特点、创作背景及设计方法并不十分了解。

（五）教材分析

本课是一门综合性的课程，包含构思、创意、设计、制作等方面内容。教材中介绍了国内外一些大型活动的吉祥物，学生从中能大致了解吉祥物设计的历史、意义及艺术风格。

（六）教学目标

1. 知识与能力目标

认识部分著名吉祥物，了解它们创作的时间、国度、主题、寓意和艺术特征。运用所学知识设计制作一个吉祥物。

2. 过程与方法目标

通过"开心辞典"提问抢答的形式展开教学活动，寓教于乐，让学生在"游戏"中学习和掌握知识。

3. 情感、态度与价值观目标

通过教学活动，激发了学生积极参与学习与交流的欲望，并让学生在学习中认识到：艺术来源于生活而又高于生活，从而使学生更加关注生活、热爱生活。

（七）教学重点

吉祥物的造型设计和色彩设计。

（八）教学难点

吉祥物设计的构思、创意与方法。

（九）教学准备

多媒体课件，各种绘画材料与工具。

二、课件设计

人美版义务教育课程标准实验教材七年级第十三册第十三课《吉祥物设计》，属于创作类学习活动的"设计·制作"领域。《义务教育美术课程标准》（2011年版）明确指出："'设计·制作'学习领域，包括设计与工艺学习内容，既强调形成创意，又关注活动的功能和目的。"那么，如何激发学生的创意自然成为本课件设计的重点。课件在设计理念上，遵循"在学中玩，在玩中学"的宗旨，借鉴"开心辞典"的游戏方法，激发学生的兴趣，开拓学生的眼界；在结构设计上，设置了导入、吉祥物的含义、吉祥物的类型、吉祥物的特点、吉祥物的设计方法、课后作业六个模块；在内容设计上，将有关吉祥物设计的知识点，巧妙设置为一个个充满趣味的问题；在风格设计上，融入现代设计理念，极力呈现简约、美观、大方的设计风格。

三、课件制作

（一）导入

1. 模块设计

"导入"模块，包括"导入"页面、课件标题页和课件结构页。

"导入"页面，展示北京奥运会吉祥物"福娃"图片，并简要介绍"福娃"设计的创意来源，引出课题——《吉祥物设计》。从学生比较熟悉的吉祥物导入课题，可以更好地激发学生的学习兴趣和热情。

课件标题页，标示课题名称、教材版本、授课年级等信息。

课件结构页，标示教学四部分内容：吉祥物的含义、吉祥物的类型、吉祥物的特点和吉祥物的设计方法。

2. 模块制作

"导入"模块共3张幻灯片。

第一张幻灯片，"导入"页面。

步骤1：启动PowerPoint 2007，创建演示文稿，新建空白幻灯片。

步骤2：在"设计"选项卡上的"背景"组中，单击"背景样式"，然后单击"设置背景格式"。打开"设置背景格式"对话框，单击"填充"，选中"渐变填充"，在"类型"下拉列表中选择"线性"选项，在"方向"下拉列表中选择"线性向下"选项，在"颜色"下拉列表中单击"其他颜色"。打开"颜色"对话框，单击"自定义"，设置为米黄色。

步骤3：在"插入"选项卡上的"插图"组中，单击"图片"，插入北京奥运会吉祥物"福娃"图片。选中该对象，在"图片工具/格式"选项卡的"图片样式"组中，选择"旋转，白色"选项。

步骤4：在"插入"选项卡上的"文本"组中，单击"文本框"，在"福娃"图片的上方，插入"横排文本框"，输入"大家认识他们吗？"。

步骤5：选中上一个文本框，在"绘图工具/格式"选项卡的"艺术字样式组"中，单击"文本效果"，在"映象"下拉列表的"映象变体"栏中选择"紧密映象，接触"选项。

步骤6：在"插入"选项卡上的"插图"组中，单击"形状"，在图片下方，插入"泪滴形"，调整大小和位置。选中该对象，在"绘图工具/格式"选项卡的"形状样式"组中，单击"形状填充"，单击"其他填充颜色"。打开"颜色"对话框，单击"自定义"，设置为绿色。单击"渐变"，在下拉列表的"变体"栏中选择"线性对角"选项。单击"形状效果"，在"映象"下拉列表的"映象变体"栏中选择"全映象，接触"选项。

步骤7：在绿色泪滴形的右边，插入"横排文本框"，输入"北京奥运会吉祥物——福娃"。

步骤8：选中文本框——"大家认识他们吗？"在"动画"选项卡上的"动画"组中，单击"自定义动画"。打开"自定义动画"任务窗格，单击"添加效果"，在"进入"下拉列表中选择"挥舞"，在"开始"下拉列表中选择"之前"选项，在"速度"下拉列表中选择"快速"选项。

步骤9：选中"福娃"图片，打开"自定义动画"任务窗格，单击"添加效果"，在"进入"下拉列表中选择"浮动"，在"开始"下拉列表中选择"之后"选项，在"速度"下拉列表中选择"中速"选项。

步骤10：选中文本框——"北京奥运会吉祥物——福娃"，打开"自定义动画"任务窗格，单击"添加效果"，在"进入"下拉列表中选择"弹跳"，在"开始"下拉列表中选择"单击时"选项，在"速度"下拉列表中选择"中速"选项。

步骤11：选中绿色泪滴形，打开"自定义动画"任务窗格，单击"添加效果"，在"进入"下拉列表中选择"弹跳"，在"开始"下拉列表中选择"之前"选项，在"速度"下拉列表中选择"中速"选项。幻灯片效果如图4-48所示。

第二张幻灯片，课件标题页。第三张幻灯片，课件结构页。制作步骤参见图4-48所示。幻灯片效果如图4-49、图4-50所示。

至此，"导入"模块制作完成。

图4-48

图4-49

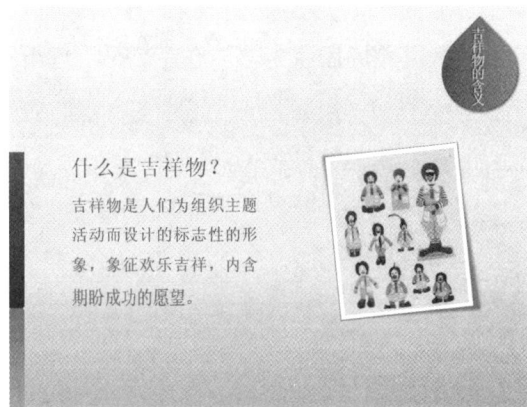

| 图4-50 | 图4-51 |

（二）讲授新课——吉祥物的含义

1. 模块设计

"吉祥物的含义"模块，以简短的文字说明吉祥物的含义，让学生对于吉祥物的含义有一个基本的认识。

2. 模块制作

"吉祥物的含义"模块只有一张幻灯片。制作步骤参见图4-48所示。幻灯片效果如图4-51所示。

至此，"吉祥物的含义"模块制作完成。

（三）讲授新课——吉祥物的类型

1. 模块设计

"吉祥物的类型"模块，首先，设置问题："吉祥物有哪些类型？"提供A.运动会吉祥物,B.企业吉祥物,以及C.社会活动吉祥物三个选项。然后，展示上海世博会吉祥物"海宝"、米其林集团吉祥物"米其林先生"、伦敦奥运会吉祥物"温洛克"三张图片。通过这个问题，使学生了解吉祥物的几种常用类型，让学生对吉祥物的功能和作用有更全面的认识。

2. 模块制作

"吉祥物的类型"模块共四张幻灯片。

第一张幻灯片，"开心辞典——吉祥物知识竞赛"标题页。第二张幻灯片，开心辞典答题需知。制作步骤参见图4-48所示。幻灯片效果如图4-52、图4-53所示。

第三张幻灯片，提出第一道问答题。

步骤1：新建空白幻灯片。

步骤2：在"设计"选项卡上的"背景"组中，单击"背景样式"，然后单击"设置背景格式"。打开"设置背景格式"对话框，单击"填充"，选中"渐变填充"，在"类型"下拉列表中选择"线性"选项，在"方向"下拉列表中选择"线性向下"选项，在"颜色"下拉列表中单击"其他颜色"。打开

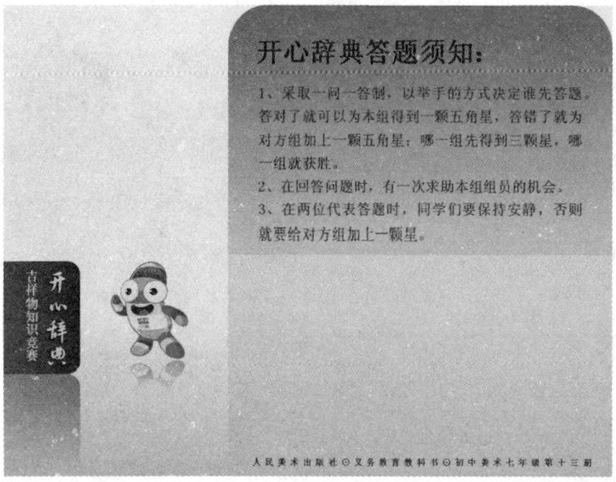

图4-52

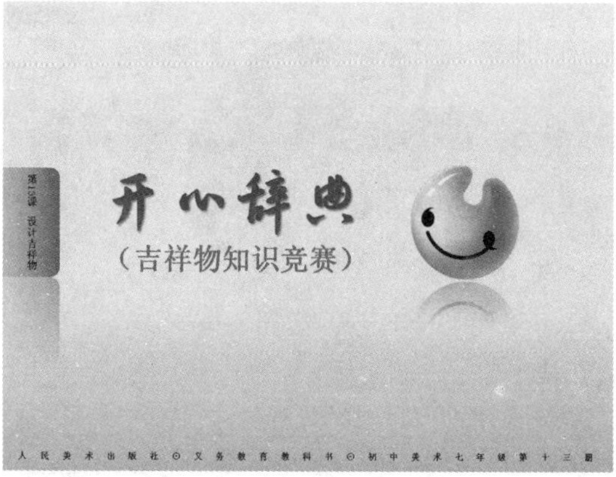

图4-53

"颜色"对话框，单击"自定义"，设置为米黄色。

步骤3：在"插入"选项卡上的"插图"组中，单击"形状"，在幻灯片的右上角，插入"泪滴形"，调整大小和位置。选中该对象，在"绘图工具/格式"选项卡的"形状样式"组中，单击"形状填充"，单击"其他填充颜色"。打开"颜色"对话框，单击"自定义"，设置为绿色。单击"渐变"，在下拉列表的"变体"栏中选择"线性对角"选项。

步骤4：在"插入"选项卡上的"文本"组中，单击"文本框"，在绿色泪滴形中，插入"垂直文本框"，输入"吉祥物的类型"。

步骤5：在绿色泪滴形的左边，插入"垂直文本框"，输入"开心辞典"。

步骤6：在上一个文本框的左边，插入"垂直文本框"，输入"吉祥物知识竞赛"。

步骤7：在幻灯片右上方，插入"同侧圆角矩形"，调整大小和位置。选中该对象，在"绘图工具/格式"选项卡的"形状样式"组中，单击"形状填充"，单击"其他填充颜色"。打开"颜色"对话框，单击"自定义"，设置为深蓝色。单击"渐变"，在下拉列表的"变体"栏中选择"线性向下"选项。单击"形状效果"，在"映象"下拉列表的"映象变体"栏中选择"全映象，接触"选项。

步骤8：在深蓝色同侧圆角矩形中，插入"横排文本框"，输入 "吉祥物有哪些类型？"

步骤9：在上一个文本框的下方，插入三个"横排文本框"，依次输入"A.运动会吉祥物""B.企业吉祥物""C.社会活动吉祥物"。

步骤10：在幻灯片的底边，插入"横排文本框"，输入"人民美术出版社⊙初中美术七年级第十三册⊙第十三课.设计吉祥物"。

步骤11：在"插入"选项卡上的"插图"组中，单击"图片"，在幻灯片右下角，插入一张吉祥物的图片，作为装饰图标。

步骤12：选中绿色泪滴形，在"动画"选项卡上的"动画"组中，单击"自定义动画"。打开"自定义动画"任务窗格，单击"添加效果"，在"进入"下拉列表中选择"淡出"，在"开始"下拉列表中选择"之前"选项,在"速度"下拉列表中选择"快速"选项。

步骤13:选中文本框——"吉祥物的类型",重复步骤12的操作。

步骤14:选中文本框——"开心辞典",重复步骤12的操作。

步骤15:选中文本框——"吉祥物知识竞赛",重复步骤12的操作。

步骤16:选中深蓝色同侧圆角矩形,重复步骤12的操作。

步骤17:选中文本框——"人民美术出版社⊙初中美术七年级第十三册⊙第十三课.设计吉祥物",重复步骤12的操作。

步骤18:选中文本框——"吉祥物有哪些类型?"打开"自定义动画"任务窗格,单击"添加效果",在"进入"下拉列表中选择"空翻",在"开始"下拉列表中选择"之前"选项,在"速度"下拉列表中选择"快速"选项。

步骤19:选中文本框——"A.运动会吉祥物",打开"自定义动画"任务窗格,单击"添加效果",在"进入"下拉列表中选择"挥鞭式",在"开始"下拉列表中选择"之后"选项,在"速度"下拉列表中选择"非常快"选项。

步骤20:选中文本框——"B.企业吉祥物",重复步骤19的操作。

步骤21:选中文本框——"C.社会活动吉祥物",重复步骤19的操作。

步骤22:选中文本框——"A.运动会吉祥物",打开"自定义动画"任务窗格,单击"添加效果",在"动作路径"下拉列表中选择"波浪形",在"开始"下拉列表中选择"之后"选项,在"速度"下拉列表中选择"非常快"选项。

步骤23:选中文本框——"B.企业吉祥物",重复步骤22的操作。

步骤24:选中文本框——"C.社会活动吉祥物",重复步骤22的操作。幻灯片效果如图4-54所示。

第四张幻灯片。制作步骤参见图4-48所示。幻灯片效果如图4-55所示。

至此,"吉祥物的类型"模块制作完成。

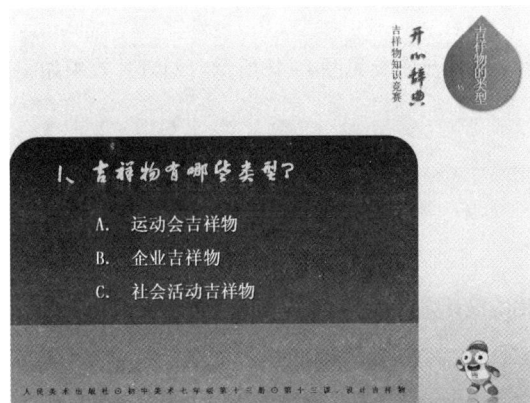

图4-54

图4-55

（四）讲授新课——吉祥物的特点

1. 模块设计

"吉祥物的特点"模块，包括吉祥物的特点——主题、吉祥物的特点——造型、吉祥物的特点——色彩三个子模块。

"吉祥物的特点——主题"子模块，展示1990年意大利世界杯吉祥物"查奥"图片，设置问题："这个吉祥物反映的主题是什么？"提供A.足球，B.手球，C.橄榄球三个选项。通过这个问题，强调吉祥物设计应注意表达活动主题。

"吉祥物的特点——造型"子模块，展示2004年雅典奥运会吉祥物"雅典娜与费沃斯"图片，设置问题："雅典奥运会的吉祥物雅典娜与费沃斯，是以什么为原型设计的？"提供A.一种叫"阿伊阿拉"的希腊特有的动物，B.雅典民间非常普遍的乐器"乌伊乌拉"，C."达伊达拉"，古希腊的一种陶土玩具三个选项。通过这个问题，强调吉祥物设计应选择合适的原型。

"吉祥物的特点——色彩"子模块，展示1996年亚特兰大奥运吉祥物"艺奇"图片，设置问题："1996年亚特兰大奥运会的吉祥物'艺奇'的主色调是？"提供A.冷色调，B.暖色调，C.灰色调三个选项。通过这个问题，使学生了解色彩在吉祥物设计中的重要性，注意色彩表现的统一性与协调性。

2. 模块制作

"吉祥物的特点"模块由三个子模块组成，共6张幻灯片。

第一张幻灯片，"吉祥物的特点——主题"子模块。制作步骤参见图4-54所示。幻灯片效果如图4-56所示。

第二张幻灯片，"吉祥物的特点——造型"子模块。制作步骤参见图4-54所示。幻灯片效果如图4-57所示。

第三、四张幻灯片，对吉祥物的造型特点作补充说明。制作步骤参见图4-48所示。幻灯片效果如图4-58、图4-59所示。

第五张幻灯片，"吉祥物的特点——色彩"子模块。制作步骤参见图4-54所示。幻灯片效果如图4-60所示。

第六张幻灯片，对吉祥物的色彩特点作补充说明。制作步骤参见图4-48所示。幻灯片效果如图4-61所示。

至此，"吉祥物的特点"模块制作完成。

（五）讲授新课——吉祥物的设计方法

1. 模块设计

"吉祥物的设计方法"模块，设置问题："吉祥物的设计方法有哪些？"提供A.原型演绎法，B.嫁接法，C.局部借用法三个选项。模块展示1990年北京亚运会吉祥物"熊猫盼盼"的原型图、设计草图和完稿图，讲解原型演绎法的运用；展示鲁尔公司吉祥物"牛仔猪"及神田事业所吉祥物"金猴"的图片，讲解嫁接法的运用；展示韩国大宇汽车吉祥物图片，讲解局部借鉴图的运用。通过这个问题，使学生掌握吉祥物设计的几种常用方法。

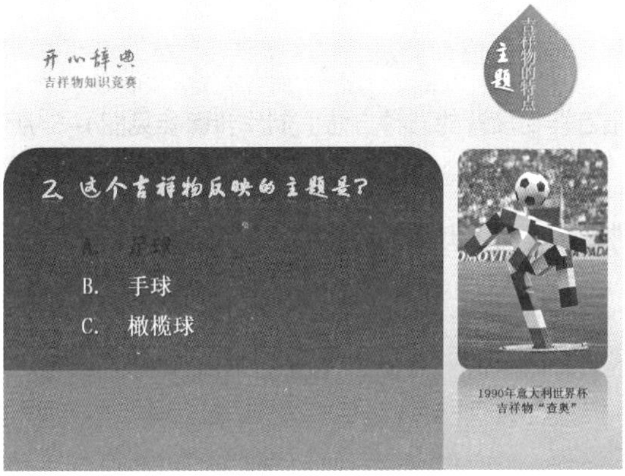

图4-56

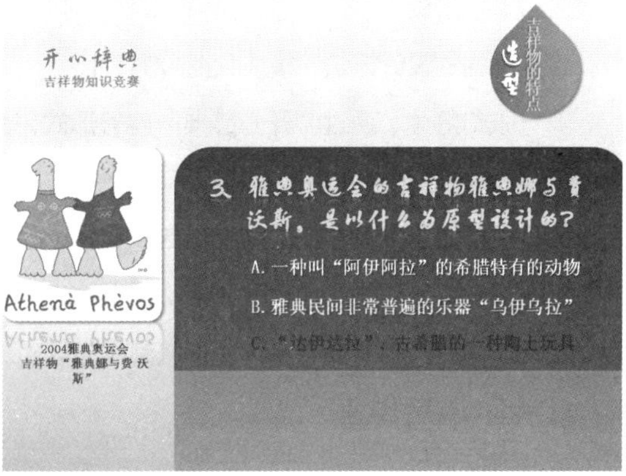

图4-57

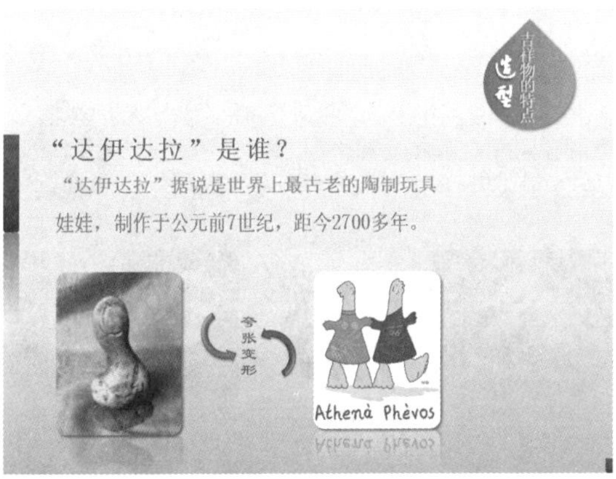

图4-58

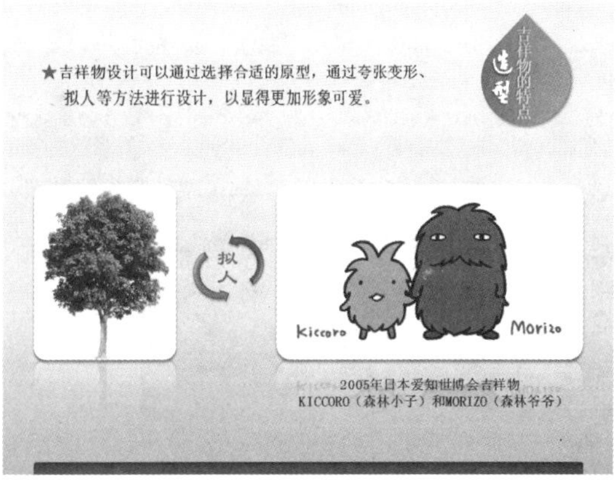

图4-59

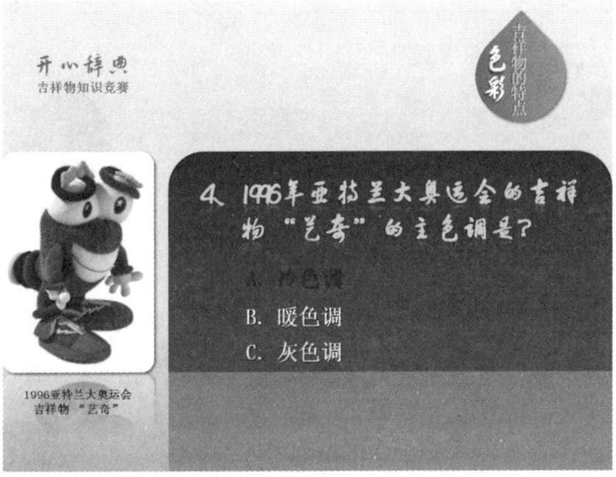

图4-60

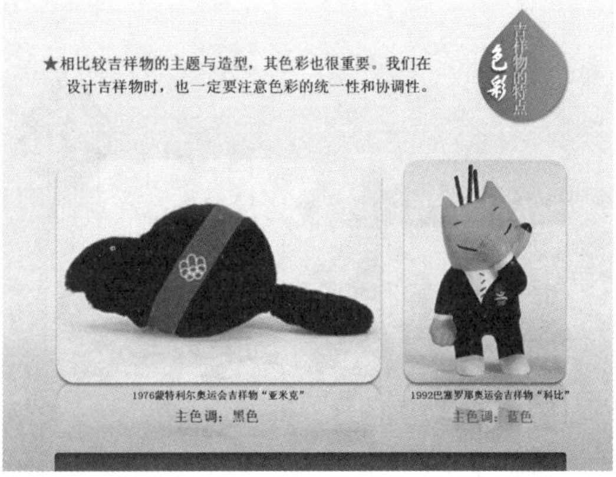

图4-61

2. 模块制作

"吉祥物的设计方法"模块共4张幻灯片。

第一张幻灯片，通过"开心辞典"问答形式，介绍吉祥物设计的三种方法。制作步骤参见图4-54所示。幻灯片效果如图4-62所示。

第二至第四张幻灯片，图片展示吉祥物设计的三种方法。制作步骤参见图

4-48所示。幻灯片效果如图4-63至图4-65所示。

至此，"吉祥物的设计方法"模块制作完成。

（六）课后作业

1. 模块设计

"课后作业"模块，布置本课作业：（1）为世界环境保护日设计一个吉祥物；（2）为学校师生运动会设计一个吉祥物。

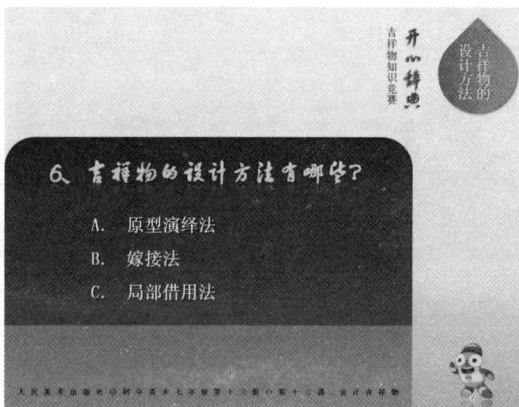

图4-62

图4-63

图4-64

图4-65

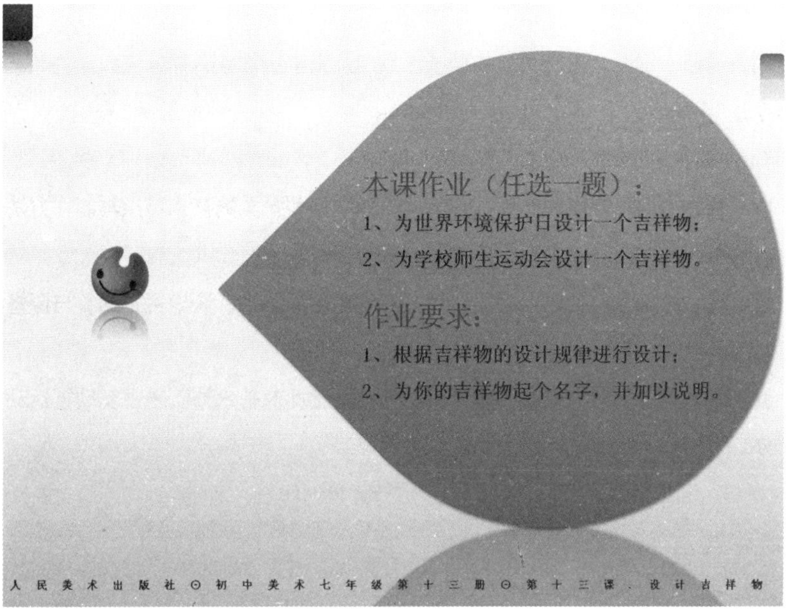

图4-66

2. 模块制作

"课后作业"模块由一张幻灯片组成。制作步骤参见图4-48所示。幻灯片效果如图4-66所示。至此，整个课件制作完毕。

第三节 《剪剪撕撕画画贴贴》课件设计与制作

一、教学设计

（一）课题

剪剪撕撕画画贴贴

（二）教材

人民美术出版社义务教育课程标准实验教科书一年级第一册第五课

（三）教学时间

1课时

（四）学情分析

小学一年级学生活泼、好动，不太能够集中注意力，但对于新鲜事物充满好奇，乐于参与各种有趣的教学活动。

（五）教材分析

本课教材内容简略，仅有一张马蒂斯的剪纸作品和几张学生作业，需补充大量的教学内容。

（六）教学目标

1. 知识与能力目标

通过体验以纸材为主的造型表现活动，初步认识并掌握剪贴画的艺术特点与制作方法。

2. 过程与方法目标

通过猜、看、比、做等教学活动，采用讨论、互动等教学方法，让学生主动参与课堂教学。

3. 情感、态度与价值观目标

感受剪贴画艺术之美，领略剪贴画的多种表现形式，激发对美术造型表现及欣赏活动的兴趣。

（七）教学重点

运用各种材料，利用剪、撕、画、贴的方法进行艺术创作。

（八）教学难点

引发学生思维活动，激发想象力与创作力。

（九）教学准备

1. 教师准备：多媒体课件，制作一些剪贴画作品。

2. 学生准备：铅笔、彩铅、蜡笔、圆珠笔、签字笔、水彩、彩色卡纸、剪刀、胶水等材料工具。

二、课件设计

人美版义务教育课程标准实验教科书一年级第一册第五课《剪剪撕撕画画贴贴》属于"造型·表现"学习领域。下面，依然从设计理念、结构设计、内容设计、风格设计四个方面讲述课件的设计思路。

设计理念。小学美术教学课件的设计应考虑小学生的认知和理解能力，不能复杂难解，也不能简单草率。我们以"轻概念、重活动、精内容、求品味"作为课件设计的基本理念。

结构设计。针对小学生喜爱游戏的特点，设置了猜一猜、看一看、比一比和做一做四个模块。将有关剪贴画的各知识点融入猜、看、比、做等有趣的教学活动中，提升学生课堂参与度，激发学习兴趣。

内容设计。本课教材内容非常简略，只有一幅马蒂斯的剪纸作品《爵士》和寥寥几张学生作业。怎样充实、丰富课件的内容是设计时的一大挑战。本着"精内容"的理念，我们参考、借鉴大量儿童绘画方面的书籍、资料及网络资源，精选了国外顶级画家、插画师、设计师的多幅作品，设计了一些生动、有趣的教学内容。

风格设计。针对儿童的审美情趣，课件追求富有卡通化与现代感的页面效果。以雅致的色彩作为幻灯片的主色调，以微妙的色差区分各个模块；以精美图标、经典剪贴画作品作为基本元素设计、组构每幅页面；以炫目的动画效果美化、串联各张幻灯片。

三、课件制作

（一）导入——猜一猜

1. 模块设计

"猜一猜"模块，即教学导入环节。首先，展示一张图片，请小朋友们猜一猜这幅画用了那些材料，是怎样制作的?然后，利用ppt的动画效果展示这张画的制作步骤及所需制作工具。最后，引出课题——剪剪撕撕画画贴贴。导入环节采用"猜一猜"的形式，让学生直观地感受剪贴画的样式、特点，了解制作剪贴画常用的工具材料。

2. 模块制作

"猜一猜"模块由4张幻灯片组成。

第一张幻灯片，模块标题页。

步骤1：启动PowerPoint 2007，创建演示文稿，新建空白幻灯片。

步骤2：在"设计"选项卡上的"背景"组中，单击"背景样式"，然后单击"设置背景格式"。打开"设置背景格式"对话框，单击"填充"，选中"渐变填充"，在"类型"下拉列表中选择"射线"选项，在"方向"下拉列表中选择"角部辐射"选项，在"颜色"下拉列表中单击"其他颜色"。打开"颜色"对话框，单击"自定义"，设置为绿色。

步骤3：在"插入"选项卡上的"插图"组中，单击"图片"，在幻灯片底部，插入一张草丛的图片，美化页面。

步骤4：在"插入"选项卡上的"插图"组中，单击"形状"，在幻灯片的右中部，插入"圆角矩形"，调整大小和位置。选中该对象，在"绘图工具/格式"选项卡的"形状样式"组中，单击"形状填充"，单击"其他填充颜色"。打开"颜色"对话框，单击"自定义"，设置为橙黄色。单击"渐变"，在下拉列表的"变体"栏中选择"线性向下"选项。单击"形状效果"，在"映象"下拉列表的"映象变体"栏中选择"紧密映象，接触"选项。

步骤5：在橙黄色圆角矩形的左边，插入"横排文本框"，输入"猜一猜"。

步骤6：选中上一个本文框，在"绘图工具/格式"选项卡的"艺术字样式组"中，单击"文本效果"，在"映象"下拉列表的"映象变体"栏中选择"紧密映象，8pt偏移量"选项。

步骤7：在文本框——"猜一猜"的左边，插入一张图片。选择该对象，单击"图片工具/格式"选项卡，在"图片样式"组中单击"图片效果"，在"映象"下拉列表中选择"紧密映象，接触"选项。

步骤8：在上一张图片的上方，插入一张"小蜜蜂"图片。

步骤9：选中橙黄色圆角矩形，在"动画"选项卡上的"动画"组中，单击"自定义动画"。打开"自定义动画"任务窗格，在"进入"下拉列表中选择"渐入"选项，在"开始"下拉列表中选择"之前"选项，在"速度"下拉列表中选择"中速"选项。

步骤10：选中"小蜜蜂"图片，打开"自定义动画"任务窗格，单击"添加效果"，在"动作路径"下拉列表中选择"向右"选项，在"开始"下拉列表中选择"之前"选项，在"速度"下拉列表中

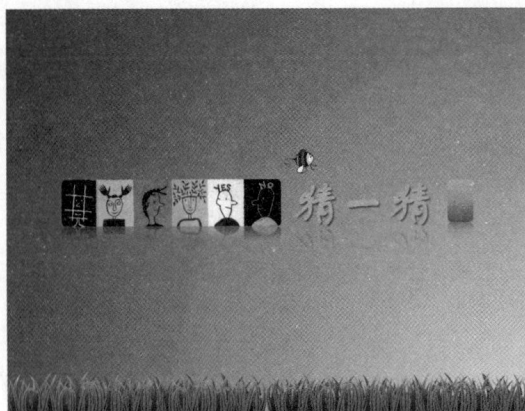

图4-67

图4-68

选择"慢速"选项。

步骤11：选中"小蜜蜂"图片，打开"自定义动画"任务窗格，单击"添加效果"，在"强调"下拉列表中选择"跷跷板"选项，在"开始"下拉列表中选择"之前"选项，在"速度"下拉列表中选择"非常快"选项。

步骤12：选中文本框——"猜一猜"，打开"自定义动画"任务窗格，在"进入"下拉列表中选择"颜色打字机"选项，在"开始"下拉列表中选择"之前"选项，在"速度"下拉列表中选择"非常快"选项。

幻灯片效果如图4-67所示。

第二张幻灯片，展示一幅剪贴画作品。制作步骤参考图4-67所示。幻灯片效果如图4-68所示。

第三张幻灯片，展示这张画的制作步骤及所需的制作工具。

步骤1：新建空白幻灯片。

步骤2：重复图4-67步骤2的操作。

步骤3：同图4-67步骤5的操作。

步骤4：在"插入"选项卡上的"插图"组中，单击"形状"，在幻灯片的右上部，插入"圆角矩形"，调整大小和位置。选中该对象，在"绘图工具/格式"选项卡的"形状样式"组中，单击"形状填充"，单击"其他填充颜色"。打开"颜色"对话框，单击"自定义"，设置为橙黄色。单击"渐变"，在下拉列表的"变体"栏中选择"线性向下"选项。单击"形状效果"，在"映象"下拉列表的"映象变体"栏中选择"紧密印像，接触"选项。

步骤5：在"插入"选项卡上的"文本"组中，单击"文本框"，在橙黄色圆角矩形中，插入"横排文本框"，输入"猜一猜"。

步骤6：选中文本框——"猜一猜"，在"绘图工具/格式"选项卡的"艺术字样式组"中，单击"文本效果"，在"映象"下拉列表的"映象变体"栏中选择"紧密映象，8pt偏移量"选项。

步骤7：插入"圆角矩形"，重复步骤6的操作，设置为绿色。

步骤8：在绿色圆角矩形中，插入"横排文本框"，输入"废弃的包装盒"。重复步骤8的操作。

步骤9：插入"圆角矩形"，重复步骤6的操作，设置为普蓝色。

步骤10：在普蓝色圆角矩形中，插入"横排文本框"，输入"马克笔"。重复步骤8的操作。

步骤11：插入"圆角矩形"，重复步骤6的操作，设置为紫色。

步骤12：在紫色圆角矩形中，插入"横排文本框"，输入"蜡笔"。重复步骤8的操作。

步骤13：插入"圆角矩形"，重复步骤6的操作，设置为黄色。

步骤14：在黄色圆角矩形中，插入"横排文本框"，输入"铅笔"。重复步骤8的操作。

步骤15：插入"圆角矩形"，重复步骤6的操作，设置为桃红色。

步骤16：在桃红色圆角矩形中，插入"横排文本框"，输入"剪刀"。重复步骤8的操作。

步骤17：插入"圆角矩形"，重复步骤6的操作，设置为湖蓝色。

步骤18：在湖蓝色圆角矩形中，插入"横排文本框"，输入"胶水"。重复步骤8的操作。

步骤19：在"插入"选项卡的"插图"组中，单击"SmartArt"。打开"选择SmartArt图形"对话框，在"循环"下拉列表中选择"射线循环"选项。

步骤20：在射线循环图形的中心圆中，输入"材料与制作"。

步骤21：在射线循环图形的圆外环中，按照逆时针顺序，依次插入剪贴画《纸娃娃》的六张制作步骤图。

步骤22：在"插入"选项卡上的"插图"组中，单击"图片"，在中心圆中，插入一张"小蜜蜂"图片。选中该对象，在"动画"选项卡上的"动画"组中，单击"自定义动画"。打开"自定义动画"任务窗格，单击"添加效果"，在"动作路径"下拉列表中单击"绘制自定义路径"，在下拉列表中选择"自由曲线"选项。在"开始"下拉列表中选择"之前"选项，在"路径"中选择"锁定"选项，在"速度"下拉列表中选择"慢速"选项。

步骤23：选中圆外环中的第一张步骤图，打开"自定义动画"任务窗格，单击"添加效果"，在"进入"下拉列表中选择"螺旋飞入"，在"开始"下拉列表中选择"之后"选项，在"速度"下拉列表中选择"快速"选项。

步骤24：依次选中第二张至第六张步骤图，重复步骤23的操作。

步骤25：选中绿色圆角矩形和文本框——"废弃的包装盒"，形成组合对象，打开"自定义动画"任务窗格，单击"添加效果"，在"进入"下拉列表中选择"升起"，在"开始"下拉列表中选择"单击时"选项，在"速度"下拉列表中选择"快速"选项。

步骤26：依次选中其他五个圆角矩形和文本框，重复步骤24的操作。幻灯片效果如图4-69所示。

第四张幻灯片，显示课题。制作步骤参考图4-65所示。幻灯片效果如图4-70所示。

至此，"猜一猜"模块制作完成。

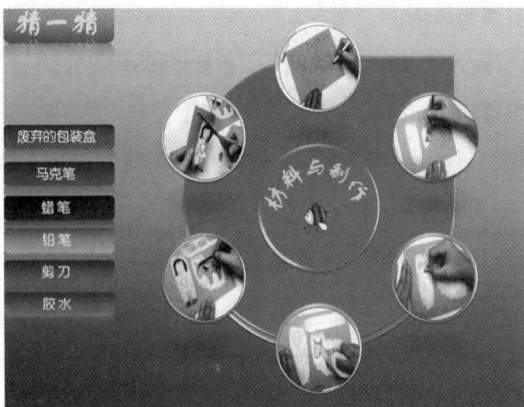

图4-69

图4-70

（二）讲授新课——看一看

1. 模块设计

"看一看"模块，包括模块标题页，以及"看各种工具"和"看精美作品"两个子模块。

"看一看"模块标题页，插入了课本内容的图片和韩国插画设计师李正贤创作的剪贴画。以富有构成感的页面设计，吸引学生的目光。

"看各种工具"子模块，展示铅笔、彩铅、蜡笔、圆珠笔、签字笔、水彩、彩色卡纸、剪刀、胶水等材料工具的图片。通过多样化的介绍，让学生选择自己喜欢的工具制作剪贴画。

"看精美作品"子模块，展示伊什特万·施里特尔、马克·布塔旺、摩特查·查希帝，沙拉·方纳利四位画家精美的手工拼贴画作品。这些作品选用的材料有卡纸、信封、便签纸、作业本等。目的是引导学生关注生活，善于利用身边容易找到的各种媒材。此外，课件中还标示出画家使用的各种工具，提示学生可以运用多种工具进行创作，从而丰富画面，增强表现力。

2. 模块制作

"看一看"模块由两个子模块组成，共6张幻灯片。

第一张幻灯片，模块标题页。制作步骤参考图4-67所示。效果如图4-71所示。

第二张幻灯片，"看各种工具"子模块。制作步骤参考图4-67所示。效果如图4-72所示。

第七至第十张幻灯片，"看精美作品"子模块。制作步骤参考图4-65所示。效果如图4-73至图4-76所示。

至此，"看一看"模块制作完成。

（三）讲授新课——比一比

1. 模块设计

"比一比"模块，包括"比一比"模块标题页，以及比色彩、比想象、比名家三个子模块。通过多角度的对比，强调制作剪贴画时应注意的要素。

"比一比"模块标题页，以图文结合的方式展示标题页的信息。

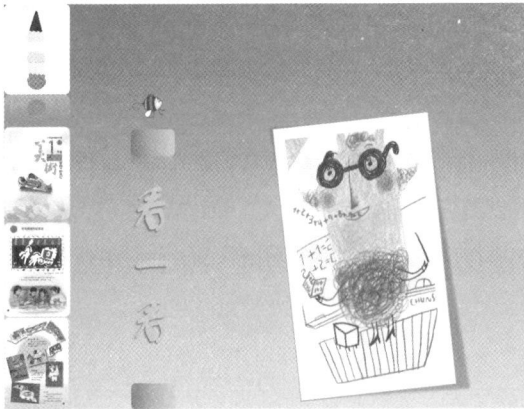

图4-71

图4-72

图4-73

图4-74

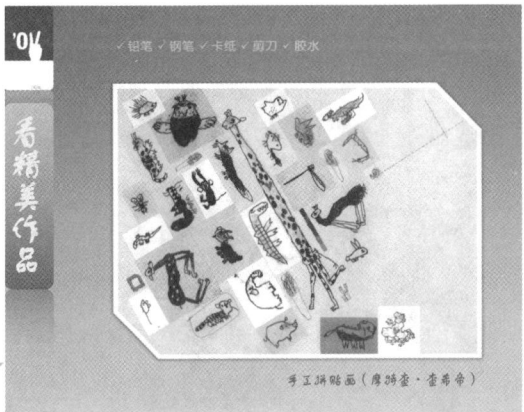

图4-75

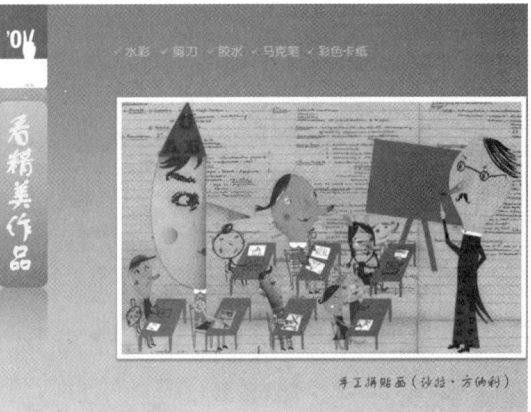

图4-76

"比色彩"子模块，展示儿童绘画艺术家琼瑟·阿什辛、大卫·休斯、伊什特万·施里特尔的三组作品，呈现单色、浅色、彩色三类不同色彩效果的手工拼贴画。通过具体案例，告诉学生怎样选择和搭配色彩，鼓励他们大胆尝试各种颜色。

"比想象"子模块，展示插画艺术家沙拉·方纳利、古斯塔沃·艾马尔极富想象力的手工拼贴画作品。旨在激发学生的创造力，鼓励学生自由表现、大胆创造。

"比名家"子模块，展示法国绘画大师马蒂斯和中国剪纸大师高凤莲的剪纸作品，比较中外剪纸不同的艺术特色。

2. 制作"比一比"模块

"比一比"模块共8张幻灯片。

第一张幻灯片，"比一比"模块标题页。制作步骤参考图4-67所示。效果如图4-77所示。

第二至第四张幻灯片，比色彩（单色）、比色彩（浅色）和比色彩（彩色）。制作步骤参考图4-67所示。效果如图4-78至图4-80所示。

图4-77

图4-78

图4-79

图4-80

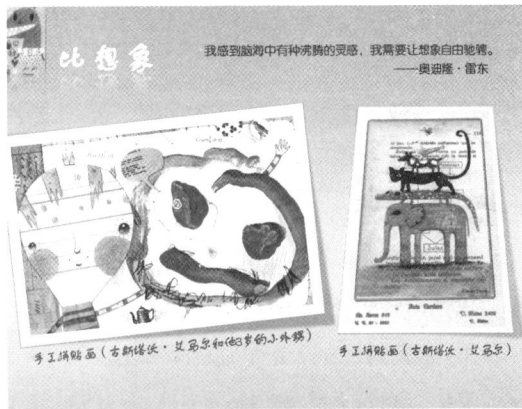

图4-81 图4-82

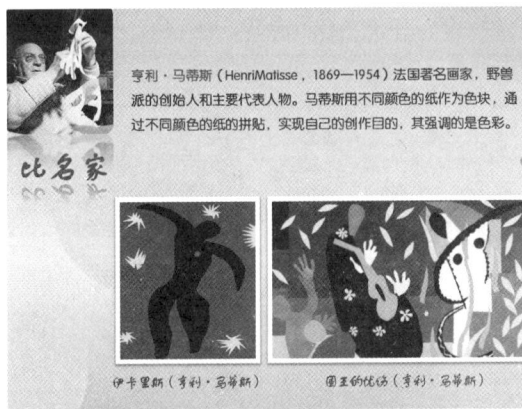
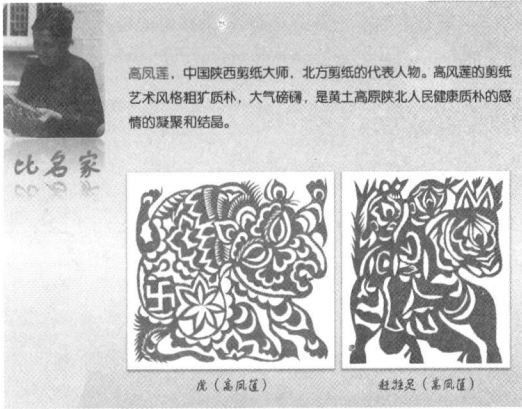

图4-83 图4-84

第五、六张幻灯片，比想象。制作步骤参考图4-67所示。效果如图4-81、图4-82所示。

第七、八张幻灯片，比名家。制作步骤参考图4-67所示。效果如图4-83、图4-84所示。

至此，"比一比"模块制作完成。

（四）讲授新课——做一做

1. 模块设计

经过猜一猜、看一看、比一比三个教学活动的铺垫，进入做一做模块。"做一做"模块，包括模块标题页，以及表现哪些内容和动手制作两个子模块。

"做一做"模块标题页，引用心理学家卡尔·荣格的名言："小的时候，做什么事让你感到时间过得飞快？这个答案就是你在尘世的追求。"在能够触动儿童心扉的语境中，诗意化地引出"做一做"模块。

"表现哪些内容"子模块，展示动物、人物、植物、风景等多种绘画题材。旨在拓宽学生的创作思路，丰富作品的表现内容。

"动手制作"子模块，请学生开始制作剪贴画并提出制作要求。

2. 制模块作

"做一做"模块由两个子模块组成，共6张幻灯片。

第一张幻灯片，做一做标题页。"比一比"模块标题页。制作步骤参考图4-67所示。效果如图4-85所示。

第二张至第五张幻灯片，"表现哪些内容"子模块。制作步骤参考图4-67所示。效果如图4-86至图4-89所示。

第六张幻灯片，课堂动手制作。制作步骤参考图4-67所示。效果如图4-90所示。

至此，"做一做"模块制作完成。

（五）课后作业

1. 模块设计

"课后作业"模块，对本课教学内容进行巩固和延展。鼓励学生课后运用剪、撕、画、贴的方法去

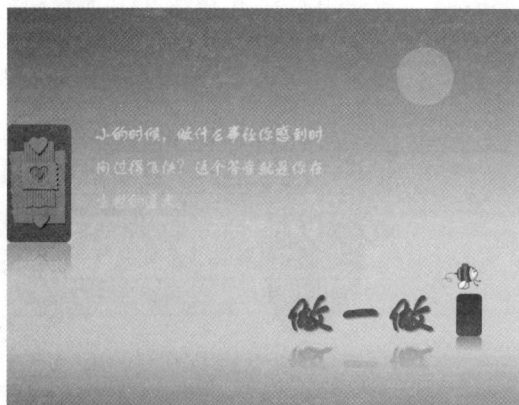

图4-85

图4-86

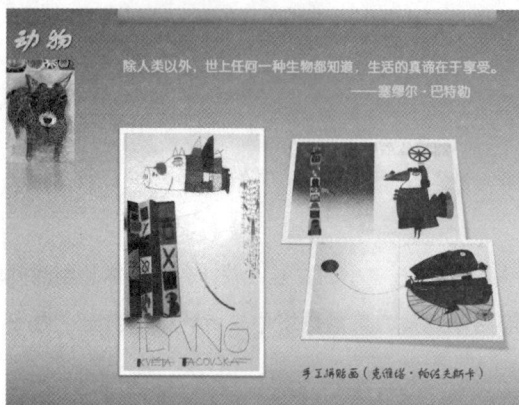

图4-87

图4-88

美化学习用品，或制作一些小贺卡、小挂画美化自己的生活和环境。

2. 模块制作

"课后作业"模块只有一张幻灯片。制作步骤参考图4-67所示。效果如图4-91所示。

至此，整个课件制作完毕。

图4-89

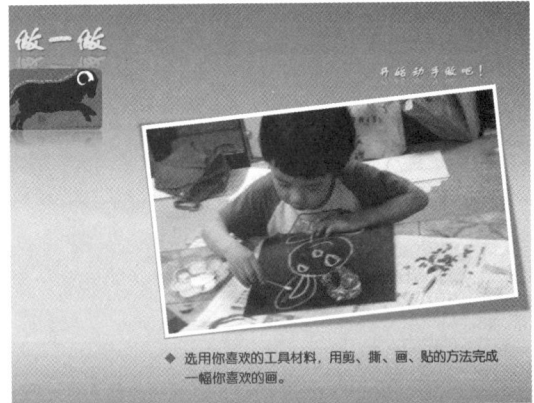

图4-90

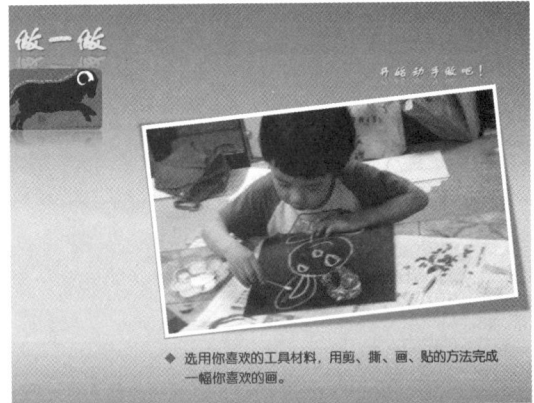

图4-91

思考与练习：

选择中小学美术教材中的一个单元，进行教学设计与教学课件制作。

第五章 Macromedia Authorware 7.0 软件概述

Macromedia Authorware是一款功能强大、易学易用的多媒体课件制作软件。因其采用面向对象的设计思想，直观的流程线式程序开发思路而提升了多媒体课件开发的质量与速度，用户不需要掌握高深的编程技巧，只需要将软件提供的图标拖放到流程线上，然后将教学素材添加到图标中，再利用图标设置画面的显示、页面的跳转和内容的交互等，就可以制作出能包含文字、声音、图像、动画等多种媒体的CAI课件。当前最为流行的Authorware 7.0版本较以前的版本有了很大的改进与提高，本章将以Authorware 7.0简体中文版为例介绍如何制作交互型多媒体课件。

第一节　Authorware 7.0基本概述

一、启动Authorware

启动Authorware主要有三种方法：

第一，单击任务栏"开始"→"程序"→"Macromedia"→"● Macromedia Authorware 7.0"菜单命令，即启动Authorware 7.0。

第二，双击桌面上的Authorware 7.0快捷方式图标 ，即启动Authorware 7.0。

第三，双击计算机中已有的Authorware文件（扩展名为.a7p的文件），即可启动Authorware，同时打开该文件。

二、Authorware工作界面

使用上述前两种方法启动Authorware 7.0之后，在进入Authorware7.0主要工作界面之前，系统会显示Macromedia Authorware 7.0的欢迎界面，单击鼠标、按任意键或等待片刻，欢迎界面将消失。欢迎界面消失之后，软件出现"新建"对话框，如图5-1所示。

在此用户选择"取消"或者"不选"，跳过该步骤，即进入Authorware 7.0工作界面。为了便于介绍，这里我们打开程序"工作界面说明.a7p"。（图5-2-1、图5-2-2）

Authorware 7.0工作界面主要由标题栏、菜单栏、常用工具栏、程序设计窗口、控制面板、编辑工具箱、浮动面板、图标工具栏、演示窗口、属性面板等十个部分组成。下面将简要介绍编程入门时必须掌握的几个部分。

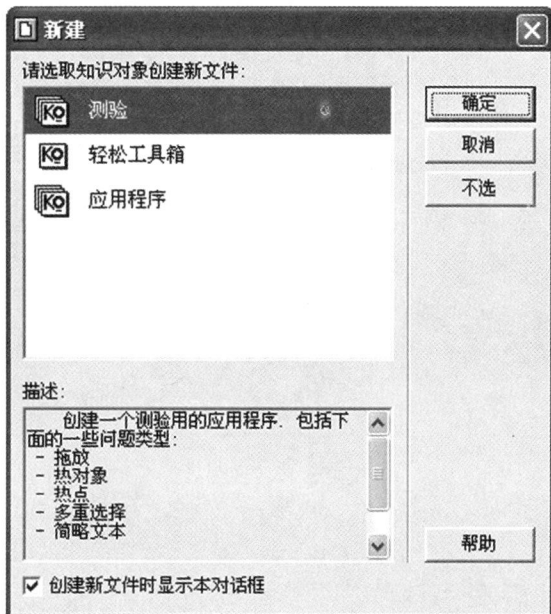

图5-1 新建

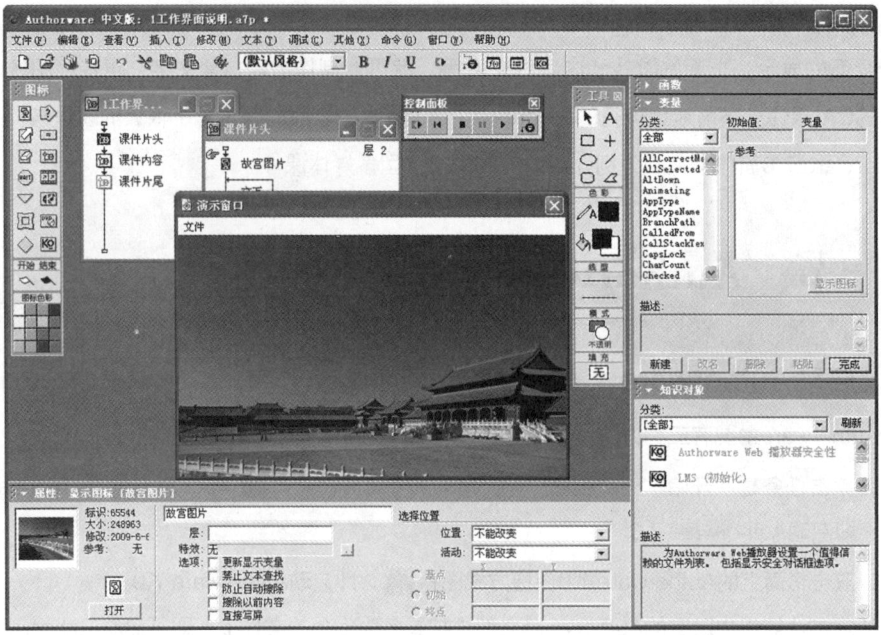

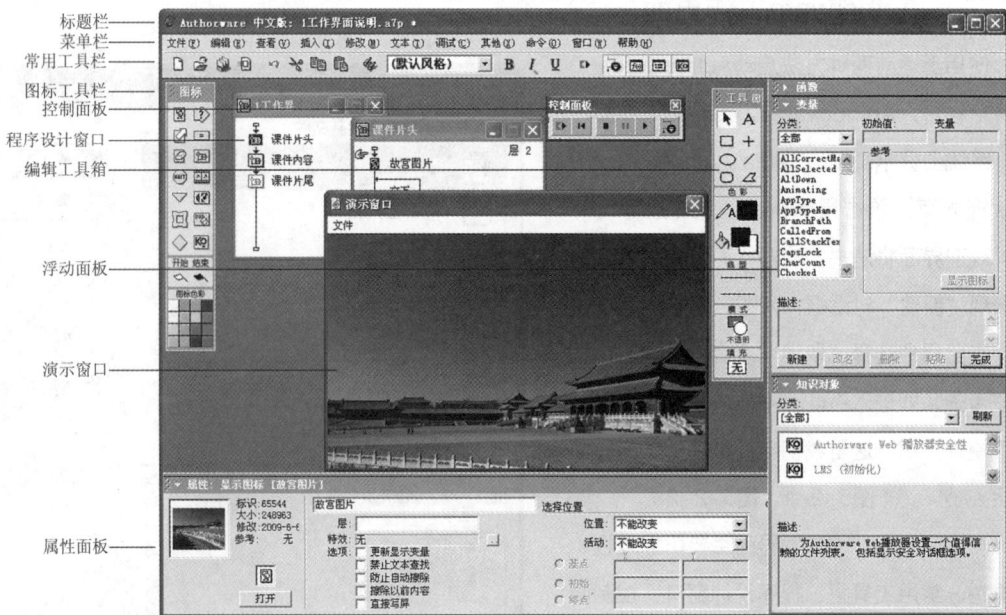

Authorware 中文版：1工作界面说明.a7p
文件(F) 编辑(E) 查看(V) 插入(I) 修改(M) 文本(T) 调试(C) 其他(X) 命令(O) 窗口(W) 帮助(H)
演示窗口
控制面板
属性：显示图标［故宫图片］

图5-2-1 界面

标题栏
菜单栏
常用工具栏
图标工具栏
控制面板
程序设计窗口
编辑工具箱
浮动面板
演示窗口
属性面板

图5-2-2 界面

（一）图标工具栏

对图标工具栏中的图标知识的了解是学习Authorware时应重点掌握的内容。图标工具栏一般位于Authorware工作界面的最右边，其中有十四个功能各异的图标，它们是进行多媒体课件开发的"积木"。在十四个图标的下方有两个"标志旗"，它们用于程序的运行调试，最下方是调色板。其中文名称与功能说明见表5-1所示。

表5-1 图标工具栏各图标及功能说明

图 标	中文名称	功 能 说 明
	显示	显示图标用于在演示窗口显示文本、图形、图像等静态媒体。用户可以通过使用系统自带的"编辑工具箱"在显示图标中输入文本、绘制图形，也可以通过导入命令导入图像。该图标最为常用
	移动	移动图标通过移动显示图标对象实现简单动画。Authorware 提供了五种移动类型
	擦除	用于擦除演示窗口中显示的对象
	等待	等待图标的作用在于使程序运行暂停，可以预设等待时间或通过单击任意键或单击鼠标使程序继续运行
	导航	导航图标用于制作超链接（一般与框架图标配合使用）以产生程序的跳转；
	框架	用于制作超链接（一般与导航图标配合使用），其内含 1 个灰色导航面板和 8 个导航按钮
	判断	实现逻辑判断，决定分支程序运行去向
	交互	交互图标是 Authorware 制作交互型课件的核心图标，其提供 11 种交互类型，基本上满足了用户的需要。该图标实现了人机交互
	计算	该图标用于书写程序脚本语言
	群组	群组图标主要用于将功能相关的图标组合为一个群组图标，以实现程序结构的清晰化与模块化管理
	数字电影	用于导入多种格式的视频、动画媒体，并提供了相关播放控制
	声音	用于导入多种格式的音频文件，并提供了相关播放控制
	DVD	用于在程序中引入 DVD 视频，该图标的属性能够对 DVD 视频的字幕、视窗大小、播放起始点进行控制。另外，系统增加了针对 DVD 控制的一些函数、变量等，以方便用户的操作
	知识对象	用户通过该图标实现知识对象的调用、管理等

图 标	中文名称	功 能 说 明
（图标）	开始	开始标志旗用于调试程序，将该标志旗放于流程线上，当运行程序时，Authorware 会从该标志旗处运行程序，而不是从流程线的开始点处运行
（图标）	停止	停止标志旗也是用于调试程序，将该标志旗放于流程线上，当运行程序时，Authorware 会运行到该标志旗处停止运行，而不是一直运行到流程线的结束点
（图标调色板）	图标调色板	用于给流程线上选定的图标加上颜色，其本身对程序运行不会带来任何影响，只是为用户区分图标带来方便

（二）程序设计窗口

程序设计窗口是进行Authorware多媒体课件开发的"主战场"，程序中的图标由一条主流程线串联。程序设计窗口有多层，但第一层程序设计窗口只能有一个。程序设计窗口的组成如图5-3-1、图5-3-2所示。

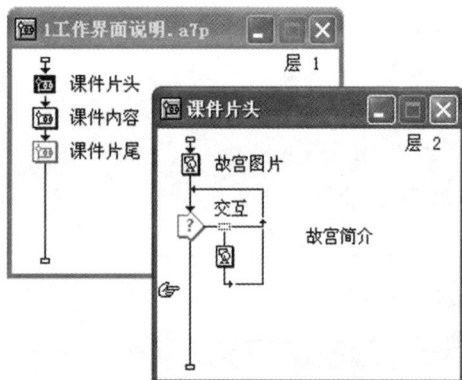

图5-3-1 程序设计窗口

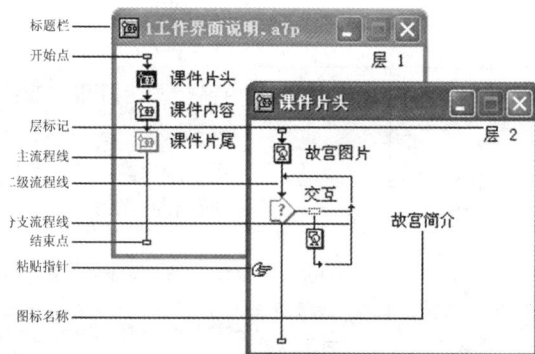

图5-3-2 程序设计窗口

（三）演示窗口

演示窗口为多媒体课件用户显示的窗口。在程序的设计过程中，选择"调试"菜单下的"播放"命令，或者直接单击常用工具栏上的 （图标）运行按钮，可以显示该窗口。演示窗口由标题栏、系统"文件"菜单和显示区域组成，如图5-4所示。用户可以通过"修改"→"文件"→"属性"对演示窗口的标题栏、菜单栏、窗体的大小、位置、颜色等进行设置。

图5-4 演示窗口

三、Authorware的基本操作

Authorware的基本操作主要涉及图标与文件的操作。

（一）图标的操作

图标的熟练操作是使用Authorware关键的第一步。图标的基本操作包括：图标的建立与命名、图标的选择、群组与取消群组、图标的预览、图标的复制、移动与删除等。

1. 图标的建立

拖动法。首先在"图标工具栏"中找到所需的图标，如"显示图标"[图]，将鼠标指向该图标，然后按住鼠标左键不放，拖动该图标到程序设计窗口的流程线上，释放鼠标左键。这样在流程线上就创建了一个名称为"未命名"的显示图标。

菜单法。首先将鼠标在流程线上需要创建图标处单击，出现"粘贴指针"[图]，然后单击菜单"插入"→"图标"，在图标的层叠菜单中有与"图标工具栏"中的一致的十四种图标，单击选择相应的图标，在流程线上就增加了一个图标。

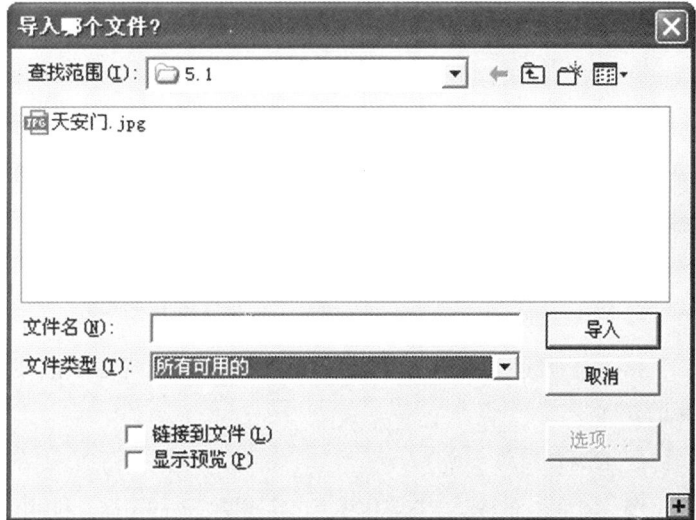

图5-5 导入文件

导入法。首先将鼠标在流程线上单击，这时流程线出现粘贴指针，单击常用工具栏上的"导入" 按钮，弹出一个"导入哪个文件？"的对话框，如图5-5所示。这里我们选择"天安门.jpg"这个图片文件，然后单击"导入"按钮，这时在流程线上自动创建名称为"天安门.jpg"的显示图标，如图5-6所示。

2. 图标的命名

在程序设计窗口中，用鼠标单击图标名称，使其反色显示，此时即为改写状态。输入需要的名称之后，在设计窗口空白处单击，图标命名完毕。

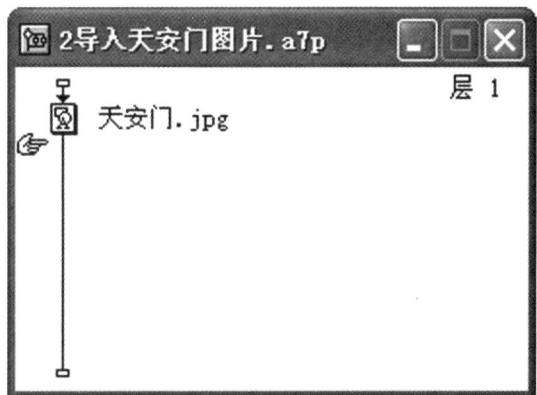

图5-6 导入文件

3. 图标的选择

单选。即选择一个图标，单选只需用鼠标单击该图标即可。

多选。如果选择连续的图标，只需用鼠标框选，即将鼠标指针放在图标外的空白处，按住鼠标左键，拖拽出一个矩形框，然后释放鼠标，被矩形框包围的图标则反色显示，表示被选中。如果选择不连续的图标，则需要按住"Shift"键的同时，用鼠标单击相应的图标。

4. 图标的群组与取消群组

建立群组。选中需要群组的图标（可以是单个图标或框选的多个图标，利用"Shift"选择的不连续图标不可以群组），单击"修改"→"群组"菜单命令，或者使用快捷键"Ctrl + G"，则在流程线上生成一个"未命名"群组图标，即完成群组过程。

取消群组。如果取消群组，则选择需要取消群组的"群组图标"，单击"修改"→"取消群组"菜单命令，或者使用快捷键"Ctrl + Shift + G"，系统则将该"群组图标"内的图标释放流程线上，该"群组图标"自动被删除。

5. 图标的复制

■ 在流程线上选定需要复制的图标，使用快捷键"Ctrl + C"将图标复制到剪贴板中。

■ 在流程线上鼠标单击需要复制的目标位置，出现粘贴指针☞，使用快捷键"Ctrl + V"即完成图标的复制。

6. 图标的移动

■ 单个图标的移动。在流程线上选定需要移动的图标，利用鼠标左键将其拖动至目标位置，释放鼠标左键即完成单个图标的移动。

■ 多个图标的移动。第一步，在流程线上选定需要移动的多个图标，使用快捷键"Ctrl + X"将图标剪切到剪贴板中。第二步，在流程线上鼠标单击需要移动的目标位置，出现粘贴指针☞，使用快捷键"Ctrl + V"即完成多个图标的移动。

7. 图标的删除

选定流程线上需要删除的图标，按Delete键即可。

8. 图标的颜色

一般默认情况下，如果一个图标颜色显示为灰色，如图5-7中的"显示图标2"，表明该图标内容自创建后没有被改动；而"显示图标1"的图标是黑色，则表示该图标内容被修改过。

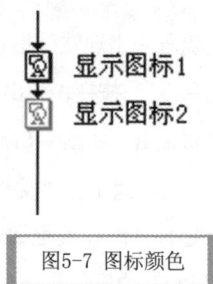

图5-7 图标颜色

（二）文件的操作

Authorware的文件操作涉及程序文件建立、保存、打开以及文件属性设置等。

1. Authorware文件的建立

■ 启动Authorware7.0之后，出现一个"新建"对话框，单击"取消"或"不选"，系统会自动建立一个名为"[未命名]*"的程序文件。

■ 启动Authorware7.0之后，单击"文件"→"新建"→"文件"菜单命令，或使用快捷键"Ctrl +

N"新建一个Authorware文件。

■ 单击常用工具栏的"新建" ⬜ 按钮，新建一个Authorware文件。

2. Authorware文件的保存

单击"文件"→"保存"菜单命令，或者直接使用快捷键"Ctrl + S"，或者单击常用工具栏的"保存" ⬜ 按钮，会弹出一个"保存文件为"的对话框，用户可以更改保存位置与键入文件名，然后单击"保存"按钮即可。

3. Authorware文件属性的设置

新建一个Authorware文件之后，我们需要对课件的背景、演示窗口的大小、位置、标题栏、菜单栏进行设置。设置文件属性是通过设置"文件属性"面板实现的。

（1）调出"文件属性"面板

方法一：选择"修改"→"文件"→"属性"菜单命令，或者直接使用快捷键"Ctrl + Shift + D"，即可调出该面板，如图5-8所示。

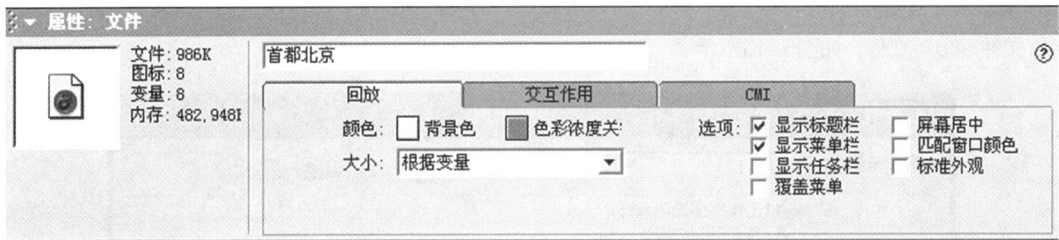

图5-8 文件属性

方法二：选择"窗口"→"面板"→"属性"菜单命令，或者直接使用快捷键"Ctrl + I"，即可调出该面板。

（2）文件属性的主要选项设置

选项一：设置"背景色"。系统默认演示窗口背景色为白色，单击"背景色"左边的颜色框，弹出一个"颜色"对话框，如图5-9所示。单击所需的颜色方格，单击"确定"按钮即可。如果对话框中没有符合要求的颜色，单击"定制"按钮定制色彩。

选项二：设置演示窗口的"大小"。一般选择"800×600（SVGA）"。如果列表中没有用户要求的尺寸，可以选择"根据变量"。

选项三：设置"显示标题栏"。该选项决定演示窗口是否显示标题栏，一般不选择。

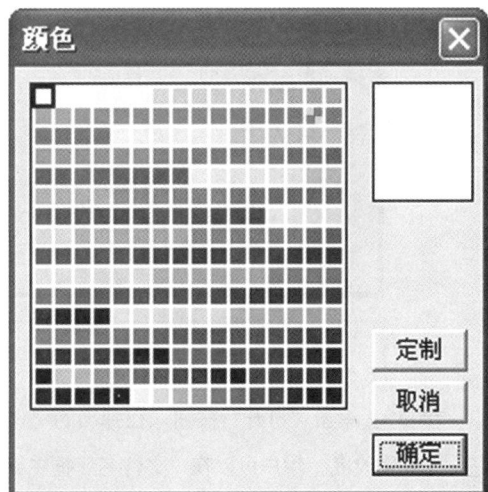

图5-9 颜色框

选项四：设置"显示菜单栏"。该选项决定演示窗口是否显示菜单栏。当选择此项时，系统会自动在该文件的演示窗口中增加一个初始化菜单文件。如果课件中不涉及菜单，最好不要选择该项。

选项五："屏幕居中"。该选项决定课件演示窗口是否居于屏幕的中央，一般选择此项。

4. 打开Authorware文件

（1）打开扩展名为".a7p"的文件

方法一：在Windows窗口中，找到该文件，直接双击鼠标即可打开该文件。

方法二：通过Authorware7.0的"文件"菜单中的"打开"子菜单的"文件"命令，或者使用快捷键"Ctrl＋O"，弹出的"选择文件"对话框，找到所需打开的文件，单击选中，单击"打开"按钮即可。

方法三：通过打击"常用工具栏"上的"打开"按钮 ，弹出"选择文件"对话框，操作方法与方法二相同。

（2）打开Authorware早期版本生成的文件

步骤1：启动Authorware7.0。

步骤2：利用前面所述的方法，弹出"选择文件"对话框，选择所需打开的文件，如本例的"早期AW文件.a6p"文件，如图5-10所示。

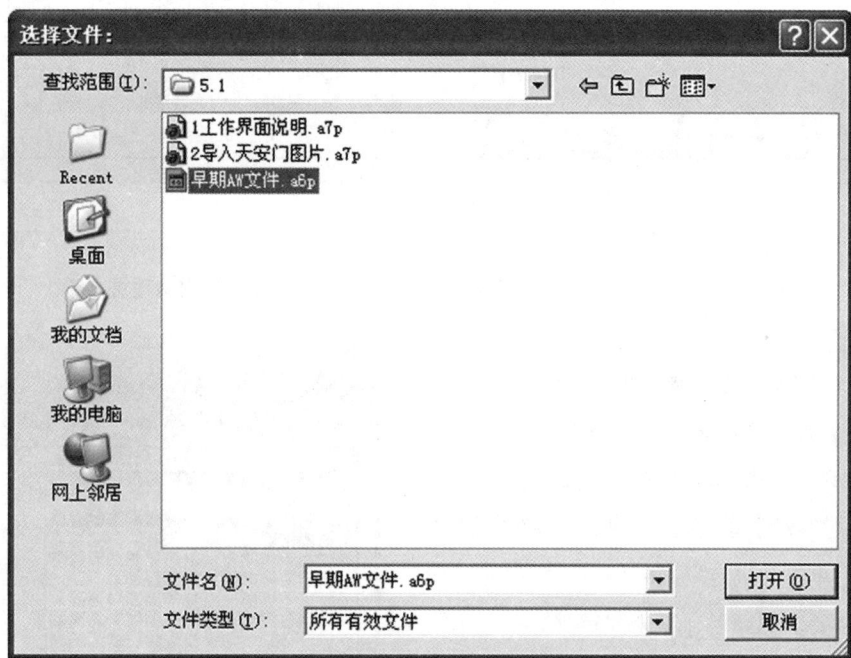

图5-10 打开早期版本

步骤3：单击"打开"按钮，在弹出的"保存文件为"对话框中，如图5-11所示，单击"保存"按钮。（如需改名，用户可以在"文件名"框中键入）

步骤4：单击"保存"按钮之后，系统会出现Authorware文件格式转换进度条。转换结束，系统会自动打开新版本的"早期AW文件.a7p"。

图5-11 打开早期版本

四、退出Authorware

当文件保存后，如需退出Authorware，可以按以下方法退出：

第一，单击"文件"→"退出"菜单命令即可。

第二，单击Authorware标题栏最右侧的"关闭" ⊠ 按钮。

第三，单击Authorware标题栏最左侧的系统图标 ◎ ，选择控制菜单中的"关闭"菜单项（图5-12），或者使用快捷键"Alt＋F4"即可退出Authorware 7.0。

第四，双击Authorware标题栏最左侧的系统图标 ◎ 。

图5-12 关闭

第二节 Authorware基础制作

Authorware的基础制作主要介绍文本、图形、图像、声音、视频、动画等多种媒体如何加入到Authorware课件中，以及等待、擦除、移动图标的使用。

一、多媒体素材的加入

（一）文本的编辑与文本文件的导入

1. 认识"编辑工具栏"

步骤1：启动Authorware 7.0，新建一个Authorware文件。

步骤2：调出"文件属性"面板，设置文件的"背景色"为红色，修改文件窗口"大小"为"根据变量"，以便根据用户的需要更改演示窗口大小，并选择"显示标题栏"（Title Bar）与"屏幕居中"，取消选择"显示菜单栏"。

步骤3：用鼠标拖拽一个"显示图标" 到流程线上，更改该图标名称为"封面"。

步骤4：双击"封面"显示图标，会显示一个背景色为红色的演示窗口与"编辑工具箱"。（图5-13至图5-15）

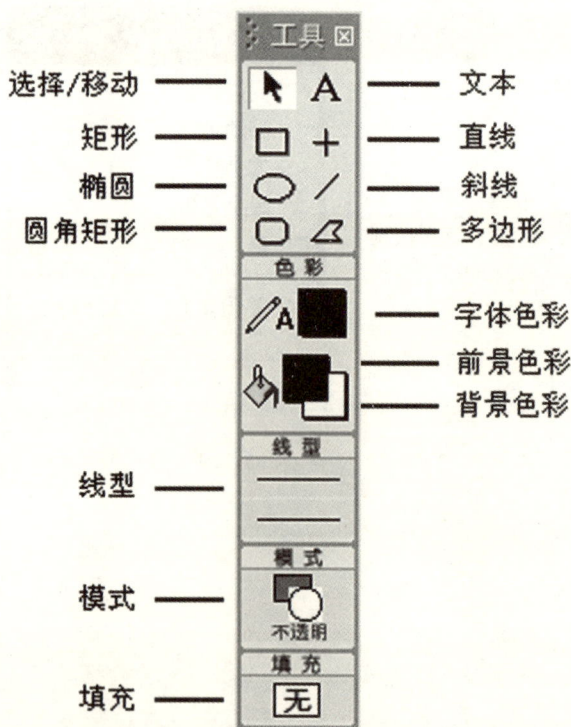

图5-13 编辑工具栏

图5-14 拾色器

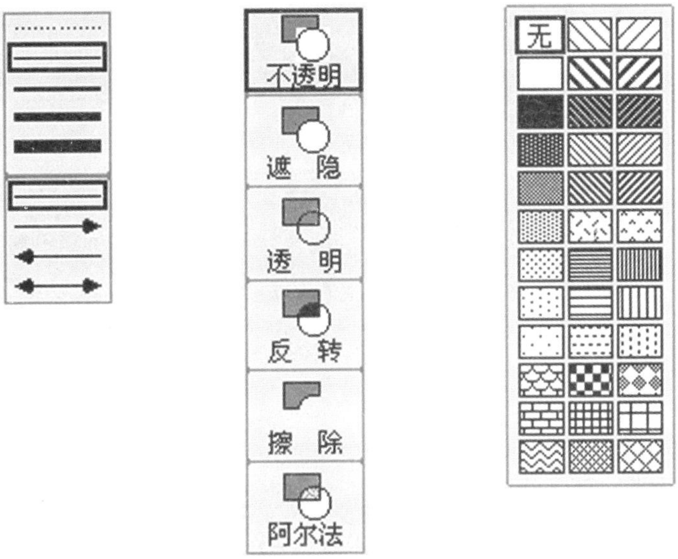

"线型"（Lines）"透明模式"（Modes）　"填充"（Fills）
　　面板　　　　　　　面板　　　　　　　　面板

图5-15

2. 文本的编辑

（1）创建文本

步骤1：鼠标单击编辑工具箱中的"文本"工具，在演示窗口中单击鼠标，则演示窗口中出现文本框编辑区域，如图5-16-1、图5-16-2所示。（为介绍方便，段落缩进标志位置有所移动）

图5-16-1 文本框

图5-16-2 文本框

段落左缩进
文本框左边界
段落首行缩进
输入提示符
段落右缩进
文本框右边界

步骤2：输入文本。这里输入"九年制义务教育中国历史篇"。

（2）设置文本效果

更改字体。选中文本，单击"文本"→"字体"→"其他"，出现一个"字体"对话框，在字体对话框的下拉列表中选择一种字体，这里选择"华文中宋"。

改变字号。选中文本，单击"文本"→"大小"，出现字号选择菜单，选中一个数值。这里选择"18"。如果所需字号菜单里没有，可以选择"其他"，在弹出的"字体大小"对话框中输入一个磅值即可。

改变字形。如果需要对文本设置加粗、斜体、下划线，则可以在选中文本之后，单击"文本"→"风格"，选择相应的菜单命令进行设置。这里选择"加粗"菜单命令。

改变文本颜色。选中文本，单击编辑工具箱中的"颜色"右侧的方框，在弹出的"拾色器"中选择相应的颜色方格即可。本例没有改变文本颜色，而是使用其默认值"黑色"。

移动文本。鼠标选择编辑工具箱中的"选择/移动"工具，单击刚才使用文本工具建立的文本框对象，文本对象周围出现六个控制点（拖动控制点可以调整文本区域大小）。将鼠标移至文本对象边缘处拖动，可以移动。

文本透明设置。使用"选择/移动"工具选择文本框，选中该对象，然后单击编辑工具箱中的"模式"，选择"透明模式"面板中的"透明"，则文本框的白色底色被清除。如图5-17、图5-18所示。重复上述操作，并保存Authorware文件为"素材范

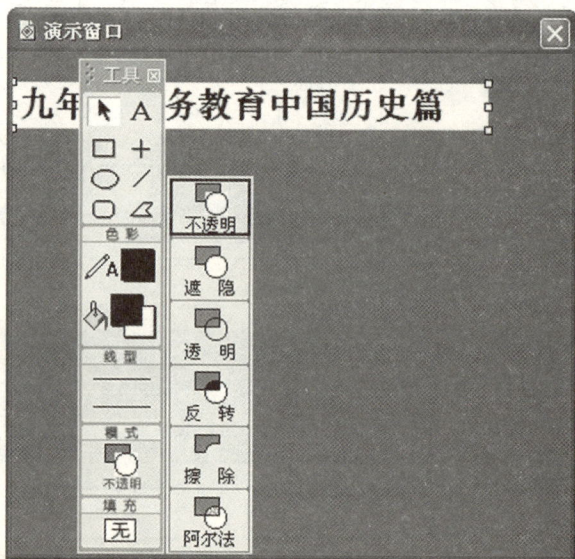

图5-17 文本不透明

例.a7p"。最终效果如图5-19所示。

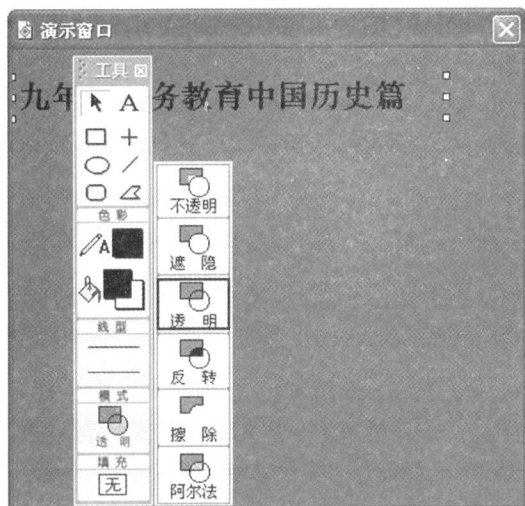

图5-18 文本透明

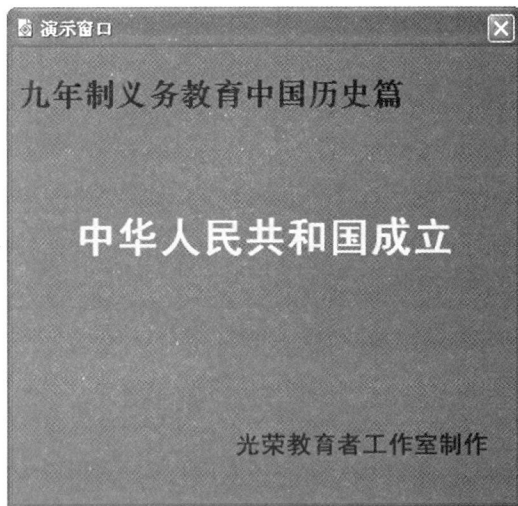

图5-19 文本效果

3. 导入文本文件

Authorware 7.0支持将外部的文本文件（如扩展名为TXT、RTF的文件）导入到显示图标中。下面继续设计"素材范例.a7p"。

步骤1：拖拽一个显示图标到流程图上，命名为"文字说明"，双击该显示图标，打开演示窗口。

步骤2：单击常用工具栏上的"导入"按钮，弹出一个"导入哪个文件"对话框，如图5-20所示。

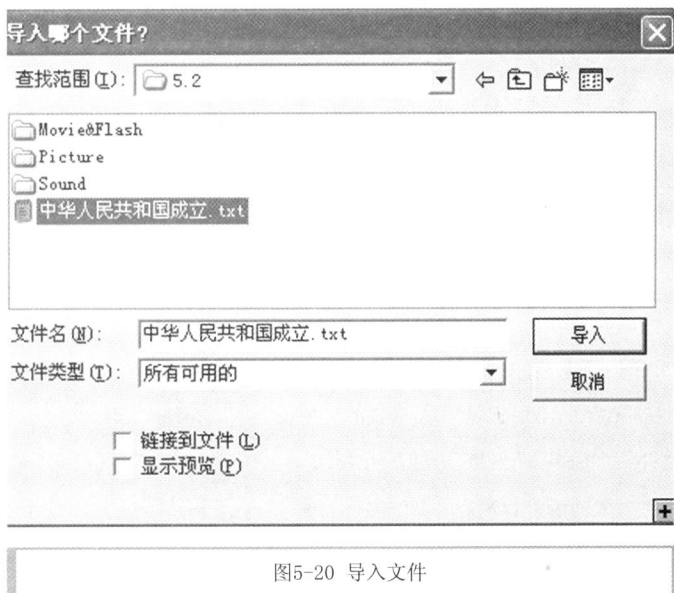

图5-20 导入文件

步骤3：选择"导入"按钮。弹出如图5-21所示的"RTF导入"对话框。

步骤4：选择"文本对象"选项中的"滚动条"选中，单击"确定"按钮，出现一个导入进度条。进度条对话框显示时间因导入文件的大小而异，一般导入完毕自动关闭。导入结果如图5-22所示。

步骤5：对导入的文本进行字体、透明模式、位置、大小、段落等方面的设置。最终效果如图5-23所示。

图5-21 导入对话框

图5-22 导入对话框

图5-23 导入文件

（二）图片文件的引入

Authorware支持多种格式的图片文件，如BMP、JPEG、GIF、PNG、TIFF等多种格式的图片。继续设计"素材范例.a7p"。

步骤1：拖拽一个显示图标圖到流程图上，命名为"开国大典"，双击该显示图标，打开演示窗口。

步骤2：单击常用工具栏上的"导入"按钮🖳，弹出一个"导入哪个文件"对话框，如图5-24所示。

提示：若选中对话框中的"链接

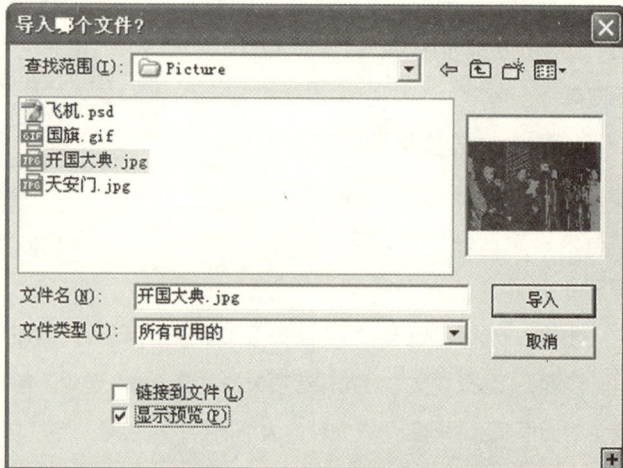

图5-24 导入文件

到文件"选项，则该图像文件不会被打包到Authorware可执行文件中，一般不选择；"显示预览"选项用于在对话框右侧是否显示选中图片的缩略图，一般选择。

步骤3：选择"Picture\开国大典.jpg"图片。单击"导入"按钮，图片被导入到"开国大典"显示图标内。

步骤4：更改图片的位置、大小。使用"编辑工具箱"中的"选择/移动"工具选择图像，拖动其四周的控制点以调整图片的大小，释放鼠标，会跳出一个确认对话框，询问是否确定调整，单击"确定"即完成调整大小，单击"取消"，则撤销调整，恢复以前大小。

提示：如果按图片大小比例调整，在用鼠标调整的同时，按下Shift键即可。

步骤5：至此，"素材范例.a7p"文件中已经加入了三个显示图标。如果想知道运行效果，需要运行、调试程序。

（三）程序的运行与调试

1. 运行与调试的方法

方法一：单击"调试"→"重新开始"或者使用快捷键"Ctr+R"，该程序从流程线的"开始点"开始运行，一直运行到"结束点"。（提示：如果使用"调试"→"播放"菜单命令，程序则从停止处继续执行）

方法二：单击常用工具栏上的"运行"按钮▮▶即可运行该程序。功能与"调试"中的"重新开始"菜单一致。

方法三：使用"控制面板"运行、调试程序。

2. "控制面板"的说明

步骤1：调出控制面板。单击"窗口"→"控制面板"菜单命令或常用工具栏上的"控制面板"按钮▮即调出该面板，如图5-25所示。

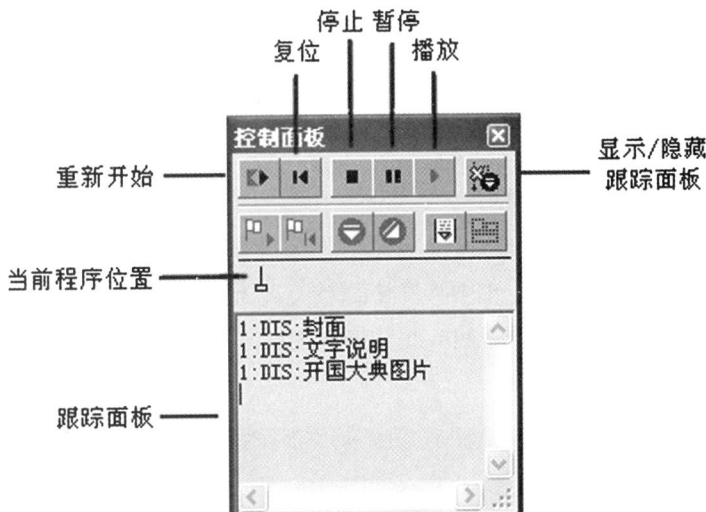

图5-25 控制面板

步骤2：跟踪面板是与控制面板配合使用的，单击"显示/隐藏跟踪面板"按钮 即可显示跟踪面板。Authorware将在这个面板中报告程序执行的情况，这样用户可以清楚地了解到各种图标被执行的情况。

步骤3：运行程序"素材范例.a7p"，依次显示相关图标的内容。

提示：当程序处于运行状态时，显示对象会被鼠标拖动，这在很多时候是不希望发生的。下面，介绍如何使显示对象在运行状态时在演示窗口中的位置不变。（以"素材范例.a7p"为例）

步骤1：右键单击流程线上的"开国大典图片"显示图标，弹出一个快捷菜单。如图5－26所示。

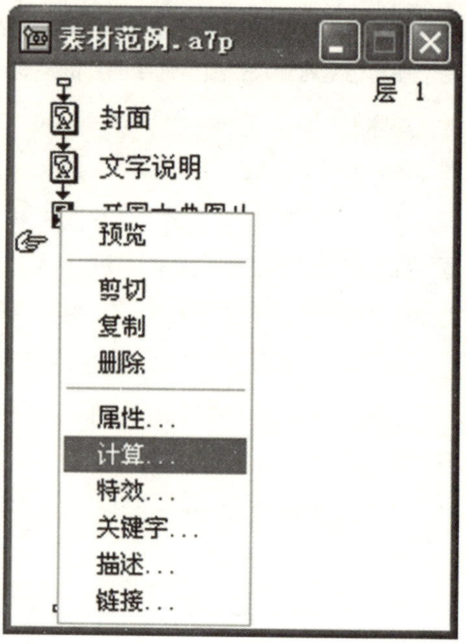

步骤2：选择"计算"菜单命令，调出代码编辑器，在编辑框中输入"Movable=0"即可，如图5－27所示。关闭编辑器，弹出确认对话框，单击"确定"

图5-26 图标计算属性

（OK）按钮即可。

步骤3：这时在"开国大典.jpg"显示图标的左上部出现了一个"＝"，表明该图标设置了代码程序。（如果需要修改代码，只需鼠标双击"＝"号即打开代码编辑器）

步骤4：运行程序，此时开国大典图片则不能被鼠标拖动。

图5-27 图标计算代码

（四）等待与擦除图标的使用

当程序"素材范例.a7p"被运行之后，在演示窗口内几乎同时显示三个显示图标的内容。下面，我们继续设计该程序，以实现当显示下一图标内容时有暂停，单击鼠标或按任意键继续运行下面图标，并且擦除以前的内容。这里要用到"等待"图标和"擦除"图标。

1. 等待图标

步骤1：从图标工具栏中拖拽一个"等待"图标 到流程线上"封面"显示图标的下方，并命名为"等待"。

步骤2：双击该图标，显示如图5-28所示的"属性：等待图标"属性面板。

提示："单击鼠标"与"按任意键"选项。表示当程序运行到该等待图标时，单击鼠标或按任意

图5-28 等待属性

键，程序继续运行下面的图标。

"时限"选项。表示程序运行到该图标时需要等待的时间限制。当等待时间超过时限，程序自动继续运行后面的图标。当输入需要的秒数时，"显示倒计时"选项被激活，该选项决定是否在演示窗口显示一个提示"时钟" 。

"显示按钮"选项。该选项决定是否在演示窗口显示一个提示"继续"按钮 。如果要运行下面的程序，则需单击此按钮。

提示：该按钮的标签、样式可以通过"文件属性"面板的"交互"选项卡中的相关选项进行编辑、设置。

步骤3：这里我们选择"单击鼠标"和"按任意键"两项，其余都不选。

步骤4：复制该"等待"图标，在流程线粘贴两次。结果如图5－29所示。

步骤5：保存并运行程序，先显示"封面"内容，然后单击鼠标或按任意键，显示下面的内容。

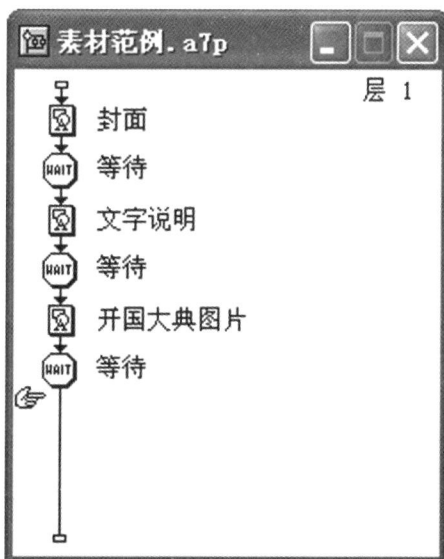

2. 擦除图标

以上是三个显示图标的内容叠加，演示窗口中的内容还是比较乱。下面，有必要介绍一下课件内容的擦除知识。课件在运行中，有时需要对一些不需要的对象内容予以清除。Authorware中提供了两种擦除课件内容方式：使用"显示图标"本身属性擦除与使用"擦除图标"擦除。继续以"素材范例.a7p"为例说明。

图5-29 效果

（1）设置"显示图标"属性以擦除内容

步骤1：单击"文字说明"显示图标，使用快捷键"Ctrl＋I"调出该显示图标的"属性面板"，选择"擦除以前内容"选项，其他选项都不选（默认值也是未选）。

步骤2：运行程序，出现"封面"，单击鼠标或按任意键，显示"文字说明"，同时"封面"内容自动被擦除。

步骤3：用同样的方法对"开国大典图片"显示图标进行属性设置。最后保存文件。

（2）使用"擦除图标"功能以擦除内容

步骤1：在"素材范例.a7p"的流程线上增加一个"擦除图标" ，命名为"擦除开国大典图片"。

步骤2：运行程序，当显示"开国大典图片"时，再单击鼠标或按任意键，这时"擦除图标"属性面板自动显示出来。

步骤3：单击显示窗口中的开国大典图片，显示窗口中的图片即被擦除，并且"开国大典图片"的显示图标也出现在面板的"被擦除的图标"栏中。（图5-30）

步骤4：如果希望内容在擦除时有一定的过渡特效，单击属性面板"特效"右侧的 ■ 选择按钮，弹出如图5-31所示的"擦除模式"对话框。

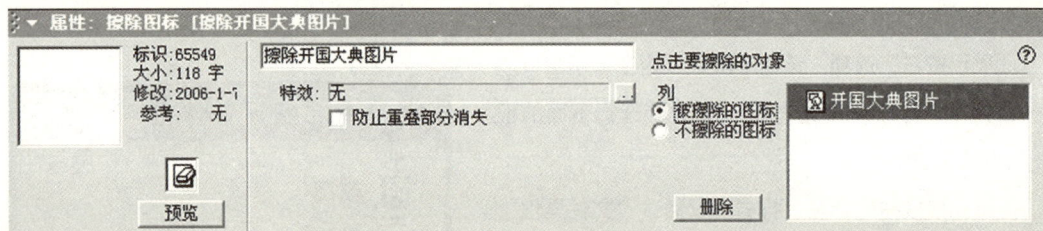

图5-30 擦除开国大典

步骤5：选择一种擦除特效，本例选择"以开门方式"，设置"周期"为"1"秒，"平滑"为"48"。

步骤6：至此，程序设计如图5-32所示。

步骤7：将已有程序图标群组。因为程序设计到现在，流程线上已有7个图标，占有了不少空间，虽然程序设计窗口可以调整大小，为了使程序功能清晰化与管理模块化，需要将这七个图标群组。框选七个图标，使用菜单"修改"→"群组"菜单命令或快捷键"Ctrl+G"，这时流程线上创建了一个内容包含七个

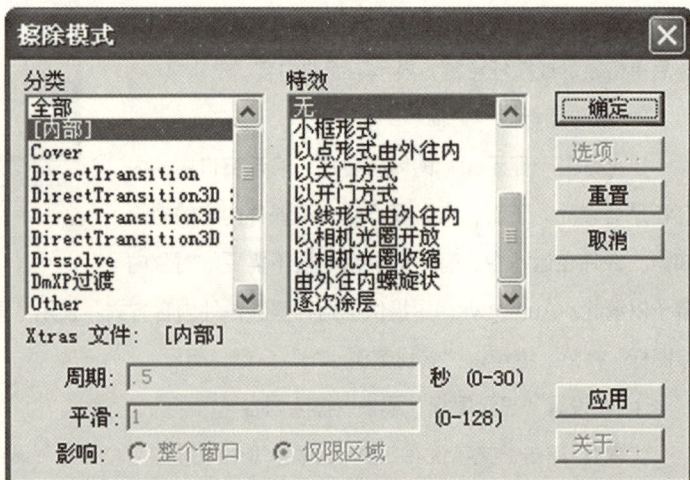

图5-31 擦除开国模式

图标的群组图标，重新命名为"文本与图片部分"，如图5-33所示。

步骤8：运行程序，查看效果，并保存程序。

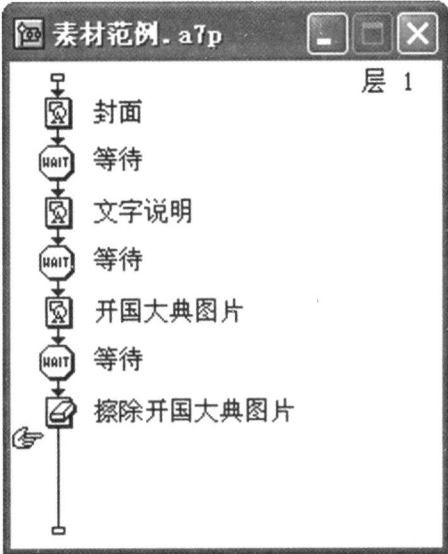

图5-32 擦除效果

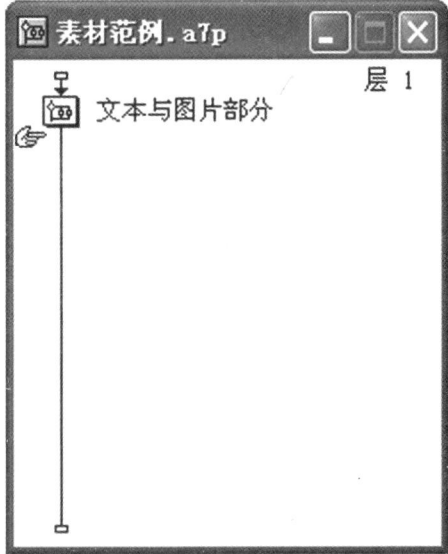

图5-33 效果群组

（五）声音素材的导入

Authorware提供对多种声音格式的支持，主要的有WAV、SWA、AIFF、MP3、VOX等。因为WAV文件一般较大，直接使用该格式文件会导致程序运行速度变慢，因此Authorware提供了一个将WAV文件转成SWA文件的转换工具（SWA文件相对WAV文件有较高的压缩率，其文件较小）。下面，首先介绍WAV转SWA的方法，然后介绍如何将转换的SWA声音文件导入到"素材范例.a7p"文件中。

1. 如何将WAV转成SWA

步骤1：选择"其他"→"其他"→"转WAV到SWA"（Convert WAV To SWA）菜单命令。弹出一个"Convert .WAV Files To .SWA文件"（转.WAV文件到.SWA文件）的对话框，如图5-34所示。

步骤2：选择需要转换的WAV文件。单击"Add Files"（加入文件）按钮，在弹出的对话框中找到需要转换的WAV文件，并确定选择。这里选择"Sound\政治协商会议.WAV"文件。

步骤3：选择输出SWA文件的文件夹。单击"Select New Folder"（选择一个新的文件夹）按钮，在弹出的"Select an Output Folder for SWA Files"（选择一个输入SWA文件的文件夹）对话框中选择输出SWA文件的文件夹，如"Sound"，设置如图5-35所示。其他选项使用默认值。

步骤4：单击"Convert"（转换）按钮，弹出一个转换进度条，如图5-36所示，表示转换开始。

步骤5：转换结束后，进度条自动消失。

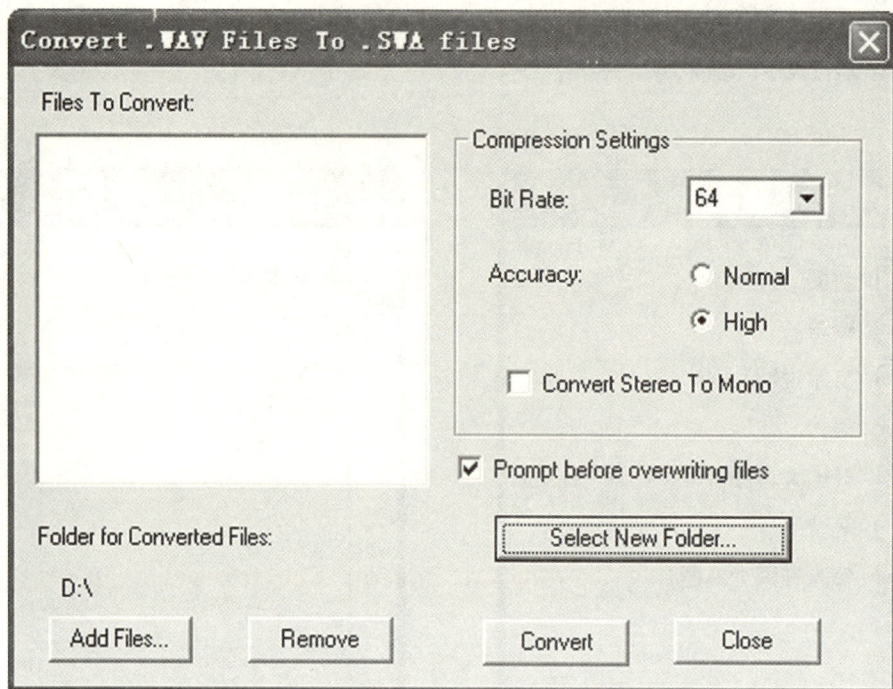

图5-34 SWA声音转换

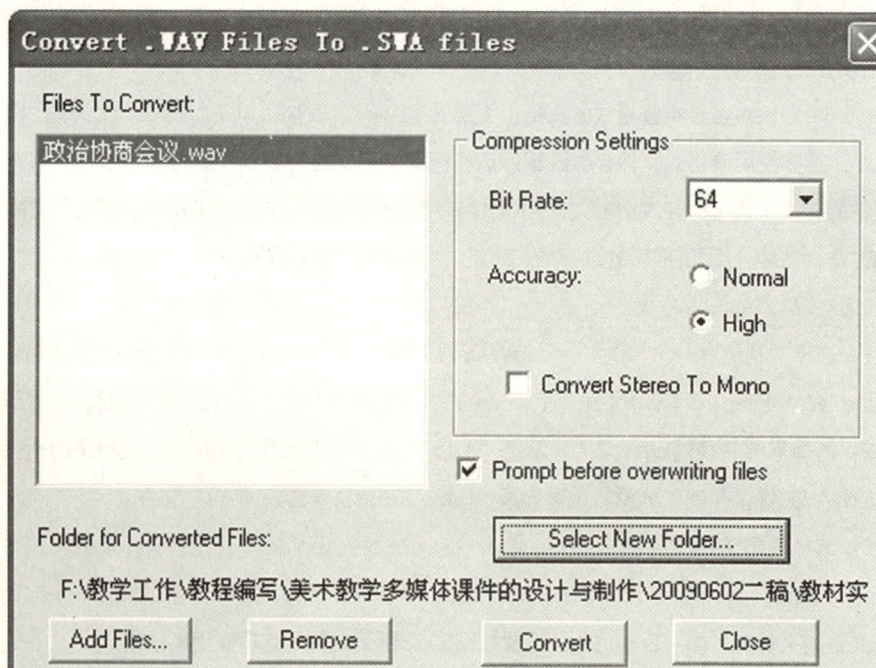

图5-35 SWA声音转换

2. 导入声音文件

上述的声音转换使得容量 20.2MB的"政治协商会议.wav" 转为只有943KB大小的"政治协商 会议.swa"。下面，介绍如何将转 换的SWA声音文件导入到"素材范 例.a7p"文件中。

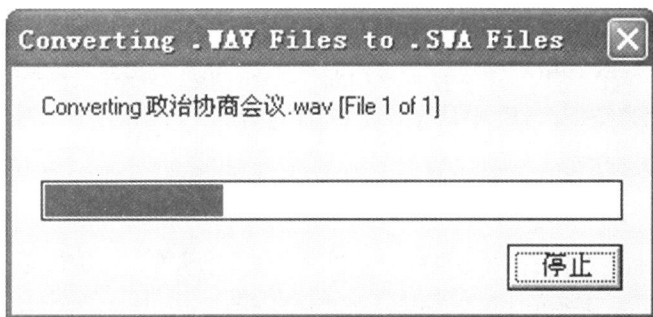

图5-36 SWA声音转换

步骤1：拖拽一个"显示图 标"图，命名为"请欣赏录音"， 输入文本"请欣赏第一次政治协商 会议录音"，移动位置，设置字体格式为"黑体"、"24"、"消除锯齿"。

步骤2：拖动"声音"图标图到流程线上，命名为"政治协商会议"。双击该图标，或者选中该图标按"Ctrl＋I"，显示"声音图标"属性面板。

步骤3：单击属性面板左下面的"导入"按钮 导入... ，弹出一个"导入哪个文件"的对话框，选中并导入"Sound\政治协商会议.swa"文件。此过程会显示一个导入进度条，导入完毕自动消失。

步骤4：若需试听声音文件，则可以单击属性面板左侧的"播放"按钮 ■ 与"停止"按钮 ▶ 。

步骤5：因为声音在制作Authorware多媒体文件中非常重要，下面对"声音图标"属性面板中的选项作一说明。（图5-37、图5-38）

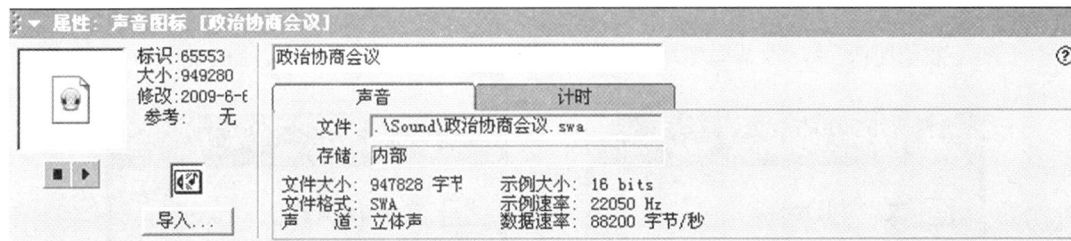

图5-37 声音属性

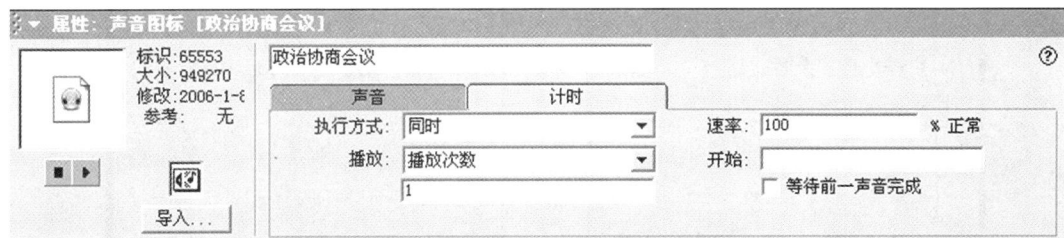

图5-38 声音属性

（1）声音属性面板"声音"选项卡

这个选项卡里主要是导入的声音文件的相关信息。这里的"存储"是"内部"方式，表示该声音文件会被打包到可执行文件中去。如果是"外部"方式，表示该文件在导入时使用的是"链接到文件"方式。

"速率"：表示声音以正常速度的百分之多少来播放。

"开始"：表示当输入框中的表达式（或变量）为真时，声音开始播放。

"等待前一声音完成"：此项决定是否等前一声音播放完毕后再开始播放。

（2）声音属性面板"计时"选项卡

"执行方式"：亦即同步方式。包括三个选项：一是"等待直到完成"，程序只有等该图标中的声音播放完毕之后才能执行下面的图标；二是"同时"，程序执行到该声音图标时不作停留，继续执行下一个图标；三是"永久"，该声音图标一直处于激活状态，若需要通过程序控制声音文件，一般选择此项。

"播放"：表示播放的条件。包括两个选项：一是"播放次数"，选择此项表示声音播放其下面输入框中数字的次数；二是"直到为真"，该项表示当下面输入框中的表达式（或变量）为"真"时，声音文件停止播放。这里有个条件，只有当"执行方式"中的"永久"选项选中时才可以。

步骤6：本例中选择"同时"、"播放次数"为"1"，其他保持默认值。

步骤7：拖拽一个"等待" 图标至流程线，命名为"停止播放录音"，设置属性面板的选项为：选中"单击鼠标"和"按任意键"两项，其余都不选。

步骤8：拖拽一个"擦除图标" 至流程线，命名为"擦除'请欣赏……'"。运行程序，当程序在擦除图标处停止时，显示"擦除图标"属性面板，擦除"请欣赏录音"图标。程序设计窗口如图5-39所示。

步骤9：群组图标。将"文本与图片部分"群组图标后面的四个图标群组，命名为"声音部分"。

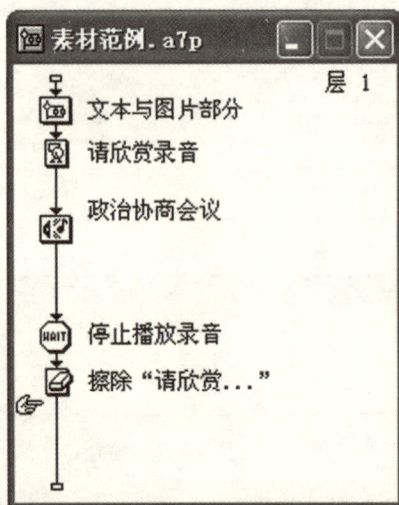

图5-39 声音效果

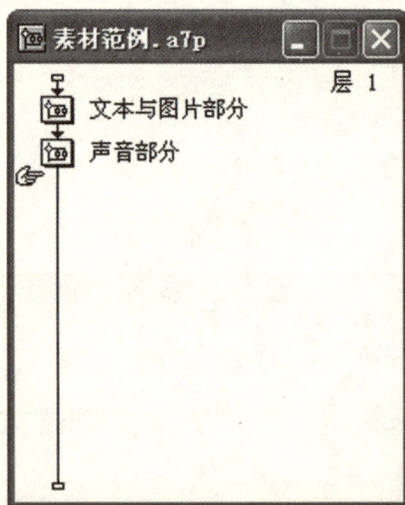

图5-40 声音效果

（图5-40）

步骤10：运行并保存程序。在运行程序时，可以使用"开始标志旗"和"停止标志旗"辅助运行、调试程序。

（六）数字电影的导入

Authorware支持多种视频格式，利用"数字电影"图标，可以导入AVI、MPEG、MOV、ASF、WMV、DIR、FLC等多种格式的文件，并且能对电影的播放次数、播放的开始帧与结束帧、电影的声音进行设置等。下面继续设计"素材范例.a7p"程序。

步骤1：拖拽一个"显示图标"，命名为"请欣赏开国大典影片"，输入文本"开国大典"，移动位置，设置字体格式为"黑体"、"48"、"消除锯齿"。

步骤2：鼠标单击流程线，流程线出现粘贴指针，单击常用工具栏上的"导入"按钮，弹出一个"导入哪个文件？"的对话框。选择"Movie&Flash\开国大典.mpg"视频文件，则在流程线上创建一个以"开国大典.mpg"命名的数字电影图标。

步骤3：改变电影的位置与大小。首先使用快捷键"Ctrl＋2"调出"控制面板"；其次运行程序，当程序运行到该数字电影时，单击控制面板的"暂停"按钮，或使用快捷键"Ctrl＋P"暂停程序运行，单击电影画面会出现六个控制点，此时可以改变电影的位置与大小。（配合Shift键可以实现视频画面的等比变化）

步骤4：电影属性的设置。双击该电影图标，或者选中该图标按"Ctrl＋I"，显示电影属性面板如图5-41、图5-42所示。该面板中的许多选项与"声音图标"属性面板中相应选项的作用相似，这里只讲述对电影播放比较重要的设置。

图5-41 声音效果

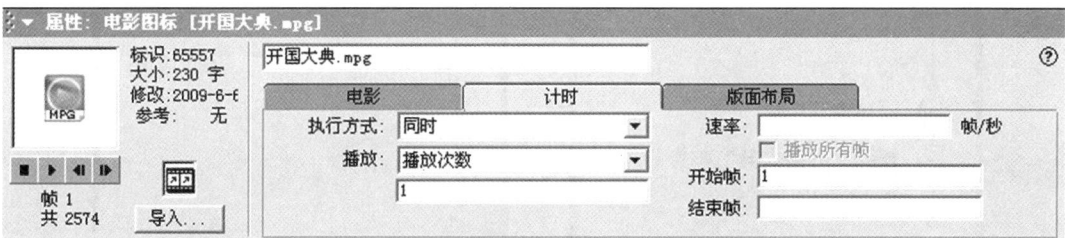

图5-42 声音效果

提示：属性面板说明。属性面板"电影"选项卡中"同时播放声音"选项，表示视频播放时是否同时播放电影中的声音。属性面板"计时"选项卡中的"开始帧"表示视频电影的播放从输入框中的数值处开始播放，"结束帧"表示视频电影播放到输入框中的数值处停止。

步骤5：这里我们使用属性面板中各项的默认值。如选择"同时播放声音"、"执行方式"为"同时"、"播放"的"播放次数"为"1"等。

步骤6：拖拽一个"等待"[WAIT]图标至流程线，命名为"停止播放电影"，设置属性面板的选项为：选中"单击鼠标"和"按任意键"两项，其余都不选。

步骤7：拖拽一个"擦除图标"[图]至流程线，命名为"擦除'开国大典'与影片"。运行程序，当程序在擦除图标处停止时，显示"擦除图标"属性面板，擦除"开国大典"文本与视频画面。（图5-43）

步骤8：至此，程序设计窗口如图5-44所示。

步骤9：群组图标。将"文本与图片部分"、"声音部分"群组图标后面的四个图标群组，命名为"视频部分。"（图5-45）

图5-43 擦除电影

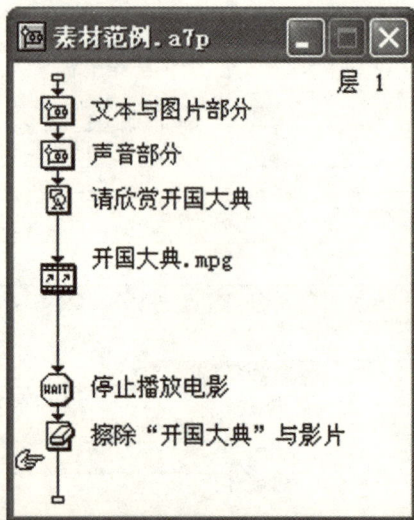

图5-44 电影效果

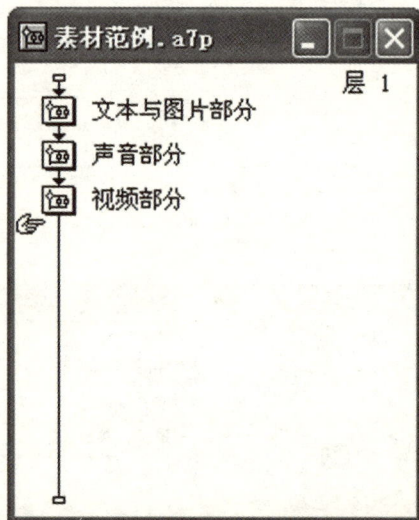

图5-45 电影效果

步骤10：运行调试并保存程序。

（七）动画素材的导入

Authorware支持Flash、Gif动画，导入动画素材的步骤如下。

步骤1：拖拽一个"显示图标"图到流程线上，命名为"请欣赏Flash动画"，输入文本"请欣赏Flash动画"，移动位置，设置字体格式为"黑体"、"24"、"消除锯齿"。

步骤2：鼠标单击流程线，流程线出现粘贴指针，单击"插入"→"媒体"→"Flash Movie"（Flash 动画）菜单命令，弹出"Flash Asset Properties"（Flash动画属性）对话框。（图5-46）

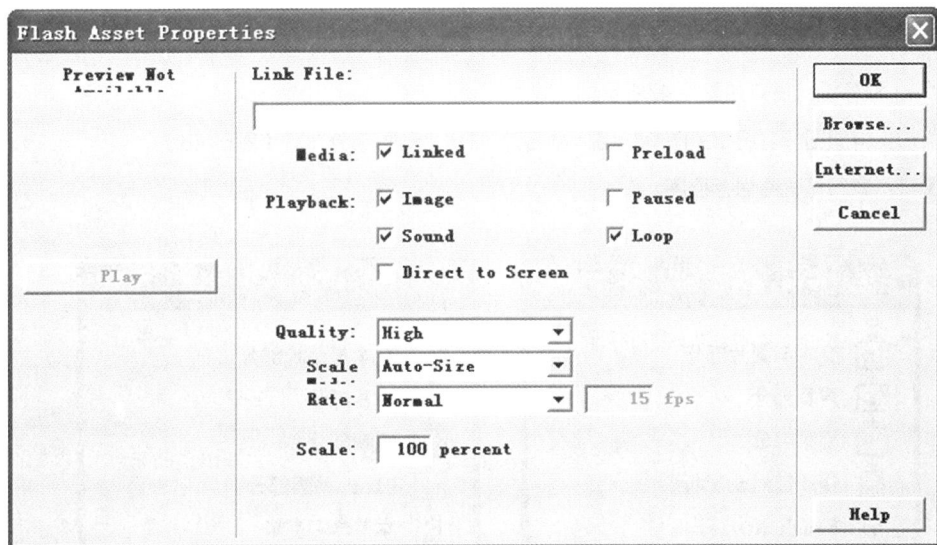

图5-46 动画属性

步骤3：单击"Browse"（浏览）按钮，在打开的"Open Shockwave Flash Movie"（打开Shockwave Flash动画）对话框中选择"Movie&Flash\国歌.swf"文件，并单击"OK"（确定），流程线上创建一个 Flash Movie... 的Flash动画图标。

步骤4：调整Flash动画的位置与大小。Flash动画位置与大小的调整与上面介绍的视频电影画面的调整一样。先运行程序，当程序运行到该Flash动画时，使用快捷键"Ctrl＋P"暂停程序，单击Flash动画出现六个控制点，此时可以改变电影的位置与大小。

步骤5：Flash动画图标的属性设置。Flash动画属性面板上许多选项的意义与数字电影属性选项一致。这里介绍属性面板"显示"选项卡中"模式"选项，该选项表示多个画面层叠时的透明显示方式。

■ "不透明"模式：当前对象图片完全显示，并遮盖住后面对象的显示。

■ "遮隐"模式：当前对象图片边缘白色部分透明，而内部白色不透明。

■ "透明"模式：选择此模式时，当前图片中的所有白色变透明。

■ "反转"模式：当前对象图片白色部分透明，其他颜色以其互补色显示。

■ "擦除"模式：如果当前对象图片颜色与后面颜色不同，则该对象画面的颜色与后面对象颜色一样。

■ "阿尔法模式"：如果当前对象有Alpha通道，则只显示Alpha通道规定的图片画面。

步骤6：拖拽一个"等待"（Wait）图标至流程线，命名为"停止播放Flash"，选择"单击鼠标"和"按任意键"两项，其余都不选。

步骤7：拖拽一个"擦除图标" 🖉 至流程线，命名为"擦除文本与Flash动画"。擦除"请欣赏Flash动画"文本与Flash动画。

步骤8：拖拽一个"显示图标" 🖼 到流程线上，命名为"本节学习完毕"，输入文本"本节学习完毕，请继续学习"，移动位置，设置字体格式为"隶书"、"24"、"消除锯齿"。

步骤9：程序设计窗口如图5-47所示。

步骤10：群组图标。将相关图标群组，命名为"Flash动画部分"。（图5-48）

步骤11：运行调试并保存程序。

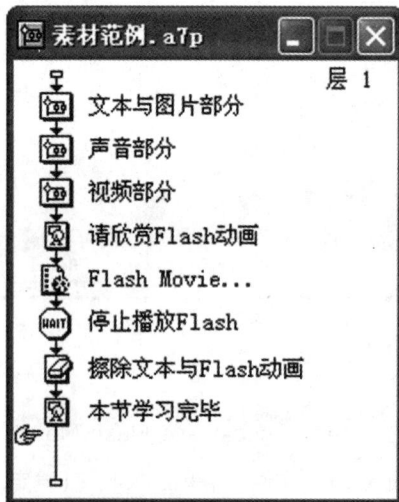

图5-47 动画效果

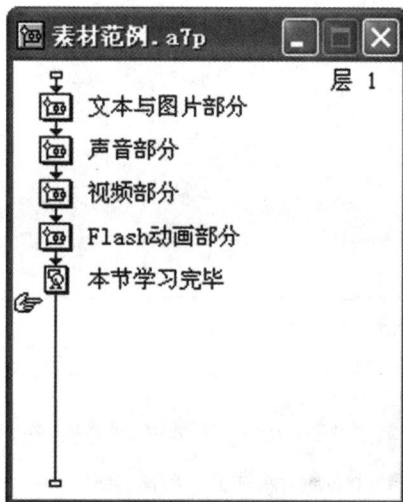

图5-48 动画效果

二、制作简单动画——移动图标的使用

Authorware通过"移动图标"来实现简单的二维平面移动，其移动对象可以是显示图标中的文本、图形、图片，也可以是电影、动画图标中的电影与动画。下面我们通过一个完整的实例"简单动画范例.a7p"来介绍如何使用移动图标。

（一）飞机直接飞行到终点

步骤1：启动Authorware 7.0，新建一个Authorware文件。设置文件窗口"大小"为"根据变量"，选择"显示标题栏"与"屏幕居中"，取消"显示菜单栏"，其他为默认值。

步骤2：单击常用工具栏上的"导入"按钮🗐，导入"Picture\天安门.jpg"图片，即在流程线上创建了一个名为"天安门.jpg"的显示图标。打开演示窗口，调整图片的位置与大小。

步骤3：导入"Picture\飞机.psd"图片。双击"飞机.psd"显示图标，打开演示窗口，调整图片的位置至演示窗口的右上角，调整大小，并通过"编辑工具箱"调用"透明模式"面板，选择"阿尔法"透明模式，则飞机白色部分透明。

步骤4：拖拽"移动图标"🗹到流程线上，命名为"飞机落下"。

步骤5：运行程序，当运行到该移动图标时，程序停止运行，显示"属性：移动图标"属性面板。如图5-49所示。

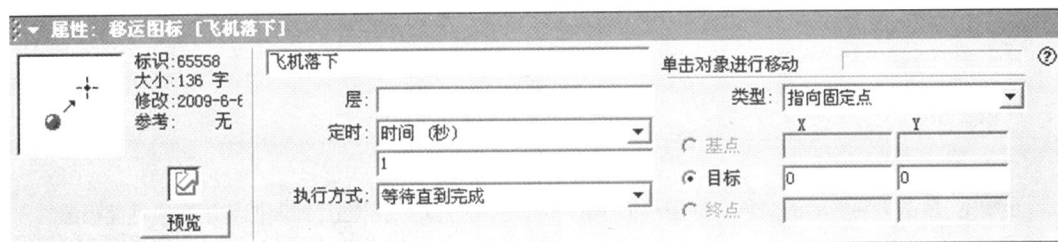

图5-49 移动图标属性

步骤6：属性面板介绍。

■ "定时"

"时间（秒）"：选择此项，则移动对象以下面输入框的数值完成移动过程。

"速率"：选择此项，如果下面输入框数值为3，表示移动对象以每英寸3秒的速度移动，直到移动到目标处。

■ "执行方式"

"等待直到完成"：程序只有等移动图标执行完毕之后才能继续执行下面的图标。

"同时"：程序执行移动图标的同时继续执行下一图标。

■ "类型"

"指向固定点"：将一对象从当前位置沿直线直接移动到终点。

"指向固定直线上的某点"：将一对象从当前位置沿直线移动到已经设定好的固定直线上某一点。

"指向固定区域内的某点"：将一对象从当前位置沿直线移动到已经设定好的一个矩形区域内的某一点。

"指向固定路径的终点"：将一对象从当前位置沿一条设定的路径移动并且移动到该路径的终点。

"指向固定路径上的任意点"：将一对象从当前位置沿一条设定的路径移动并且移动到该路径的任意某点处。

■ "基点"、"目标"、"终点"

"基点"是希望移动对象移动到的设定直线、设定区域、设定路径的起始点。

"目标"是希望移动对象移动到达的目标点。

"终点"是希望移动对象移动到的设定直线、设定区域、设定路径的终点。

步骤7：在属性面板我们选择类型为"指向固定点"、"定时"为"2"秒钟、"执行方式"为"等待直到完成"，属性设置如图5-50所示。

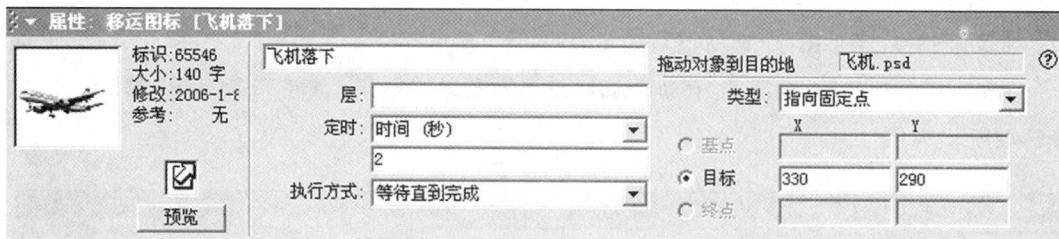

图5-50 移动图标属性

步骤8：单击需要移动的对象，这里我们单击飞机图标，此时飞机图片缩略图显示在属性面板最右侧的白色面板中，表示移动对象是飞机。

步骤9：用鼠标拖动飞机一直拖到希望到达的地点。这里我们将飞机拖到演示窗口右下角。

步骤10：运行程序，可以看到飞机在2秒之内从演示窗口右上角移动到左下角。

步骤11：拖拽一个"等待图标" 到流程图上，命名为"飞机停留时间"。设置其"时限"为"5"秒钟，其他全部取消选择。至此，程序设计窗口如图5-51所示。

步骤12：选中流程线上这4个图标并群组，命名为"直接飞行到终点"。保存程序为"简单动画范例.a7p"。群组后的程序设计窗口如图5-52所示。

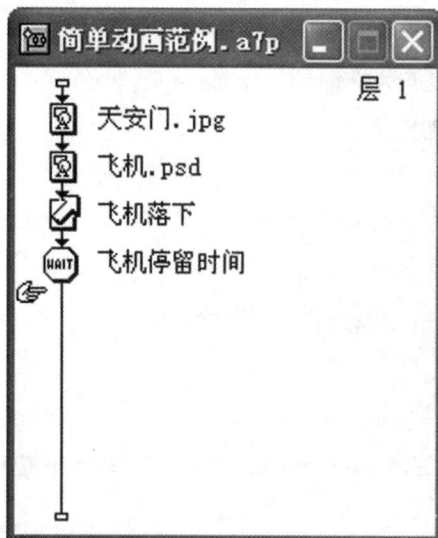

图5-51 直接到终点效果

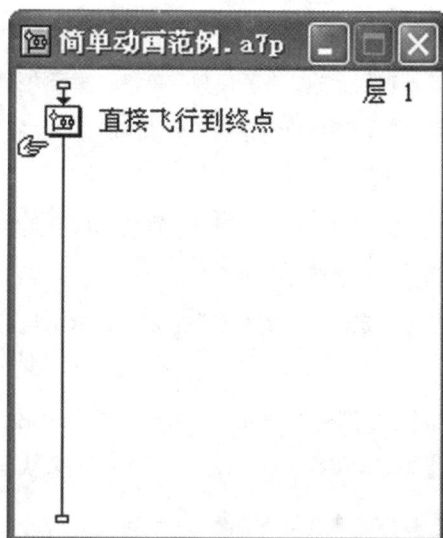

图5-52 直接到终点效果

（二）飞机沿路径飞行

下面我们在以上的基础上继续设计，让飞机沿固定的路径飞出去。

步骤1：拖拽"移动图标"到流程线上，命名为"飞机起飞"。

步骤2：运行程序，当飞机落下时，由于在流程线上加入了一个等待时间为5秒的"飞机停留时间"等待图标，所以等飞机落下5秒钟之后，程序运行到"飞机起飞"移动图标处，程序停止运行，回到设计状态，"移动图标"属性面板显示。

步骤3：在属性面板选择移动类型为"指向固定路径的终点"、"定时"为"3"秒钟、"执行方式"为"等待直到完成"。

步骤4：单击飞机图标，飞机图片缩略图显示在属性面板最右侧。用鼠标拖动飞机一直拖到演示窗口左上角，这时演示窗口上显示一条黑色的直线，如图5-53所示。

图5-53 飞机飞行路径

步骤5：在直线上单击（对准直线），出现一个三角形的节点。双击该节点，变成圆形节点，此时直线也变成圆弧（双击节点实现直线与弧线的转换，也可以拖动节点以改变移动路径）。再增加1个节点，则飞机起飞的路径已经设置完毕。（图5-54）

步骤6：单击属性面板的"预览"可以在设计状态预览移动效果。

步骤7：拖拽一个"擦除图标" 至流程线，命名为"擦除飞机与天安门"，擦除"飞机.psd"与"天安门.jpg"显示图标，为后面的程序设计做好准备。程序设计窗口如图5-55所示。

图5-54 飞机飞行路径

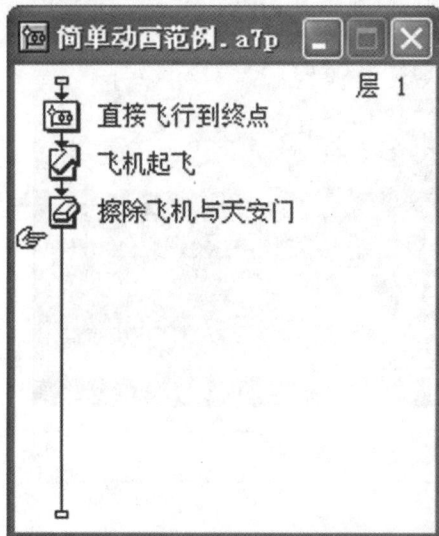

图5-55 飞机路径飞行效果

图5-56 飞机路径飞行效果

　　步骤8：群组"飞机起飞"移动图标和"擦除飞机与天安门"擦除图标，命名为"沿路径飞行到终点"，如图5-56所示。

　　步骤9：运行调试并保存程序。

（三）飞机降落飞机场

利用移动图标的"指向固定区域内的某点"的移动类型，可以实现飞机向飞机场不同区域的降落。下面继续设计"简单动画范例.a7p"。

步骤1：拖拽一个"显示图标"⊠到流程线上，命名为"飞机场"。

步骤2：双击"飞机场"显示图标，利用"编辑工具箱"中的相关工具在演示窗口下部画一个矩形，（用作飞机场降落区域）。利用工具箱调出的"模式"面板、前景色、背景色"拾色器"对矩形进行修饰，并通过快捷键"Ctrl + C"、"Ctrl + V"对其复制成5份，如图5-57所示。

步骤3：使用框选或者使用按住Shift键的同时用鼠标点选的方式选中这5个矩形。

步骤4：选择"修改"—"排列"或者使用快捷键"Ctrl + Alt + K"调出。（图5-58-1至图5-58-3）

步骤5：使用"排列"面板对选中的5个矩形做"水平居中对齐"与"水平等距离"调整，然后它们进行群组，再复制一份，然后再进行排列，最好对这10个矩形群组。（图5-59-1、图5-59-2）

步骤6：利用文本工具对这10个矩形编号。文本字体设置"黑体"、"24"、"消除锯齿"、"红色"。复制该文本框，修改内容，进行排列，最好将矩形与文本选中群组。（图5-60）

步骤7：在"飞机场"显示图标演示窗口的上部输入"飞机降落区域"文本，设置"黑体"、"24"、"消除锯齿"、"黑色"。

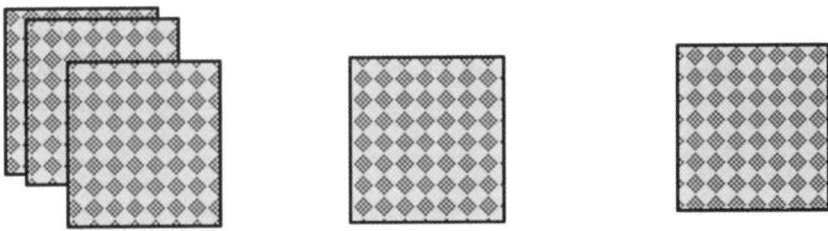

图5-57 飞机降落区域

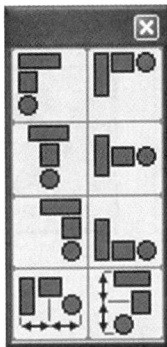

图5-58-1 排列面板

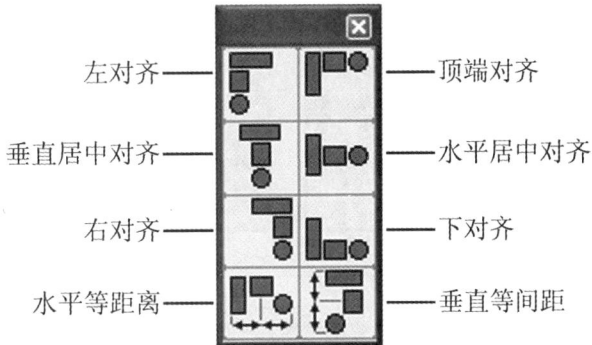

图5-58-2 排列面板

图5-58-3 飞机降落区域

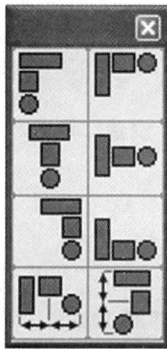

图5-59-1 排列面板

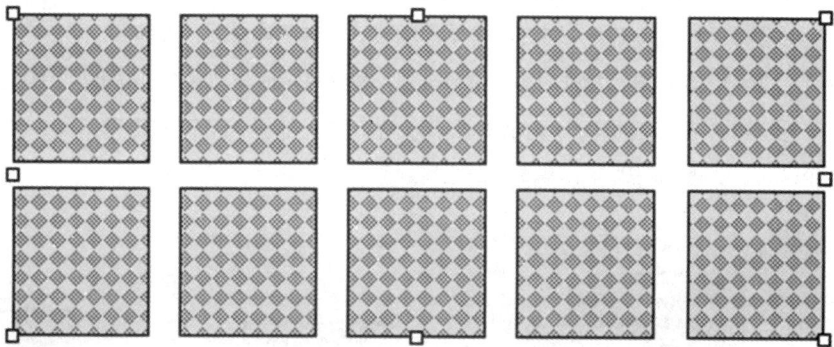

图5-59-2 飞机降落区域

图5-60 飞机降落区域

步骤8：在流程线上导入"飞机.psd"图片。调整图片的位置至演示窗口的右上角，调整大小（将飞机调至矩形框大小，这样飞机方能降落到相应的区域），设置透明方式为"阿尔法透明"。至此，流程图与演示窗口如图5-61、图5-62所示。

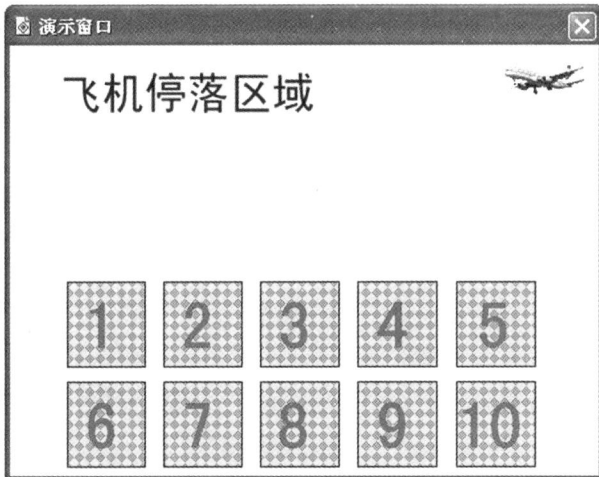

图5-61 飞机降落区域效果

图5-62 飞机降落区域流程图

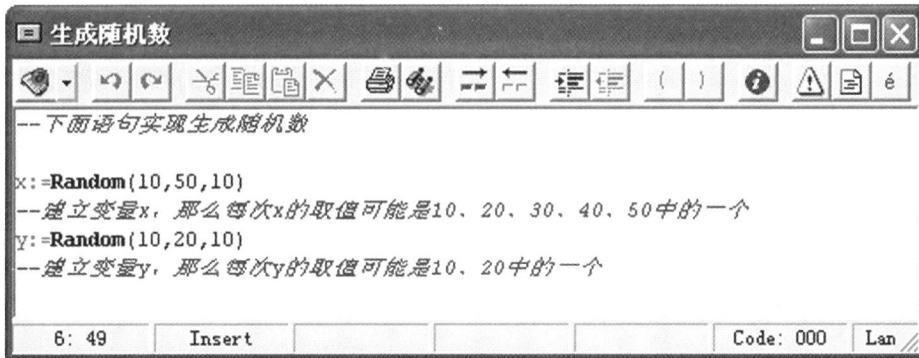

图5-63 生成随机数代码

步骤9：拖拽一个"计算图标"到流程线上，命名为"生成随机数"。

步骤10：双击打开"生成随机数"计算图标，在程序语句输入窗口中输入相关语句（图5-63）。（输入程序语句时请用英文输入法；"--"是注释，用于说明语句的作用）

步骤11：输入完毕后关闭该编辑窗口，弹出一个对话框如图5-64所示，询问是否保存对该计算图标内容的更改。

步骤12：单击"是"按钮之后，弹出如图5-65所示的"新建变量"对话框，不作任何修改，单击"确定"按钮，然后又弹出一个关于变量"y"的对话框，处理方式与前同。

步骤13：拖拽"移动图标"到流程线上，命名为"飞机随机降落"。

步骤14：使用标志旗从"飞机场"显示图标处开始运行，当运行到"飞机随机降落"移动图标时，程序停止运行返回到设计状态，"移动图标"属性面板显示。

步骤15：在属性面板选择移动类型为"指向固定区域内的某点"、"定时"为"2"秒钟、"执行

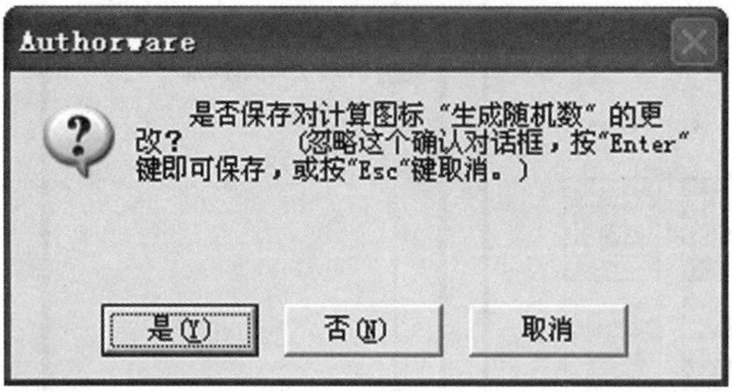

图5-64 生成随机数确认

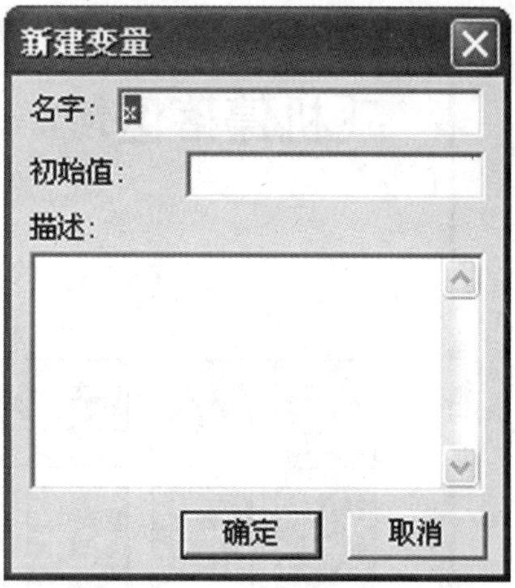

图5-65 变量确认

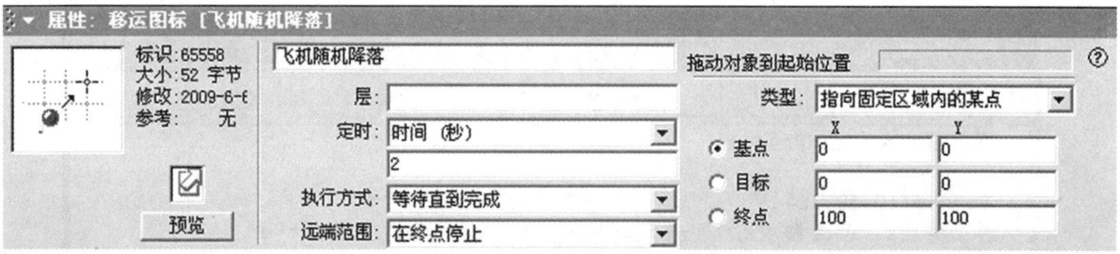

图5-66 飞机随机降落移动

方式"为"等待直到完成"。（图5-66）

步骤16：单击飞机图片，将其设置为移动对象。

步骤17：单击"基点"单选按钮，将飞机图片拖到10个矩形框最左上角的矩形内，并更改基点的"X"（横坐标）、"Y"（纵坐标）分别为10、10。

步骤18：单击"终点"单选按钮，将飞机图片拖到10个矩形框最右下角的矩形内，并更改终点的"X"、"Y"分别为50、20。此时演示窗口在10个矩形区域内出现了一个表示移动对象落下的固定区域。（图5-67）

步骤19：单击"目标"单选按钮，设置"X"、"Y"为前面所建立的变量x、y。属性框设置如图5-68所示。

步骤20：使用标志旗反复调试程序，可以看到飞机降落的区域每次都不同。

步骤21：拖拽一个"等待图标" 到流程图上，命名为"程序结束"。选择属性"单击鼠标"和"按任意键"两项，其余都不选。

步骤22：拖拽一个"擦除图标" 至流程线，命名为"擦除飞机场与飞机"。

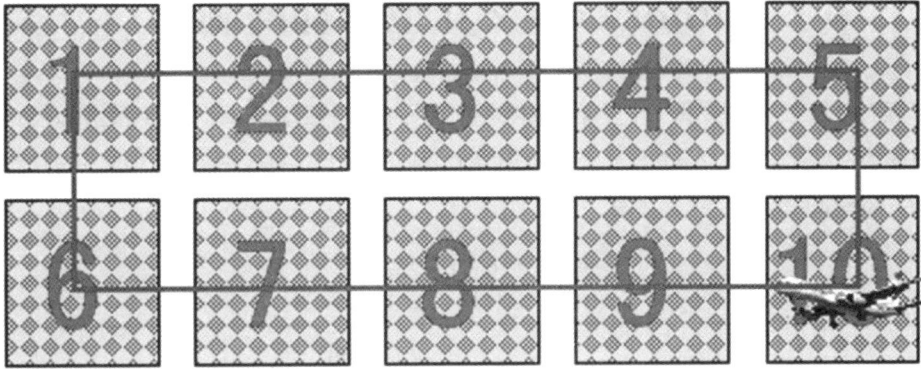

图5-67 飞机随机降落区域

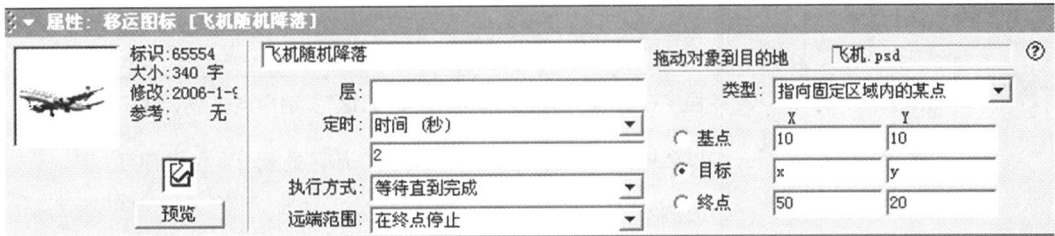

图5-68 飞机随机降落移动

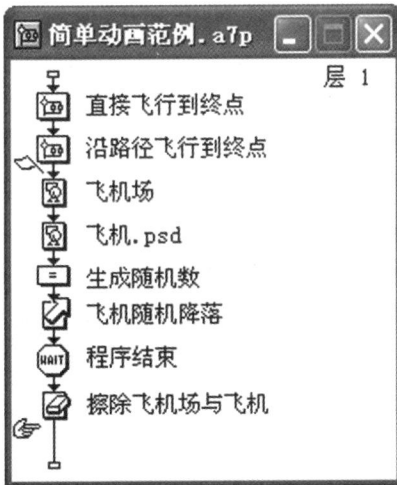

图5-69 飞机随机降落效果

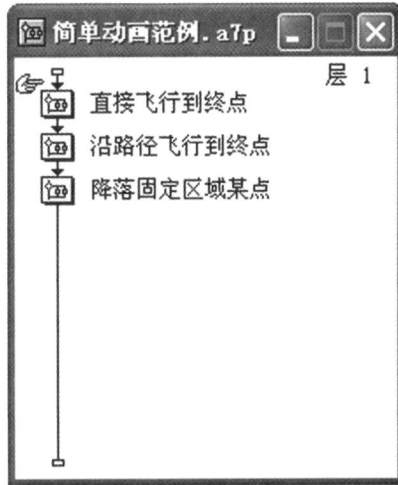

图5-70 飞机随机降落效果

步骤23：至此，程序设计窗口如图5-69所示。

步骤24：群组流程线后6个图标，命名为"降落固定区域某点"。（图5-70）

步骤25：保存文件。

第三节　Authorware交互型课件的制作

有无强大的交互功能是衡量一个多媒体课件是否优秀的决定性因素。Authorware之所以强大，关键就体现在该软件具有丰富的交互功能，使用它提供的11种交互类型，可以快速高效地制作与开发交互型课件。交互的类型与功能见表5-2所示。

表5-2 交互的类型与功能

类型	标志	功能
按钮响应	▭	课件运行时产生按钮，用户单击按钮执行相应的响应分支。按钮的大小、位置、样式可以自定义。多媒体课件中此种交互响应使用的频率较高
热区域响应	⠿	程序在屏幕上建立一个矩形的"热区"，用户点击或者鼠标移至该区域执行相应的响应分支。热区的大小、位置都可以调整
热对象响应	※	与热区域的作用类似，不过使用该种类型的交互时要定义一个对象为"热对象"（对象可以是任意形状），用户只要点击该对象的任意部分，程序便执行相应的操作
目标区响应	▨	使用鼠标将一对象拖动到特定区域时产生响应。一般用于——匹配类型的题目
下列菜单响应	▤	程序产生一个下拉菜单，单击菜单运行相应的响应分支
条件响应	=	程序通过判断相应的条件执行相应的响应分支
文本输入响应	▸…	程序产生一个文本输入区，当用户输入字符时，程序执行相应的响应分支。常用于填空、输入密码口令
按键响应	▣	程序对于用户敲击键盘作出的响应
时间限制响应	⏱	程序对用户操作进行时间限定的一种方式，常用于测试时间的控制
重试限制响应	#	当用户与程序的交互达到一定次数时，程序执行相应的响应分支
事件响应	E	用于对程序中使用的 ActiveX 控件的触发事件进行响应

一、使用按钮响应实现交互

本例"按钮交互.a7p"是通过按钮响应来实现电影《史莱克》人物图片显示。程序流程图与运行结果如图5-71所示。

步骤1：启动Authorware 7.0，新建一个Authorware文件。

步骤2：设置文件窗口"大小"为"根据变量"，选择"显示标题栏"与"屏幕居中"，取消选择"显示菜单栏"。

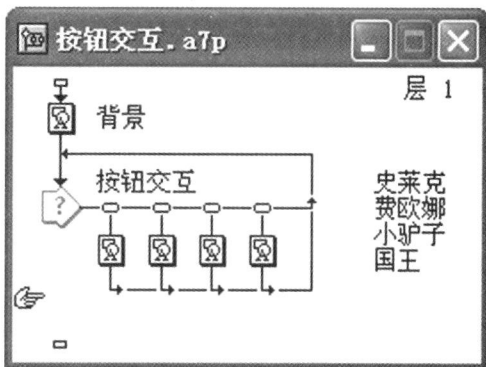

图5-71 按钮交互设计流程

步骤3：拖拽一个"显示图标"🖫到流程线上，命名为"背景"。双击该图标，在演示窗口中导入"史莱克英文图片.jpg"图片。按图5-72所示调整其位置与大小，并设置透明。

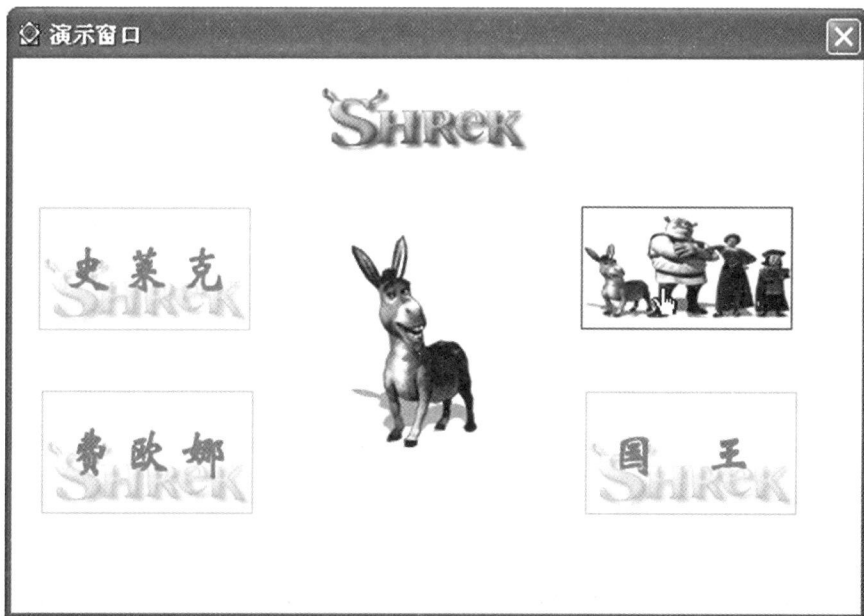

图5-72 按钮交互效果

步骤4：拖拽一个"交互图标"⬚到流程线上，命名为"按钮交互"。

步骤5：拖拽一个"显示图标"🖾到"按钮交互"图标的右下侧，释放鼠标，弹出如图5-73所示的"交互类型"对话框。

步骤6：使用默认值"按钮"选项，单击"确定"按钮，并将显示图标命名为"史莱克"。

步骤7：双击"史莱克"显示图标，导入"Picture\史莱克图片.jpg"图片。

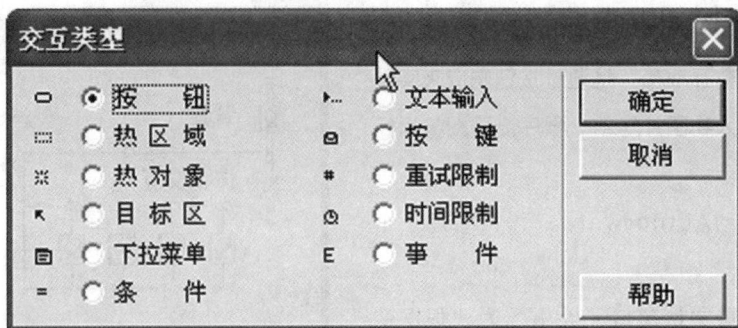

图5-73 交互类型

图5-74 按钮交互属性

图5-75 按钮交互属性

步骤8：在流程线上找到"史莱克"显示图标上方的按钮交互标志" ▭ "，双击该标志，显示如图5-74、图5-75所示的"响应属性"属性面板。下面，介绍并设置几个常用选项。

（一）"按钮"选项卡中的"按钮"选项

面板右侧显示当前按钮的样式。如果不满意，用户可以单击此按钮，打开如图5-76所示的"按钮"对话框。用户可以在对话框中选择所需的样式，用户也可以自己增加样式。下面，介绍对"史莱克"按钮的个性化设计。

1. 单击"添加"按钮，弹出如图5-77所示的"按钮编辑"对话框。

2. 四种按钮状态："未按"表示按钮正常显示的样式；"按下"表示当鼠标被按下时显示的式样；"在上"是指当鼠标移到该按钮上时按钮显示的状态；"不允许"表示按钮被禁用时显示的样式。

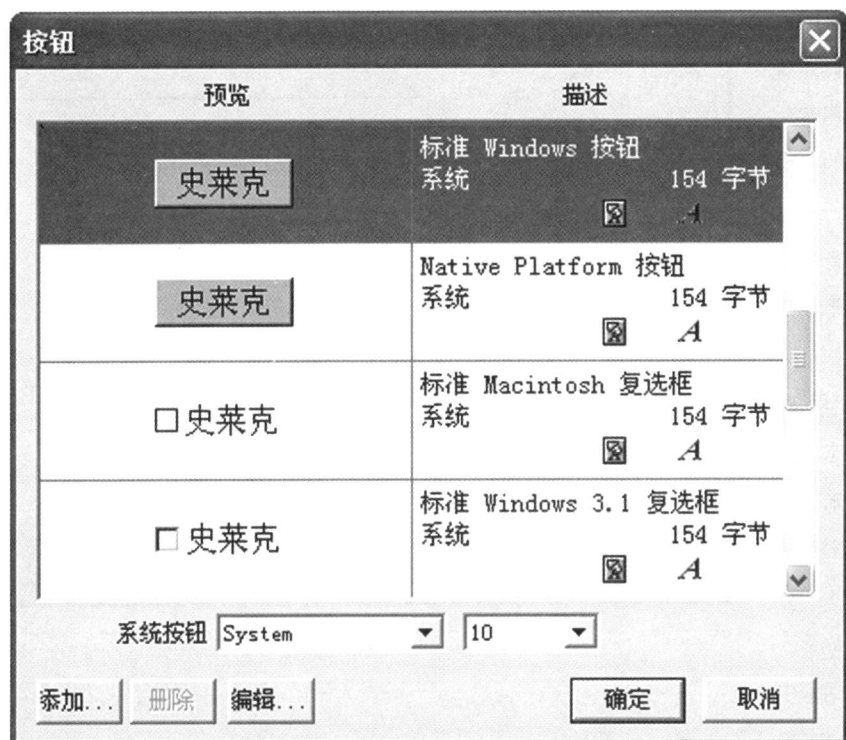

图5-76 按钮样式选择

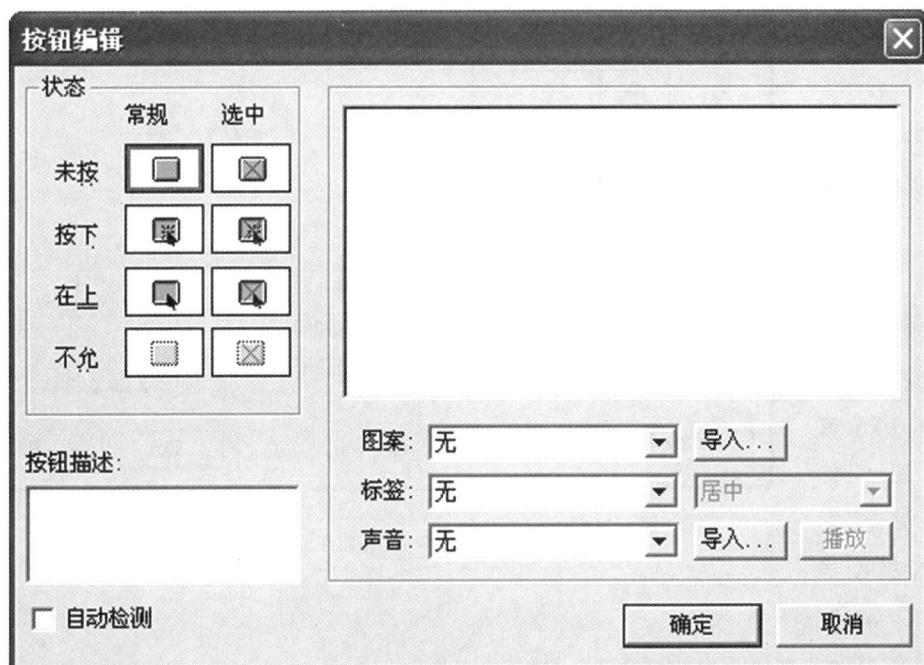

图5-77 按钮编辑

3. 每种按钮状态时样式具体内容设置："图案"表示对选中的四种其中一种进行图片设置；"声音"：表示图案显示期间伴随的声音。

4. 这里对"未按"状态设置为：选中"未按"状态，单击"图案"右边的"导入"按钮 导入... ，在弹出的对话框中选择"Button\史莱克.jpg"小图片作为按钮正常显示的图片。对按钮的"在上"状态设置与"未按"完全一致。设置效果如图5-78、图5-79所示。

5. 选中"按下"状态，导入"Button\全家福.jpg"图片。然后单击"声音"右边的导入按钮，导入"Button.wav"

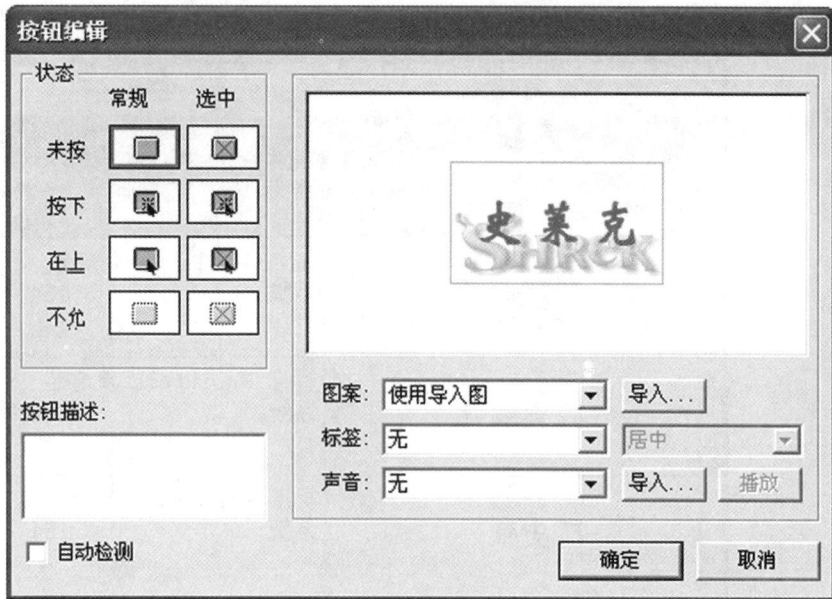

图5-78 按钮未按设置

图5-79 按钮在上设置

声音（单击"播放"按钮可以试听声音）。设置效果如图5-80所示。

6. 单击"按钮编辑"对话框的"确定"按钮返回到"按钮"对话框，再单击"按钮"对话框中的"确定"按钮完成对"史莱克"按钮样式的个性化设置。

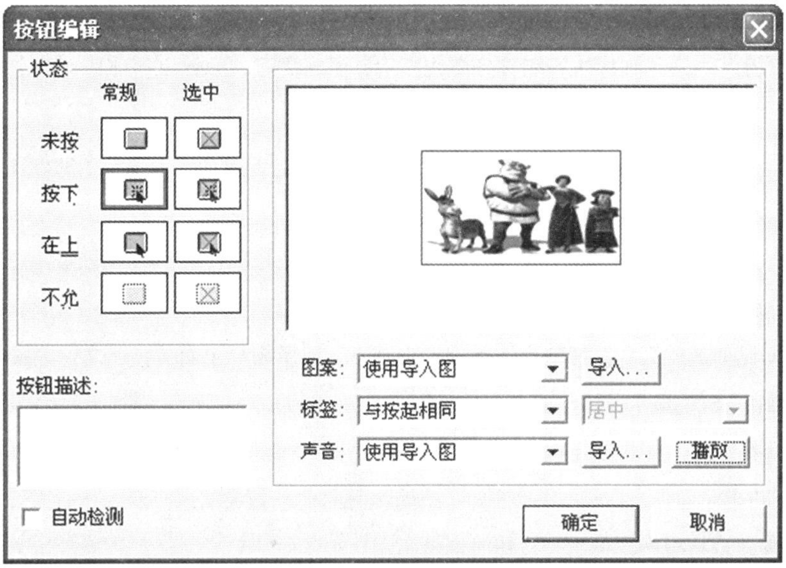

图5-80 按钮按下设置

（二）"按钮"选项卡中的"大小"、"位置"选项

表示生成的按钮在演示窗口中的大小与位置。

（三）"按钮"选项卡中的"鼠标"选项

表示鼠标移到该按钮上时的样式。单击其右侧的█按钮，即弹出如图5-81所示的"鼠标指针"的对话框，找到并选择指针为"🖑"。（当然，如果用户希望用自己设计的指针，则可以通过单击对话框的"添加"按钮来添加自己的指针到该对话框中）

（四）"响应"选项卡中的"范围"选项

表示此按钮的作用范围是否在整个程序运行过程中"永久"起作用。

（五）"响应"选项卡中的"擦除"选项

表示对按钮响应后所执行的分支程序内容的擦除情况。

（六）"响应"选项卡中的"分支"选项

当程序执行完响应分支程序后，程序的下一执行目标是什么？

1."重试"：表示程序返回到交互图标，循环执行。

图5-81 鼠标指针

2. "继续"：表示继续执行该分支程序。

3. "退出交互"：表示程序执行完该分支程序后，退出交互，继续执行流程线上交互图标的下一图标。

4. "返回"：当"范围"设置为"永久"时才有这个选项。其常用于调用一个全程序都可使用的交互项，使用它可以返回到刚才调用它的地方。

步骤9：在"史莱克"显示图标右侧继续添加3个显示图标，分别命名为"费欧娜"、"小驴子"、"国王"，并分别导入相应的图片。

步骤10：对刚新建的三个按钮响应作类似"史莱克"显示图标上面按钮的属性设置。如鼠标的样式、按钮在三种状态时的显示图片与按钮伴随声音。

步骤11：运行程序，当出现四个按钮时暂停程序运行，或者双击"按钮交互"交互图标，使四个交互按钮同时显示在演示窗口，参照本例的图5-72所示的程序运行效果图进行设置。

步骤12：继续运行程序，单击个按钮时，调出相应的图片。

步骤13：保存程序为"按钮交互.a7p"。

二、使用热区域响应实现交互

"热区域交互.a7p"范例介绍如何设置"热区域交互"响应，范例程序流程图与运行结果如图5-82、图5-83所示。该范例通过对一背景图中不同区域的单击，实现对相应图片内容的解释（本例使用文本解释，用户也可以使用图片、音乐、视频、动画或者更复杂的群组图标）。

步骤1：启动Authorware 7.0，新建一个Authorware文件。

步骤2：设置文件窗口"大小"为"640×480"，选择"显示标题栏"与"屏幕居中"，取消选择"显示菜单栏"。

步骤3：拖拽一个"显示图标"到流程线上，命名为"背景"。

步骤4：右键单击流程线上的"背景"显示图标，在弹出菜单中选

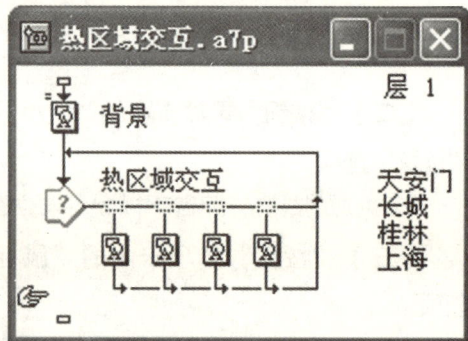

图5-82 热区交互设计流程

图5-83 热区交互效果

择"计算"，在"代码编辑器"中输入语句"Movable=0"，以实现程序运行时"背景"图标内容不会被误拖动。

步骤5：双击"背景"显示图标，在演示窗口中导入"背景图片.jpg"、"天安门.jpg"、"北京长城.jpg"、"美丽桂林.jpg"、"中国上海.jpg"等5幅图片，调整其位置与大小。使用的文本工具输入"美丽的中国"，设置格式为"华文新魏"、"48"、"透明"。显示图标内容布局如图5-83显示。

步骤6：拖拽一个"交互图标" [?] 到流程线上，命名为"热区域交互"。

步骤7：拖拽一个"显示图标" 🖾 到"热区域交互"图标的右下侧，释放鼠标，在"交互类型"中选择"热区域"交互方式。

步骤8：将显示图标命名为"天安门"。

步骤9：在流程线上双击"天安门"显示图标上方的交互标志" ⋮⋮⋮ "，显示"响应属性"属性面板。设置"鼠标指针"指针为" 👆 "、"匹配"为"单击"。

步骤10：为保证将要在"天安门"显示图标中输入的文本在整个演示窗口中的位置合适，有必要双击"背景"显示图标，然后按住"Shift"键双击"天安门"显示图标。虽然"背景"图片也显示出来，但此时我们输入或导入文本、图片都会在"天安门"这个显示图标中。输入"伟大的天安门！"，格式为"华文新魏"、"18"、"透明"。

步骤11：在"天安门"显示图标右侧继续添加3个显示图标，分别命名为"长城"、"桂林"、"上海"，并用第10步的方法分别输入"雄伟的万里长城！"、"多么美丽的桂林！"、"繁荣的中国上海"，格式设置与上同。

步骤１２：调整热区域。双击"背景"显示图标，按住"Shift"键双击"热区域交互"交互图标，此时在演示窗口可以看到四个以交互分支显示图标名称命名的虚线矩形框。这些虚线框就是"热区域"。单击虚线矩形框的边缘线，则出现六个控制点，表示可以对矩形框更改位置与大小。调整热区域如图5-84所示。

图5-84 热区域设置

步骤13：运行调试程序。可以看到，当鼠标移到热区域时指针变为手形，单击时，相应的赞美词显示出来。

步骤14：保存文件为"热区域交互.a7p"。

三、使用热对象响应实现交互

热对象响应与热区响应主要区别在两个方面：一是热区域响应的交互区域是一个有规则的矩形，而热对象的交互区域是一个对象，这个对象可能是任意形状的；二是多个热区域响应的交互区域可以在同一个图标中，而热对象的每个交互对象必须是一独立的图标对象，也就是一个热对象要单独存放于一个图标之内。

下面我们以"热对象交互.a7p"为例来说明热对象响应。图5-85、图5-86是程序设计窗口与程序运行结果。该范例实现用户单击不同的动物图片，播放相应动物的叫声。

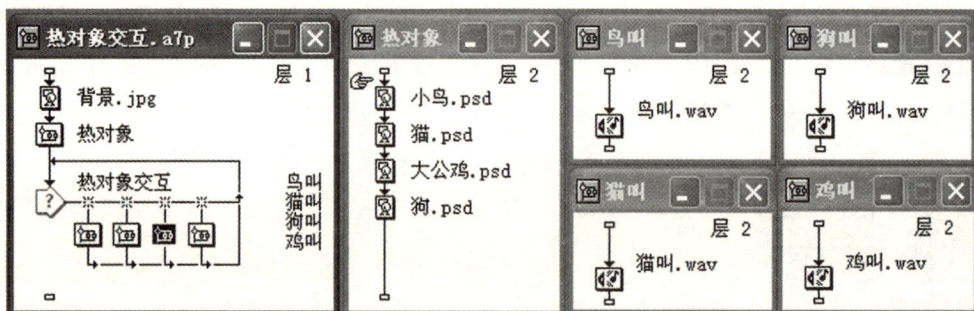

图5-85 热对象设计流程

图5-86 热对象效果

步骤1：启动Authorware 7.0，新建一个Authorware文件。

步骤2：设置文件窗口"大小"（Size）为"640×480"，选择"显示标题栏"与"屏幕居中"，取消选择"显示菜单栏"。

步骤3：单击常用工具栏上的"导入"按钮，在流程线上建立"背景.jpg"显示图标。

步骤4：拖拽一个"群组图标" 流程线，并命名为"热对象"，双击打开该图标，在"层2"的"热对象"程序设计窗口流程线上分别导入"Picture\小鸟.psd"、"Picture\猫.psd"、"Picture\大公鸡.psd"、"Picture\狗.psd"四个图片显示图标。

提示：

■ 因为这四个动物的图片要作为热对象，所以务必将它们导入不同的显示图标中。

■ 这里选用的图片是含有"Alpha通道"的"psd"图片，这样在演示窗口可以对其进行"阿尔法模式"透明处理。（一般情况下，直接使用"透明模式"透明的效果不理想）

步骤5：运行程序，一个背景图和四个动物图片依次显示并重叠于演示窗口，用鼠标双击图片或者使用快捷键"Ctrl＋P"暂停程序运行，这时便可以调整图片位置、大小与透明模式。本例中使用了"阿尔法模式"模式。布局与效果可以参见图5-86所示。

步骤6：回到主流程线上，拖拽一个"交互图标" ⟨?⟩到流程线上，命名为"热对象交互"。

步骤7：拖拽一个"群组图标" 🔟 至"热对象交互"图标的右侧，在弹出"交互类型"对话框中选择"热对象"交互方式，并命名为"鸟叫"。（因为声音文件是不能独立放置在交互图标的分支程序上，所以这里运用一个群组图标）

步骤8：双击"鸟叫"群组图标上方的交互标志"❖"，显示"响应属性"属性面板。单击演示窗口中的小鸟图片，小鸟的缩略图则显示在属性窗口右侧（表示小鸟为热对象），设置"鼠标指针"指针为"🖑"、"匹配"为"单击"，其余选项使用默认值。设置如图5-87所示。

步骤9：打开"鸟叫"群组图标，在其层2的流程线上导入声音文件"Sound\鸟叫.wav"，则创建了一个名为"鸟叫.wav"的声音图标。

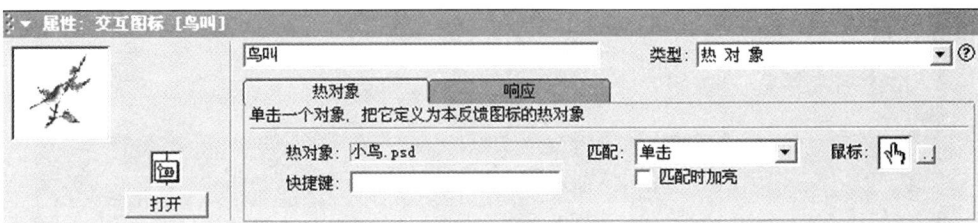

图5-87 热对象属性设置

步骤10：双击"鸟叫.wav"的声音图标，设置属性选项为"执行方式"为"同时"、"播放"的"播放次数"为"1"等，属性设置如图5-88所示。

步骤11：运用类似的方法设置"猫叫"、"狗叫"、"鸡叫"群组图标的交互属性、热对象与声音

图5-88 鸟叫声音属性设置

文件的属性。

　　步骤12：运行调试程序。可以看到，当鼠标移到热对象上面时指针变为手形，单击图片，听到相应的动物叫声。

　　步骤13：保存文件为"热对象交互.a7p"。

四、使用下拉菜单响应实现交互

　　使用"下拉菜单"交互方式可以在课件中建立类似于Windows的标准菜单，当用户单击菜单命令时，课件执行相应的交互分支。下拉菜单因操作功能方便，在课件演示窗口中占用的空间少而被广泛运用。

　　范例"下拉菜单交互.a7p"实现两个功能：一是擦除Authorware自带的系统菜单"文件"（File）；二是建立两个下拉菜单"植物"、"控制"，单击菜单中的子菜单命令，程序显示相应的内容。图5-89、图5-90是范例的程序设计窗口与课件运行效果图。

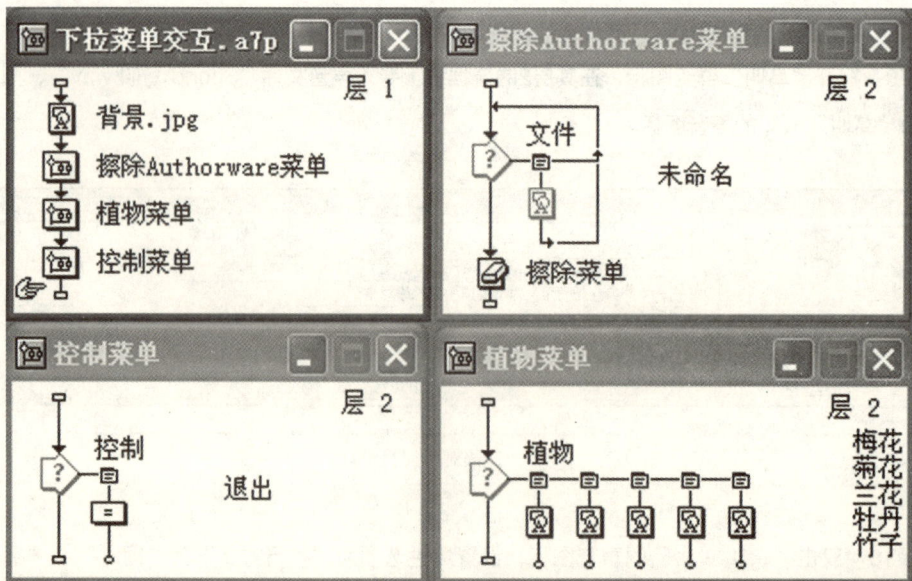

图5-89 菜单交互设计流程

图5-90 菜单交互效果

（一）擦除Authoreware自带的"文件"菜单

步骤1：启动Authorware 7.0，新建一个Authorware文件。

步骤2：设置文件窗口"大小"为"640×480"，选择"显示标题栏"、"屏幕居中"与"显示菜单栏"。

步骤3：单击常用工具栏上的"导入"按钮💿，在流程线上建立"背景.jpg"显示图标。

步骤4：拖拽一个"群组图标"🔢至流程线，并命名为"擦除Authorware菜单"。

步骤5：双击打开该群组图标，拖拽一个"交互图标"❓到群组图标流程线上，并命名为"文件"。

提示：这里的交互图标名称一定要与Authorware自带的菜单名称一致，如是英文版本，则用"File"，这样在程序运行时就可以将Authorware自带的菜单替换掉，为后面的擦除做好准备。

步骤6：拖拽一个显示图标至"文件"交互图标的右侧，释放鼠标，选择"下拉菜单"交互类型。显示图标名称为默认的"未命名"。

步骤7：双击"未命名"显示图标上方的交互标志"☰"，显示"响应属性"属性面板。选择"响应"选项卡中的"范围"为"永久"，其余选项使用默认值。如图5-91所示。

步骤8：拖拽一个"擦除图标"📇到"擦除Authorware菜单"群组图标流程线上，并命名为"擦除菜单"。

步骤9：运行程序，当程序运行到"擦除菜单"图标时，程序停止，显示擦除图标的属性面板，对准演示窗口的"文件"菜单单击，则"文件"菜单被擦除。擦除图标属性面板如图5-92所示。

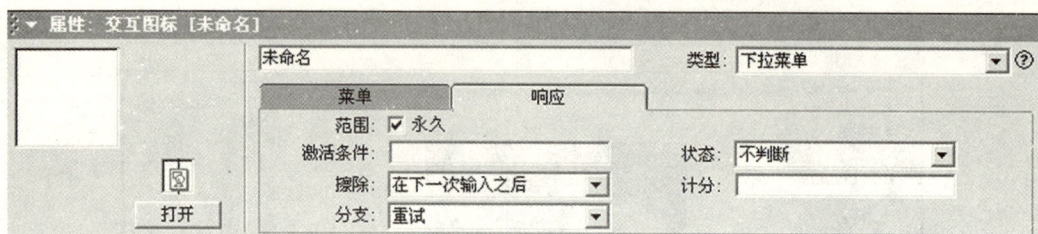

图5-91 菜单交互属性

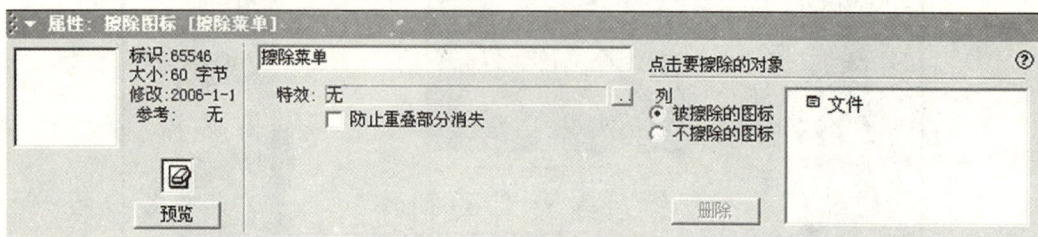

图5-92 擦除菜单属性

步骤10：关闭"擦除Authorware菜单"群组图标窗口，返回到主流程线，运行程序，发现演示窗口中"文件"菜单被擦除（菜单栏还存在）。

步骤11：保存文件为"下拉菜单交互.a7p"。至此，Authoreware自带"文件"菜单被擦除。程序设计窗口如图5-93所示。

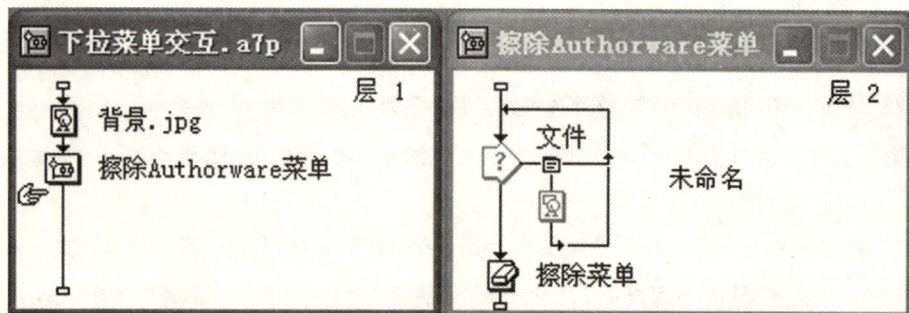

图5-93 擦除文件菜单效果

（二）建立"植物"菜单

"植物"菜单包含5个子菜单，单击各子菜单显示相应的图片。下面，我们在以上的基础上继续对"下拉菜单交互.a7p"程序设计。

步骤1：拖拽一个"群组图标"[图]至流程线，并命名为"植物菜单"。

步骤2：双击打开"植物菜单"群组图标，本部分的设计是在该群组图标中的流程线上设计。

步骤3：拖拽一个"交互图标"[图]到群组图标流程线上，并命名为"植物"。

步骤4：单击"植物"交互图标右下侧，粘贴指针变为"🖐"形状，单击常用工具栏上的"导入"按钮🖻，在流程线上建立名称为"梅花.jpg"的显示图标，在弹出的"交互类型"对话框中选择"下拉菜单"，将显示图标的名称改为"梅花"。

步骤5：双击"梅花"显示图标上方的交互标志"📰"，在出现的"响应属性"属性面板中设置"菜单"选项卡中的"快捷键"后的输入框为"1"（本项设置表示"梅花"子菜单程序的快捷键是"Ctrl+1"）；设置"响应"选项卡中的"范围"为"永久"，"分支"为"返回"，其余选项使用默认值。"梅花菜单项"设置完毕。

步骤6：使用同样的方法创建"梅花"、"兰花"、"牡丹"、"竹子"菜单。

步骤7：关闭"植物菜单"群组图标窗口，返回到主流程线，运行程序，可以看到单击"植物"中相应的子菜单或者使用快捷键（5个子菜单对应1到5个数字）则显示相应植物的图片。

步骤8：保存程序。至此，程序设计窗口如图5-94所示。

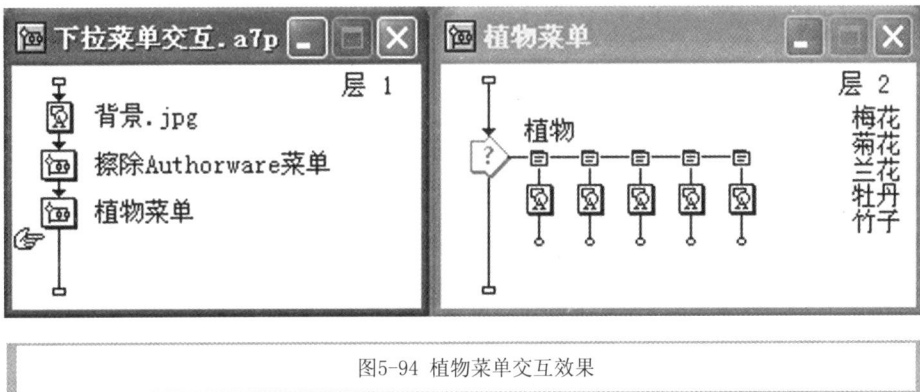

图5-94 植物菜单交互效果

（三）建立"控制"菜单

在"控制"菜单中建立"退出"子菜单，用于程序的退出。下面在以上设计的基础上继续设计程序"下拉菜单交互.a7p"。

步骤1：拖拽一个"群组图标"🔟至流程线，并命名为"控制菜单"。

步骤2：双击打开"控制菜单"群组图标，拖拽一个"交互图标"⟨?⟩到该群组图标流程线上，并命名为"控制"。

步骤3：拖拽一个"计算图标"▣到"控制"交互图标右下侧，在弹出的"交互类型"对话框中选择"下拉菜单"，并命名该计算图标为"退出"。

步骤4：双击"退出"计算图标上方的交互标志"📰"，在出现的"响应属性"属性面板中设置"响应"选项卡中的"范围"为"永久"、"分支"为"返回"，其余选项使用默认值。

步骤5：双击"退出"计算图标，打开一个代码编辑窗口，输入"Quit（0）"，表示单击"退出"子菜单，课件程序关闭。

步骤6：运行程序，单击"控制"→"退出"，则演示窗口关闭，程序返回设计状态。

步骤7：保存程序。至此，程序设计窗口如图5-95所示。

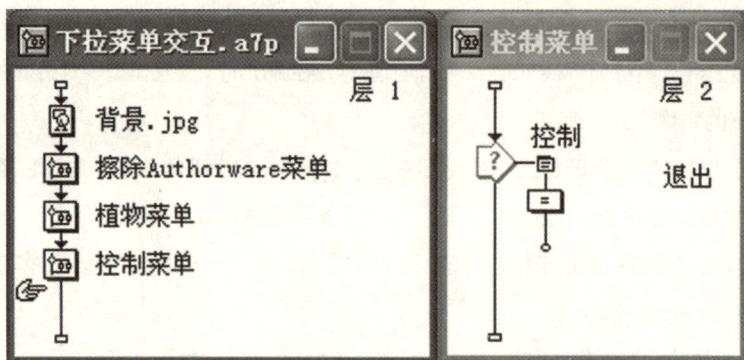

图5-95 控制菜单交互效果

五、使用文本输入响应实现交互

使用"文本输入"响应实现交互在课件设计时运用较多,如对用户身份的合法性进行认证时的密码输入、练习测试时的填空题等。

本例"文本输入交互.a7p"在文本输入响应的基础上,根据实际要求增加了"重试限制"响应和"时间限制"响应。该范例虽然涉及的响应种类多,但道理比较简单:首先显示一个用户输入密码的窗口"背景与题目",然后课件接受用户的文本输入,如果输入的文本是"12345",课件显示一个"提示正确"的界面,单击鼠标或按任意键即运行在前面设计的"按钮交互.a7p"程序,如果输入不正确,程序显示一个"提示错误"的界面,并接受用户重新输入。当用户输入次数超过五次时程序会出现一个"提示信息"告诉用户程序将退出;同样,当用户输入密码时间超过设定的60秒时,程序也会告诉用户课件将退出的信息。程序设计窗口与各群组图标内容以及程序运行部分界面如图5-96、图5-97所示。

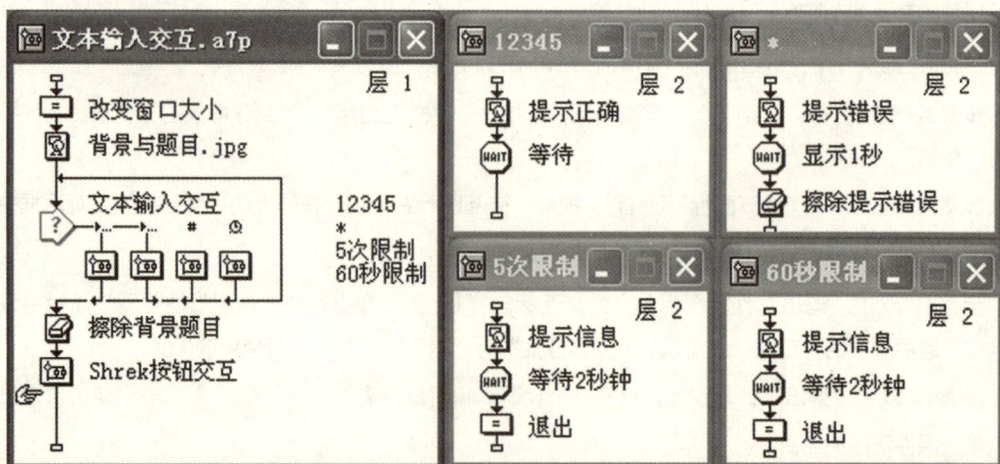

图5-96 文本交互设计流程

图5-97 文本交互效果

（一）"文本输入"交互设计

1. 密码输入正确时响应设计

步骤1：启动Authorware 7.0，新建一个Authorware文件。设置文件属性为"显示标题栏"、"屏幕居中"，其他为默认值。

步骤2：拖拽一个"群组图标" ▣ 至流程线，命名为"改变窗口大小"。双击该图标，在代码编辑器中输入代码"ResizeWindow（513,326）"，即对窗口大小进行设置。（这两个数字是根据"按钮交互"演示窗口大小确定的）

步骤3：在流称线上导入名称为"背景与题目.jpg"的显示图标。其内容不需要修改。

步骤4：拖拽一个"交互图标" ⑦ 到流程线上，并命名为"文本输入与交互"。

步骤5：拖拽一个"群组图标" ▣ 到"文本输入与交互"图标的右侧，在弹出的"交互类型"对话框中选择"文本输入"，并命名该群组图标为"12345"。（表示只要输入的是"12345"就执行该分支程序）

步骤6：双击"12345"群组图标上方的交互标志" ▶... "，在弹出的"响应属性"属性面板中设置"响应"选项卡中的"擦除"为"在退出时"、"分支"为"退出交互"，其余选项使用默认值。设置如图5-98所示。这些设置表示分支程序内容在程序退出交互时擦除。另外，程序执行完分支程序即退出交互，回到主流程线，执行交互图标下面的程序。

步骤7：运行程序，程序的演示窗口为计算图标设置的大小，显示输入密码窗口之后，在演示窗口中显示一个向右的黑三角形与一个文本输入指针" ▶ | "，这个就是文本输入交互响应产生的接受用户输入

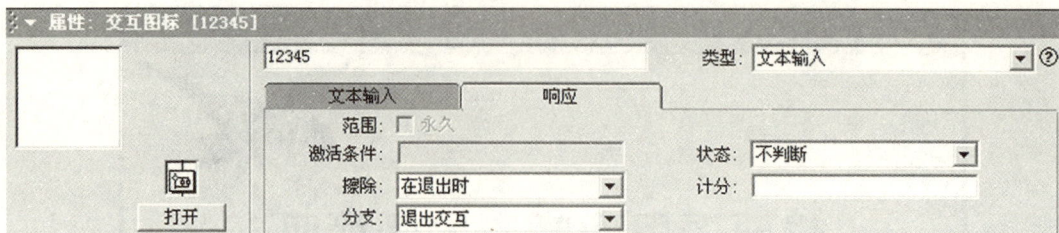

图5-98 文本交互正确属性

的"交互作用文本字段"。

步骤8：按"Ctrl＋P"或者单击程序设计窗口暂停程序运行，这时"交互作用文本字段"在演示窗口显示为▸□，用鼠标单击虚框内部，则在虚框上显示6个控制点□□□，这时可以更改其位置与大小，此时双击虚框内部即显示"交互作用文本字段"属性设置对话框，如图5-99所示。

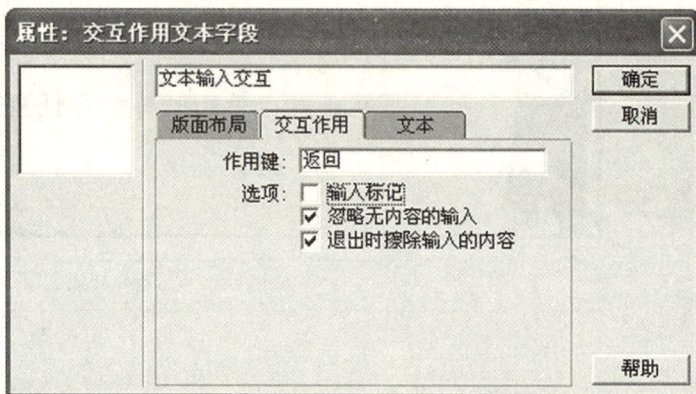

图5-99 文本输入字段

■ 属性对话框"版本布局"主要是关于文本输入框的大小、位置等。因我们已在前面设置过，所以这里使用默认值。

■ 在"交互作用"选项卡中我们取消"输入标志"，这样在运行课件时，文本输入指针的向右黑三角形取消，只显示一个闪烁的输入指针标志。其他选项为默认值。

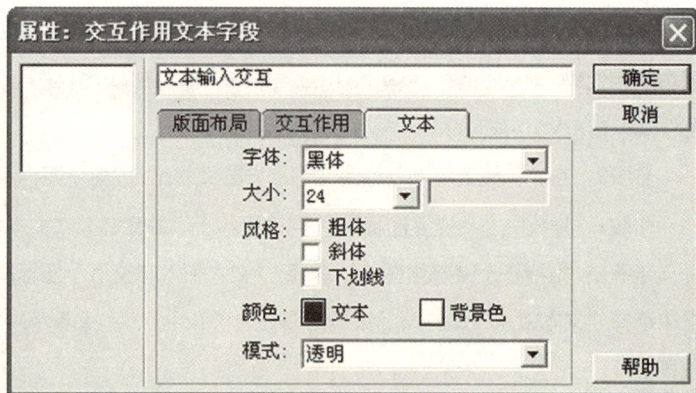

图5-100 文本输入字段

■ 属性对话框的"文本"选项卡用于设置输入文本的格式。相关设置请参照图5-100。

步骤9：回到主流程线上，双击群组图标"12345"，对用户输入正确密码进行响应。

■ 拖拽一个"显示图标"圖到群组图标"12345"流程线上，命名为"提示正确"，双击打开，在演示窗口下方输入"密码正确，单击鼠标或按任意键进入！"，设置"黑体"、"14"、"红色"、"消除锯齿"。

■ 拖拽一个"等待图标"[HAIT]到群组图标上，命名为"等待"。设置"单击鼠标"和"按任意键"两项，其余都不选择。

步骤10：运行课件。当用户输入正确密码"12345"后，课件提示一个正确信息，用户单击鼠标或按任意键后程序退出交互，运行主流程线上"文本输入交互"交互图标的下一图标，这里是运行"Shrek按钮交互"群组图标内容。

步骤11：保存程序为"文本输入交互.a7p"。至此，程序设计窗口如图5–101所示。

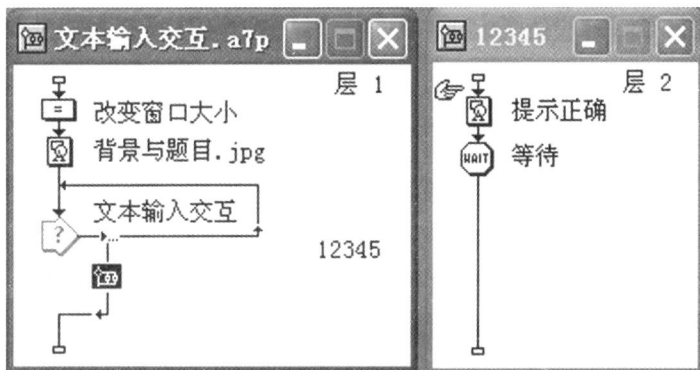

图5-101 文本交互正确效果

2. 密码输入错误时响应设计

在以上设计的基础上继续对程序"文本输入交互.a7p"加以完善。本例的步骤需要实现以下目的：当用户输入一个错误密码并按回车确认时，课件显示一个提示错误的信息，等待1秒或单击鼠标或按任意键，显示信息被擦除，输入的文本也同时被擦除，课件又开始重新接受用户的输入。

步骤1：拖拽一个"群组图标"[皿]到"文本输入与交互"图标的右下侧，并且在群组图标"12345"的右侧，并命名为"*"。本次没有弹出"交互类型"对话框，而是沿用了"12345"群组图标的交互属性设置，其交互类型也是"文本输入"，响应属性也是："擦除"为"在退出时"，"分支"为"退出交互"。这里我们修改"擦除"为"下一次输入之后"、"分支"为"重试"。这样保证用户输入错误密码还给多次输入的机会。

步骤2：双击打开群组图标"*"，对用户输入错误密码进行响应。

■ 拖拽一个"显示图标"[圙]到群组图标"*"流程线上，命名为"提示错误"，双击打开，在演示窗口下方输入"密码错误，请重新输入！"，设置"黑体"、"14"、"红色"、"消除锯齿"。

■ 拖拽一个"等待图标"[HAIT]到群组图标"*"流程线上，命名为"显示1秒"。设置"单击鼠标"、"按任意键"和"时限"为1秒，其余都不选择。

■ 拖拽一个"擦除图标"[◿]到群组图标"*"流程线上，命名为"擦除提示错误"。

■ 运行程序，输入一个错误的密码，程序运行"*"群组图标分支程序，当运行到"擦除提示错误"擦除图标时，程序停止运行，显示"擦除图标"属性面板，单击"密码错误，请重新输入！"和刚输入的文本，则它们被擦除。属性面板如图5-102所示。

步骤3：程序"文本输入交互.a7p"中的密码输入错误时的响应设计完成。运行并保存课件。至

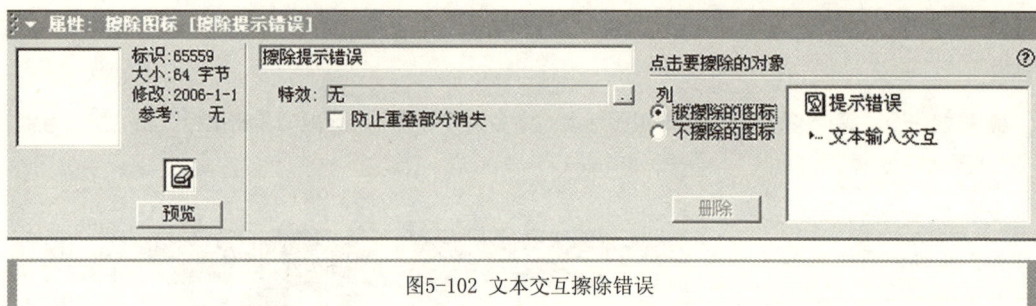

图5-102 文本交互擦除错误

此，程序设计流程图如图5-103所示。

（二）"重试限制"交互设计

在前面设计的基础上继续设计程序"文本输入交互.a7p"。下面这部分操作是实现对用户输入密码次数进行限制。当用户输入密码次数超过五次时，课件给用户一个显示信息："对不起！超过最大输入次数限制，程序将自动退出！"2秒钟之后程序自动退出。下面是具体操作步骤。

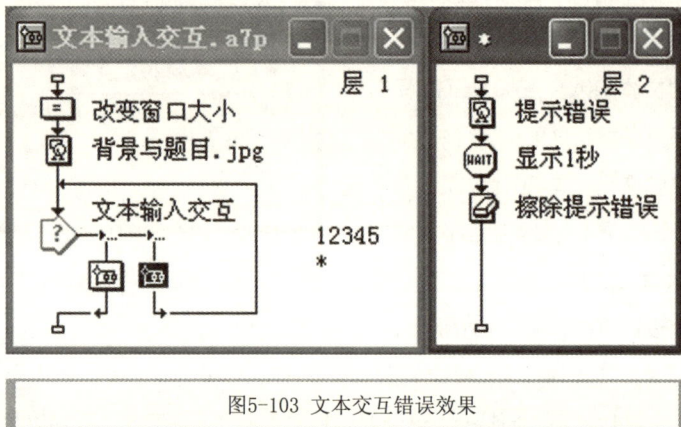

图5-103 文本交互错误效果

步骤1：拖拽一个"群组图标" 到"文本输入与交互"图标的右下侧，并且在群组图标"*"的右侧，命名为"5次限制"。

步骤2：双击"5次限制"群组图标上方的交互标志"▶…"，在弹出的"响应属性"属性面板中设置"交互类型"为"重试限制"，这时属性面板中的选项卡也发生相应的变化。

■ 设置"重试限制"选项卡中的"最大限制"为"5"。

■ "响应"选项卡中的"擦除"为"下一次输入之后"、"分支"为"退出交互"（Return），其余选项使用默认值。

步骤3：拖拽一个"显示图标" 到群组图标"5次限制"流程线上，命名为"提示信息"，双击打开，在演示窗口下方输入"对不起！超过最大输入次数限制，程序将自动退出！"设置"黑体"、"12"、"红色"、"消除锯齿"。

步骤4：拖拽一个"等待图标" 到群组图标"5次限制"流程线上，命名为"等待2秒"。设置"时限"为2秒，其余都不选择。

步骤5：拖拽一个"计算图标" 到流程线上，命名为"退出"，双击打开"退出"计算图标，输入"Quit（0）"语句，表示程序退出。

步骤6：运行程序，输入5次错误信息，课件则退出。

步骤7：保存程序。至此，程序设计窗口如图5-104所示。

（三）"时间限制"交互设计

"时间限制"交互常用于测试的时间控制，在规定时间内完成密码输入等程序设计。下面我们在前面设计的基础上，进一步对"文本输入交互.a7p"程序进行功能完善。本部分设计的目的

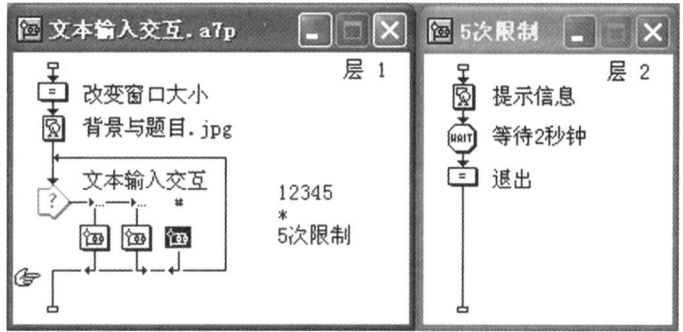

图5-104 文本交互5次限制

在于：当用户输入密码总时间超过60秒时，程序显示"对不起！超过最长输入时间限制，程序将自动退出！"信息，2秒钟之后，程序将自动退出。下面是具体操作步骤。

步骤1：拖拽一个"群组图标" 到"文本输入与交互"图标的右下侧，并且在群组图标"5次限制"的右侧，命名为"60秒限制"。

步骤2：双击"60秒限制"群组图标上方的交互标志" # "，在弹出的"响应属性"属性面板中设置"交互类型"为"时间限制"，这时属性面板中的选项卡也发生相应的变化。

■ 设置"时间限制"选项卡中的"时限"选项为"60"秒。

■ 设置"中断"为"继续计时"。其他选项不选。设置如图5-105所示。

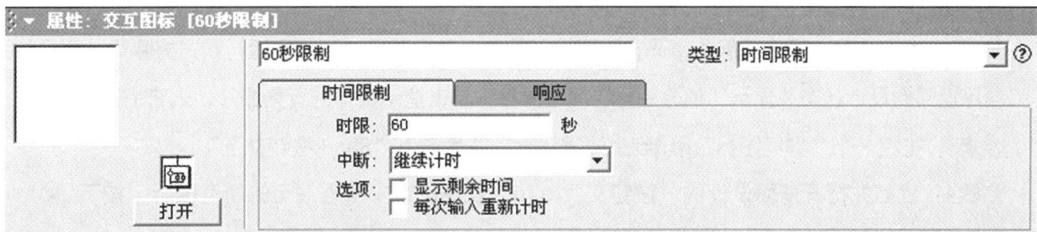

图5-105 文本交互60秒限制

步骤3：双击打开"60秒限制"群组图标，拖拽一个"显示图标" 到群组图标"60秒限制"流程线上，命名为"提示信息"，双击打开该显示图标，在演示窗口下方输入"对不起!超过最长输入时间限制，程序将自动退出！"设置"黑体"、"12"、"红色"、"消除锯齿"。

步骤4：拖拽一个"等待图标" 到群组图标"60秒限制"流程线上，命名为"等待2秒"。设置"时限"为2秒，其余都不选择。

步骤5：拖拽一个"计算图标" 到流程线上，命名为"退出"，双击打开"退出"计算图标，输入"Quit（0）"语句，表示程序退出。

步骤6：运行程序，当输入密码时间超过60秒时，课件自动退出。

步骤7：调试整个程序。对有关图片、文本输入框、显示信息的位置大小等进行调整。

步骤8：保存程序。至此程序设计窗口如图5-106所示。

（四）增加"按钮交互.a7p"程序到本范例

当用户输入正确的密码之后，程序显示"密码正确，单击鼠标或任意键进入！"的提示信息，但我们单击或按任意键时，程序退出交互，返回到主流程线上运行"文本输入交互"交互图标的下一个图标。这里我们希望背景与题目的图片擦除，然后显示"按钮交互.a7p"的内容。下面继续设计"文本输入交互.a7p"。

步骤1：拖拽一个"擦除图标" 到程序主流程线上，命名为"擦除背景题目"。

图5-106 文本交互60秒效果

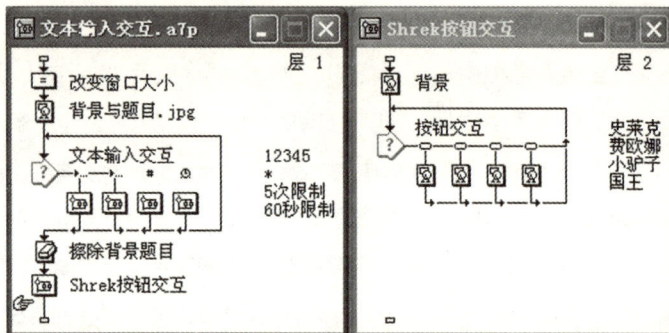

图5-107 文本交互全部

步骤2：运行程序，输入正确的密码，出现提示信息，单击鼠标，则程序运行到"擦除背景题目"图标，程序返回到设计状态并显示"擦除图标"属性面板，单击演示窗口的背景图片，则它们被擦除。

步骤3：拖拽一个"群组图标" 到主流程线上，并命名为"Shrek按钮交互"。

步骤4：找到并打开前面设计的"按钮交互.a7p"程序，选中流程线上的所有图标，按下"Ctrl＋C"进行复制，关闭该程序。

步骤5：双击打开"文本输入交互.a7p"流程线上的"Shrek按钮交互"群组图标，并按下"Ctrl＋V"将剪切板上的内容粘贴到该群组图标内。

步骤6：保存程序。至此，"文本输入交互.a7p"程序设计完毕。程序设计窗口如图5-107所示。

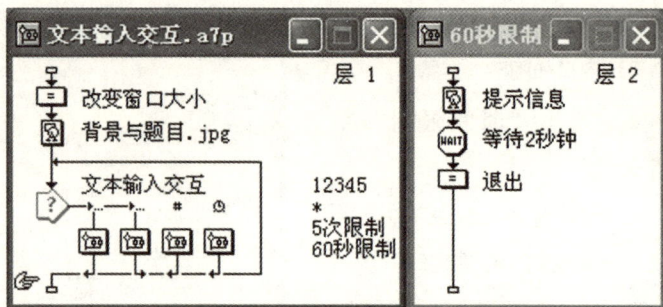

思考与练习题：

1. 学习Authorware的新功能。
2. 掌握Authorware的基本使用方法。
3. 熟练掌握在课件中添加各种教学素材的方法。
4. 如何设置课件的动画与交互?
5. 在完成本章学习后提交一份使用Authorware制作的课件作业。

第六章　使用Macromedia Authorware 7.0制作美术教学课件

制作课件之前要进行怎样的教学设计？如何制作美术教学多媒体教学课件？这就是本章所需要解决的问题。本章将通过详解两个美术课程多媒体教学课件——高中美术课程《漫步中外园林艺术》和小学美术课程《画影子》的多媒体课件制作过程，使读者掌握使用Authorware制作美术教学课件的基本方法与步骤。

第一节 小学美术《画影子》课程的多媒体课件制作详解

一、《画影子》教学设计

（一）课题

画影子

（二）教材

人民美术出版社《美术》第四册第14课

（三）教学时间

1课时

（四）学情分析

生活中的"影子"能使大自然和我们的生活更美，更富有情趣。通过这节课的学习，使学生学会捕捉和表现生活中美好的景象。通过观察、记忆、想象，表现出"影子"富有梦幻般变化的特点，体现出有趣的生活情节，从而体验到生活的情趣。提高学生绘画的想象力和创造能力。

（五）教材分析

本课属于"造型·表现"领域范畴。本课教材的意图是通过欣赏有趣、多变的影子形象，使学生感受到美是无处不在的，需要我们去发现。启发学生思考"影子"都会在哪些情况下产生，它有什么特点，从而培养学生善于发现、善于思考、大胆表现的个性。

（六）教学目标

1. 知识与能力目标

了解影子的含义。培养学生注意观察生活中的影子，进而能运用几种比较简单的方法表现出生动、活泼、有趣的画面，使学生的观察能力、记忆能力、表现能力进一步得到提高。

2. 过程与方法目标

通过多媒体课件让学生观看生活中各种有趣的影子，欣赏有关影子的艺术作品。采用讲解、提问、讨论、演示等教学方法，使学生善于捕捉和表现生活中美好的景象。

3. 情感、态度与价值观目标

让学生体会到绘画活动的愉悦，感受到生活的美好，从而更好地热爱生活，树立健康的审美情趣和良好的品德情操。

（七）教学重点

观察、记忆影子的变化，感受影子给我们的生活带来的美感。

（八）教学难点

如何运用各种方法来表现和创造影子。

（九）材料准备

课件、图片、彩笔、油画棒、颜料等。

二、《画影子》教学多媒体课件结构设计

（一）多媒体课件制作思路

在分析前面教学设计的基础上，我们将教学多媒体课件设计为四个模块：导入、讲授新课、尝试练习和作业。按照课堂演示型课件制作，每个部分主要的功能在于辅助教师课堂教学展示，所以在制作此类课件时，一般多用显示图标、等待图标和擦除图标。为了增加擦除的艺术效果，我们在课件制作时设置了擦除图标的转场过渡（Transition）效果。课件中的图片全部是通过导入（Import）的方式引用的，读者在练习制作本课件时可根据流程图上显示图标的名称来导入相应的图片文件。

（二）程序主流程图

程序主流程图如图6-1所示。

Authorware程序设计：

步骤1：启动中文版Authorware 7.0，新建一个文件，并按下图所示设置文件属性。（图6-2）

步骤2：按图6-1所示，在流程图上拖拽四个群组图标，并分别命名。

步骤3：将文件保存为"画影子.a7p"。

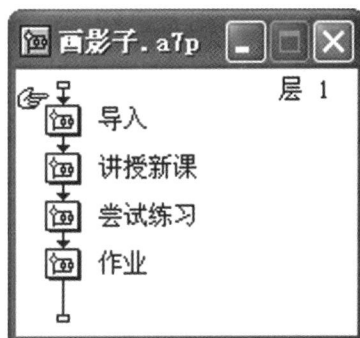

图6-1 主流程图

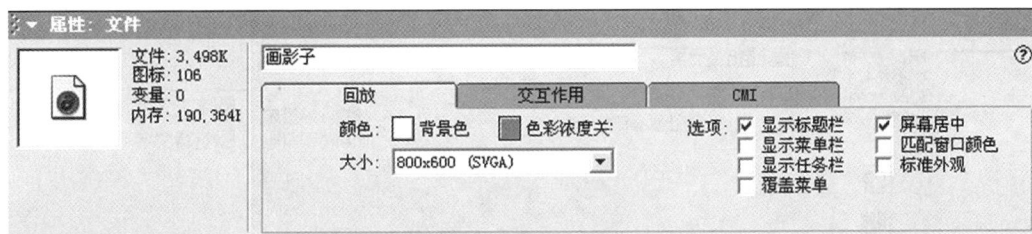

图6-2 文件属性面板

三、《画影子》教学过程说明及多媒体课件制作

（一）导入新课

1. 教学思路

"导入"部分，首先呈现一个谜语，学生猜出来之后，显示本节课的学习主题"画影子"。教师提问："你走它也走，你动它也动。就在脚下面，怎么也抓不住。"同学们你们知道这是什么吗？（影子）这些影子像什么？今天我们就来学习《画影子》。

2. Authorware程序设计

"导入"模块程序流程图如图6-3所示。

"等待"图标属性设置如图6-4所示。

"擦除图片及文字"图标属性设置如图6-5所示。

"擦除图片"图标属性设置如图6-6所示。

运行程序，效果如图6-7、图6-8所示。

至此，"导入"部分制作完毕。

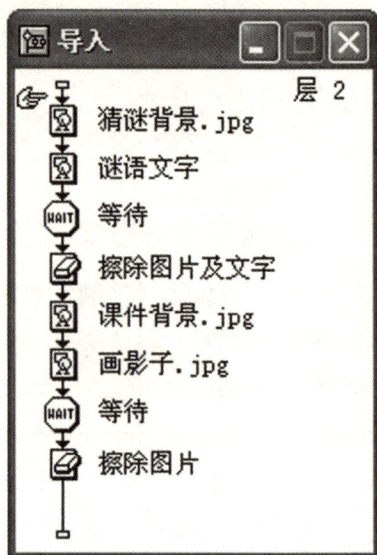

图6-3 导入流程

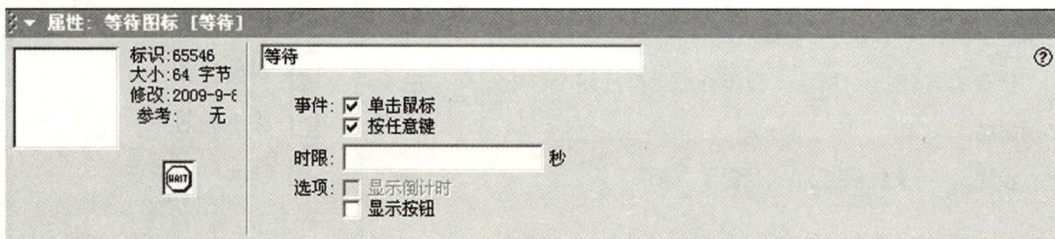

图6-4 导入等待属性

图6-5 导入擦除1属性

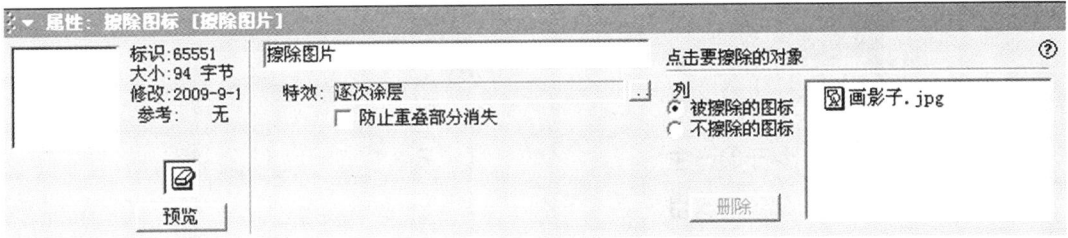

图6-6 导入擦除2属性

图6-7 导入猜一猜效果

图6-8 导入主题效果

（二）讲授新课

1. 教学思路

按照教学设计的要求，"讲授新课"部分可以包含"有趣的影子"、"影子的产生"、"影子的利用"、"生活中的影子"和"大师和小朋友的画"五个二级模块。

2. Authorware程序设计

"讲授新课"模块程序流程图如6-9图所示。

（1）"有趣的影子"模块设计

"有趣的影子"模块的作用在于显示三组手影图。由于这里的"等待"图标、"擦除"图标的属性设置同"导入"模块所述，这里不再赘述。（图6-10）

其中的三组手影图标内容如图6-11所示。

运行程序，效果如图6-12、图6-13所示。

（2）"影子的产生"模块设计

"影子的产生"流程图如图6-14所示。

运行程序，效果如图6-15所示。

（3）"影子的利用"模块设计

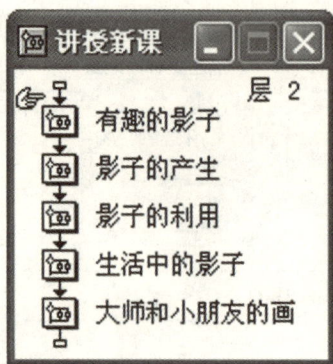

图6-9 讲授新课流程

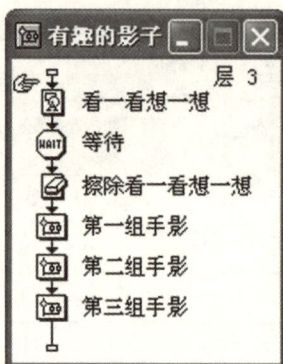

图6-10 讲授新课有趣流程

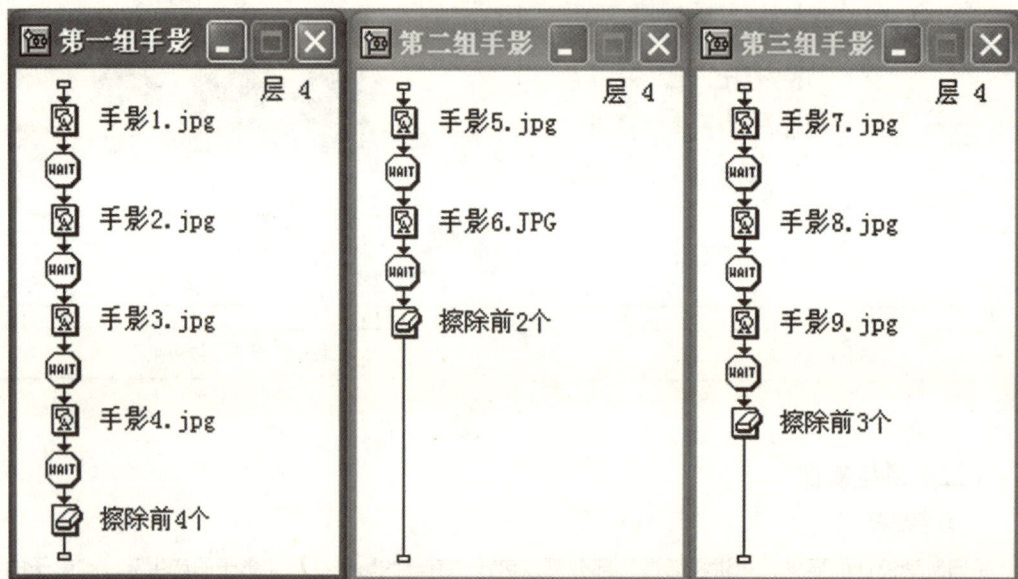

图6-11 讲授新课三组手影流程

图6-12 讲授新课三组手影效果

图6-13 讲授新课三组手影效果

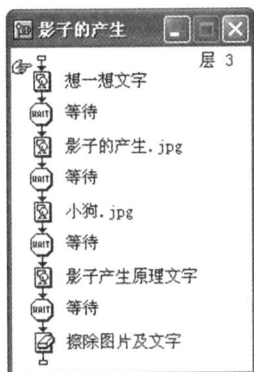

图6-14 讲授新课产生流程

图6-15 讲授新课产生效果

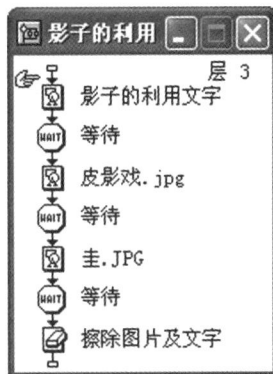

图6-16 讲授新课利用流程

"影子的利用"流程图如图6-16所示。

运行程序，效果如图6-17所示。

（4）"生活中的影子"模块设计

"生活中的影子"流程图如图6-18所示。

运行程序，效果如图6-19所示。

（5）"大师和小朋友的画"模块设计

"大师和小朋友的画"流程图如图6-20所示。

运行程序，效果如图6-21所示。

（三）尝试练习

1. 教学思路

该模块主要介绍将影子画得更漂亮的四种方法，然后提供两幅以前学生画作供学生参考。

（1）教师提出问题

影子有什么特点？给我们什么感受？

怎样用绘画的方法表现影子？

（2）学生讨论

灯光下的影子是黑色的；

水中的倒影是彩色的；

影子随着物象动；

影子被风吹得在动。

（3）出示工具材料，让学生大胆尝试

在画好的画下面添加影子。

（4）老师补充其他的表现方法

土圭是最古老的计时仪器，是一种构造简单、直立的地上的杆子用以观察太阳光投射的杆影，通过杆影移动规律、影的长短，以定冬至、夏至日。

图6-17 讲授新课利用效果

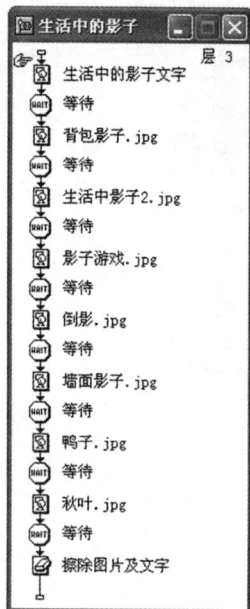

图6-18 讲授新课生活流程

图6-19 讲授新课生活效果

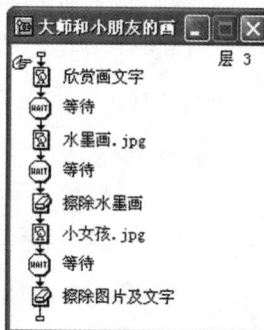

图6-20 讲授新课大师流程

图6-21 讲授新课大师效果

2. Authorware程序设计

"尝试联系"模块程序流程图如图6-22所示。

（1）"四种画法"模块设计

"四种画法"流程图如图6-23所示。

运行程序，部分效果图如图6-24所示。

（2）"作品展示"模块设计

"作品展示"流程图如图6-25所示。

运行程序，部分效果图如图6-26所示。

（四）作业

"作业"模块流程图如图6-27所示。

运行程序，部分效果图如图6-28所示。

至此，课件"画影子"制作完毕。

图6-22 尝试流程

思考与练习：

选择中小学美术教材中的一个单元，进行教学设计与教学课件制作。

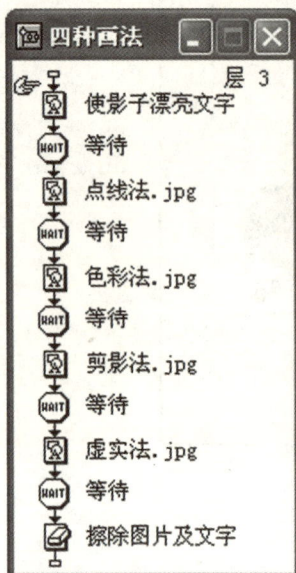

图6-23 尝试四种画法流程

图6-24 尝试四种画法流程

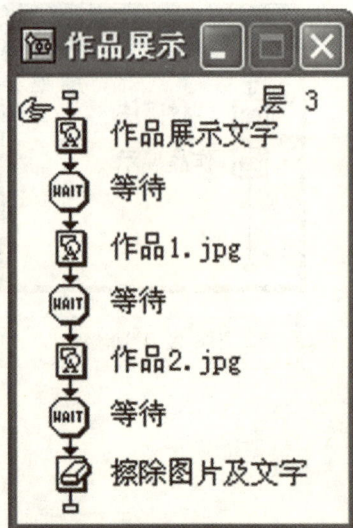

图6-25 尝试作品展示流程

图6-26 尝试作品展示效果

图6-27 作业流程

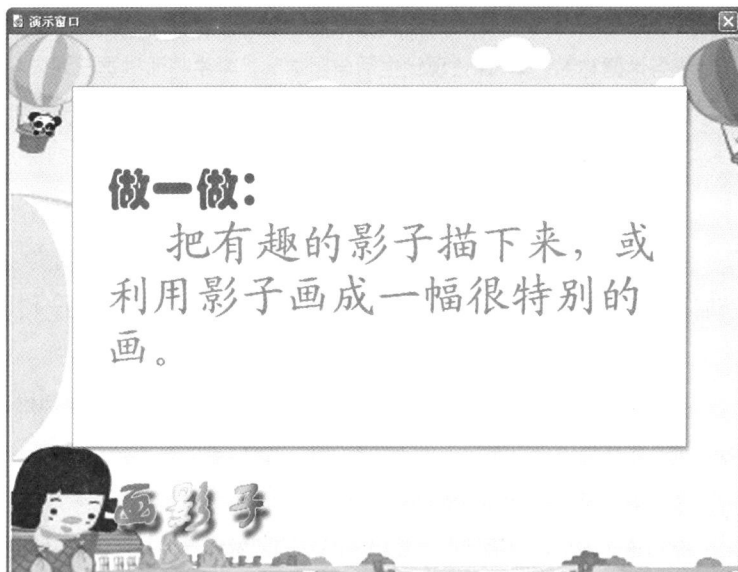

图6-28 作业效果

第二节 《漫步中外园林艺术》多媒体课件制作详解

一、《漫步中外园林艺术》教学设计

（一）课题

漫步中外园林艺术

（二）教材

人民美术出版社普通高中课程标准实验教科书《高中美术鉴赏》第20课

（三）课时

1课时

（四）学情分析

授课对象是高一年级普通班的学生，作为高中生虽然已具有良好的思维品质和辨析能力，但仍然需要掌握正确的鉴赏美术作品的方法，提高审美感知能力，在建构这一新知识的过程中，需要逐步培养其探索研究的精神并引导学生在尊重世界多元化和多样艺术风格的基础上，加强民族审美意识，从多角度理解鉴赏美术作品，促进个人综合素质的全面发展。

（五）教材分析

中外园林艺术流派众多，知识容量大，授课时避免面面俱到，力求做到脉络清晰，重点突出，故通过单元教学设计突出重点，深化书本内容，设置一个单元三个课时：第1课《中国苏州园林》；第2课《世界各地园林》；第3课《现代生活与园林》。学生将通过这三课内容从古至今，从中到外，从远及近地了解、感受、赏析园林艺术的魅力。本例为第1课，以苏州园林为代表感受中国园林的精深文化之美。

（六）教学目标

1. 知识与能力目标

初步了解中外典型园林艺术，了解其异同点。从自然美、空间美、人文美三个方面深入领会中国苏州园林的艺术精髓，理解园林是作为载体传载着中国的传统文化的一门综合艺术。

2. 过程与方法目标

按照由感性到理性，由形式到内涵，由表及里的过程，由教师扮"导游"的角色，引导学生"游客"进入园林当中，以愉悦的视听游览方式去获得本课的知识"景点"。

3. 情感、态度与价值观目标

掌握这些内容，能够帮助学生培养基本的艺术修养，从而逐步建立自己的审美观。

（七）教学重点

帮助学生了解中外园林的主要流派及其特征，建立对园林艺术概貌的认识，培养初步的鉴赏能力。

（八）教学难点

探索不同园林艺术流派的产生原因及发展脉络，从而学会分析艺术现象背后的本质原因和决定因素。

（九）教学准备

多媒体课件。

二、《漫步中外园林艺术》教学多媒体课件设计

1. 模块设计

在分析前面教学设计的基础上，我们将教学多媒体课件设计为三个模块：课程导入、授课部分、课件结尾。对应的Authorware程序流程图如图6-29所示。

Authorware程序设计：

步骤1：启动中文版Authorware 7.0，新建一个文件，并按图6-30所示设置文件属性。

步骤2：按图6-29所示，在流程图上拖拽三个群组图标，并分别命名。

步骤3：将文件保存为"中外园林艺术.a7p"。

2. "课程导入"模块

该模块所含内容不多，主要是通过播放一段昆剧视频，创设教学情境，引入教学主题。该模块程序

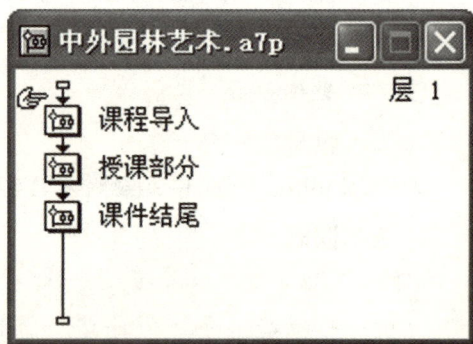

图6-29 主流程图

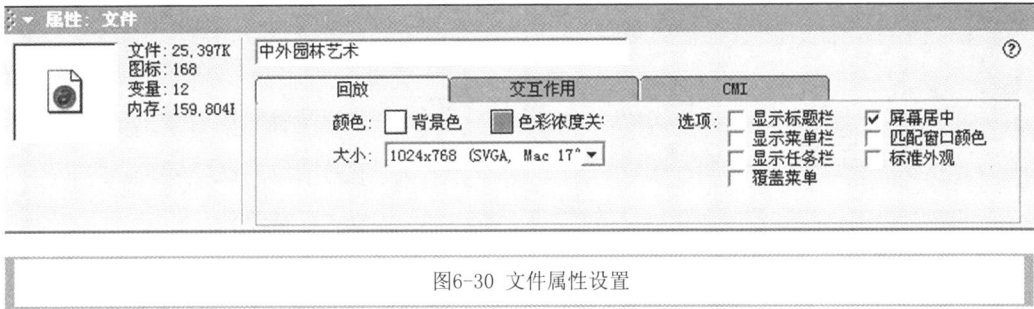

图6-30 文件属性设置

图如图6-31所示。

3. "授课部分"模块

授课部分是本课件的主体。该模块包括4个子模块："中外园林对比"模块、"苏州园林赏析"模块、"练习与实践"模块、"交流与共享"模块。其中"苏州园林"模块又细分为"空间美"、"人文美"、"艺术美"三个子模块。

该模块结构如图6-32所示。

该模块对应的流程图如图6-33、图6-34所示。

其中，"中外园林对比"模块对应的流程图如图6-35所示。

其中，"苏州园林赏析"模块对应的流程图如图6-36所示。

其中，"知识交流与共享"模块对应的流程图如图6-37所示。

其中，"实践练习"模块对应的流程图如图6-38所示。

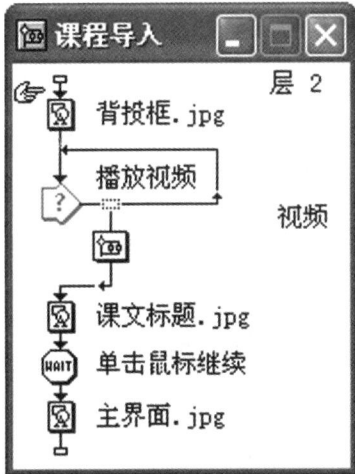

图6-31 课程导入流程图

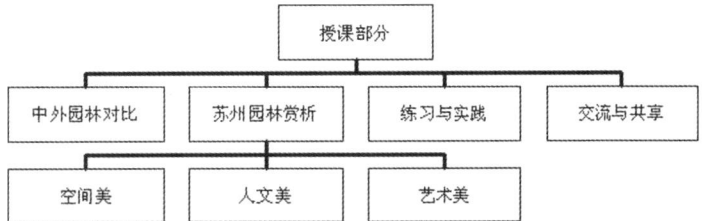

图6-32 "授课部分"模块图

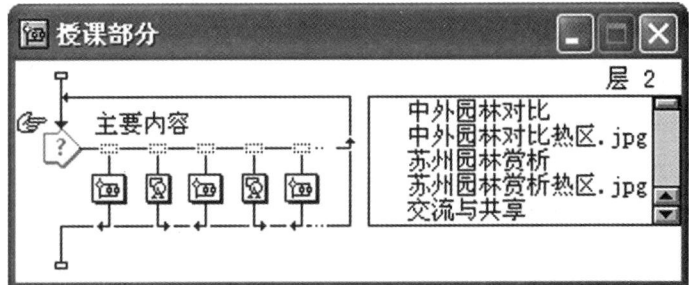

图6-33 "授课部分"流程图1

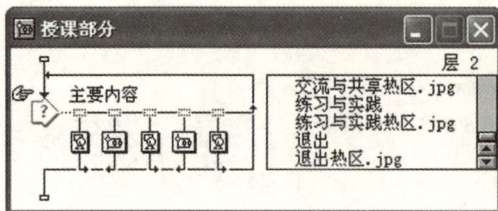

图6-34 "授课部分"流程图2

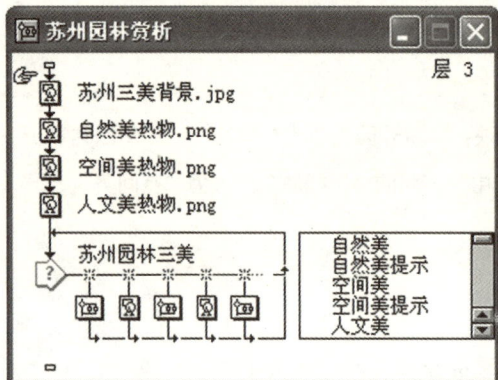

图6-35 "中外园林对比"模块流程图

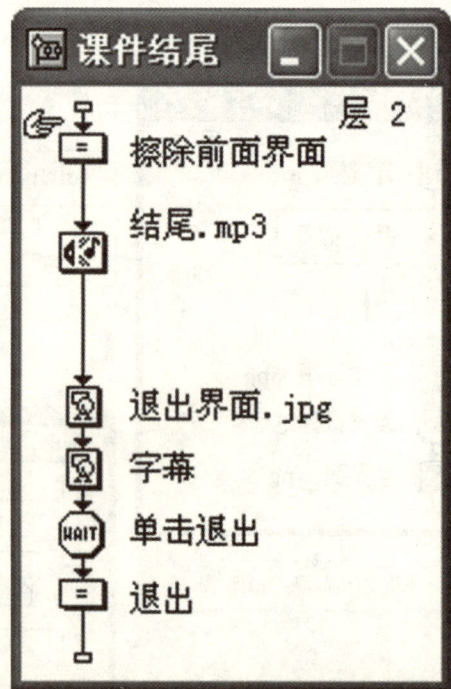

图6-36 "苏州园林赏析"流程图

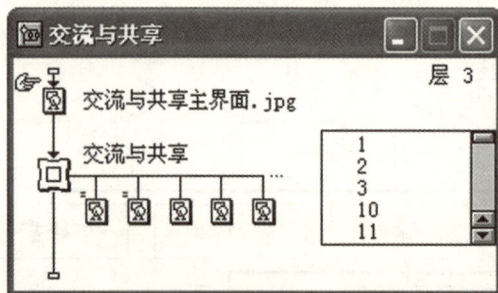

图6-37 "交流与共享"流程图

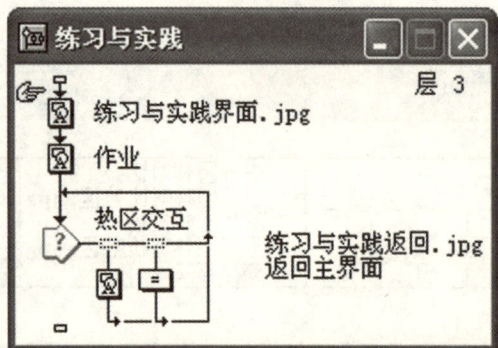

图6-38 "实践练习"流程图

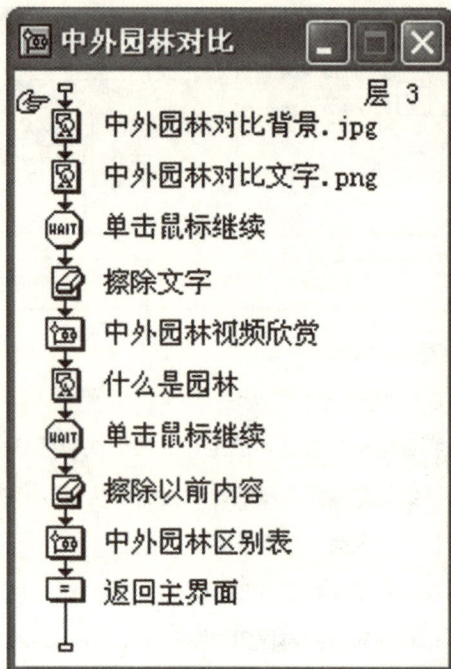

图6-39 "课件结尾"流程图

4. "课件结尾" 模块

该模块用于介绍课件的制作单位、设计人员以及制作日期等信息。该模块对应的流程图如图6-39所示。

三、《漫步中外园林艺术》课堂教学过程与教学课件制作

（一）新课导入

1. 教学思路

由昆曲《牡丹亭》导入，不仅是因为昆曲与园林存在着殊途同归的传统文化内涵，更重要的是这段《牡丹亭》所唱的"不到园林怎知春色如许"，"朝飞暮卷，云霞翠轩，云丝风片，烟波画船"是本课的课题和书中110页的文字内容。由此导入，可以使学生迅速了解课题"不到园林怎知春色如许"的出处和由来。正如教参所言："本课的题目引用这个名句，也是想表达昆曲与园林相融的特殊意味。"

播放一段《牡丹亭》的昆曲选段听曲，读词和赏乐之后，教师提问：

（1）说说这是哪里的地方戏曲？教师公布答案，引出昆曲。

（2）说说昆曲与中国苏州园林的关系。

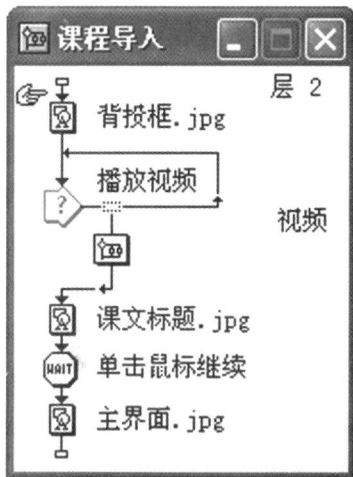

图6-40 课程导入流程图

图6-41 课程导入运行效果

教师归纳学生发言：曲名与园名相通——《牡丹亭》；曲情与园情交融——发生在园林中的一段奇梦情缘；曲风与园林结构异曲同工——悠婉清雅，一曲三叹的唱腔与园林"曲折亭台婉转桥"的格局。

2. Authorware程序设计

"课程导入"模块的最终流程图如图6-40所示。

步骤1：打开"课程

导入"群组图标，在流程线上通过"导入"的方法导入配套光盘中的"背投框.jpg"图片，此时创建了一个以"背投框.jpg"为名的显示图标。打开此显示图标，输入"单击鼠标播放..."，并设置合适的字体字号。效果如图6-41所示。

步骤2：拖拽一个交互图标到"课程导入"流程线上，命名为"播放视频"，然后拖拽一个群组图标到其右下角，在弹出的"交互类型"对话框中选择"热区域"交互，命名群组图标为"视频"。流程图如图6-42所示。

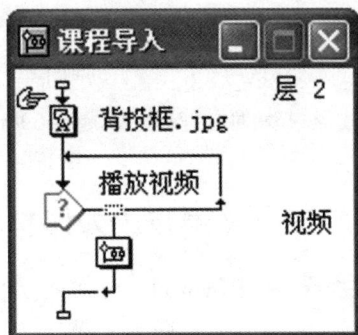

图6-42 课程导入流程设计

步骤3：按图6-43、图6-44所示设置"热区域"交互属性，使热区域在"背投框"界面中的电视框内。

步骤4：双击"视频"群组图标，打开层3"视频"流程图。通过菜单"插入"—"Tabuleiro Xtras"—"DirectMediaXtra"，弹出"DirectMediaXtra? Properties"选项对话框，按图6-45所示设置各属性值。

提示：

（1）单击"Browse File"（浏览文件）按钮，选择"牡丹亭.mpg"视频文件。

（2）单击"Searchpaths"（查找路径）的"Add"按钮，弹出"Pathname"（路径名）对话框，这里选择"Type"（路径类型）为"Relative to executable"（相对路径），在"path"（路径）输入框中输入".\Movie&Flash\"。这样当"中外园林艺术.a7p"被打包成以后，在其他的计算机中也能找到并正常播放该视频。（图6-46）

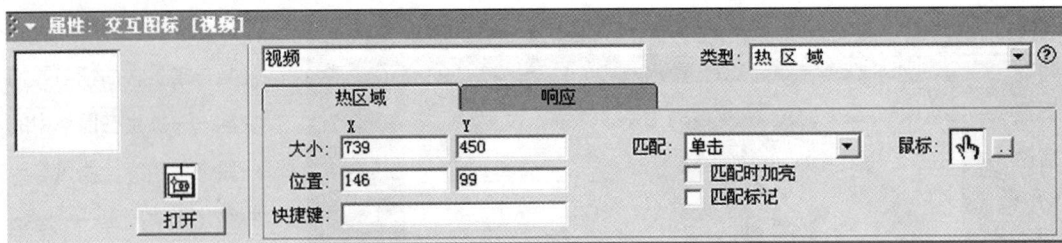

图6-43 视频交互属性

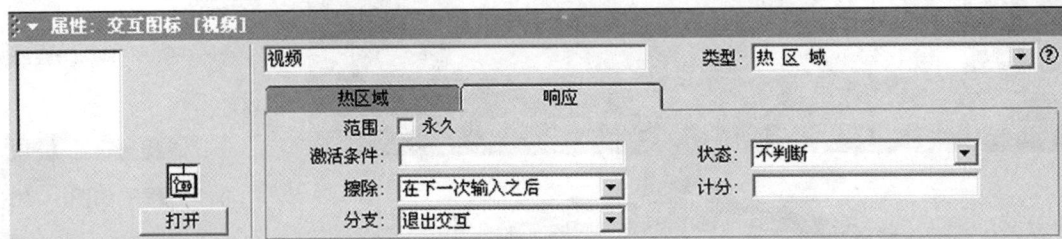

图6-44 视频交互属性

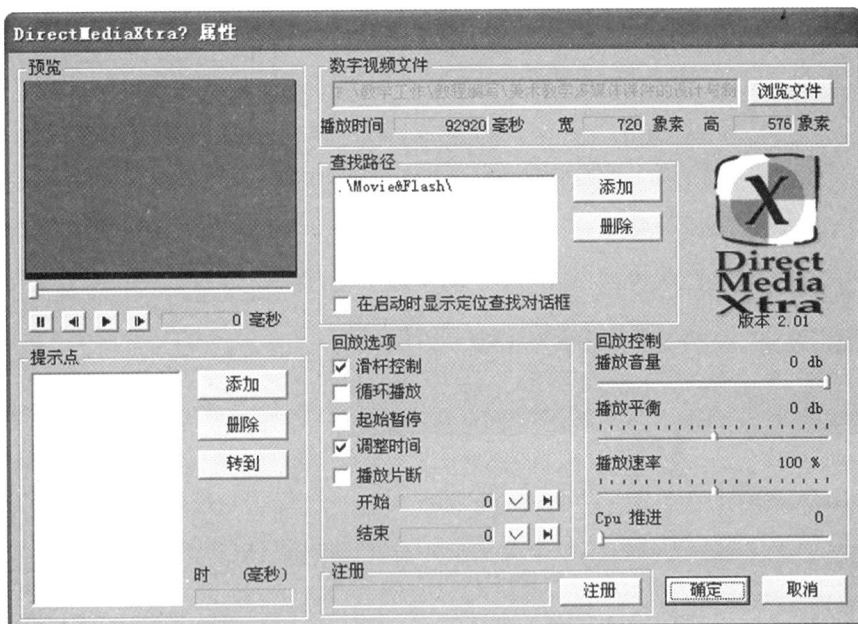

图6-45 DirectMediaXtra属性对话框

步骤5：将刚建的图标命名为"牡丹亭.mpg"，如图6-47所示。

步骤6：运行课件并暂停，按图6-48所示调整视频的大小与位置。

步骤7：拖拽一个交互图标到"视频"流程图上，并命名为"播放控制"。

步骤8：拖拽一个擦除图标到交互图标"播放控制"的右下角，选择交互类型为"按钮"，并命名擦除图标为"停止播放"。流程图如图6-49所示。

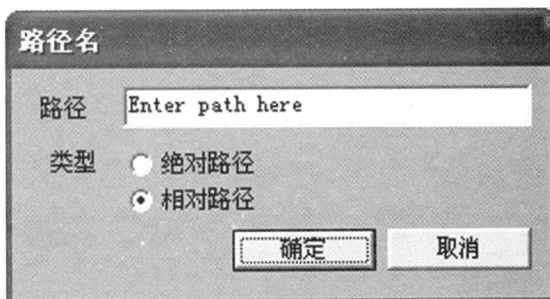

图6-46 视频路径设置

步骤9：设置"停止播放"的按钮交互属性，新添加个性按钮，"未按"与"按下"时显示为**⓪**，当鼠标移到按钮上时显示为**⓪**。"停止播放"交互属性如图6-50、图6-51所示。

步骤10：运行课件并暂停，调整交互按钮的位置。

步骤11：运行课件，设置擦除图标"停止播放"的属性，如图6-52所示。

步骤12：拖拽一个显示图标放在擦除图标的右侧，更改交互类型为"热区域"，命名显示图标为"提示"，在显示图标中

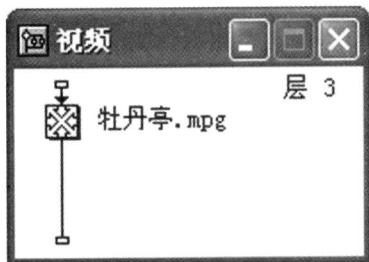

图6-47 视频流程设计

图6-48 视频效果

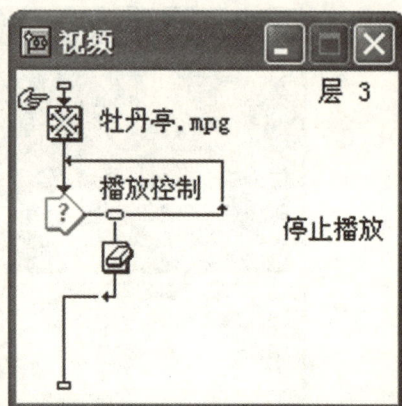

图6-49 视频播放控制

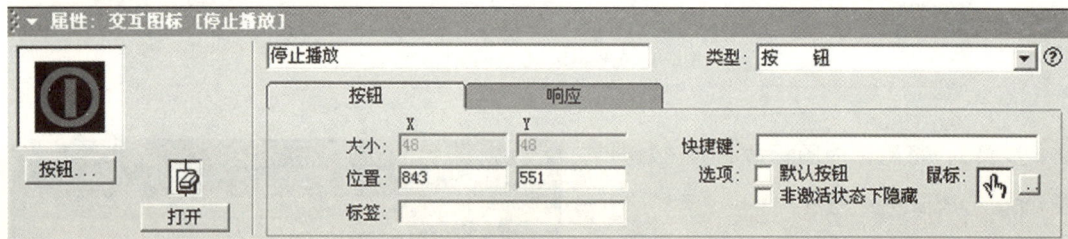

图6-50 视频播放交互属性

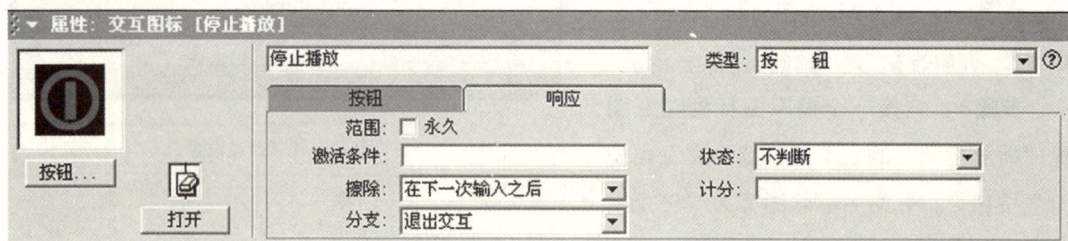

图6-51 视频播放交互属性

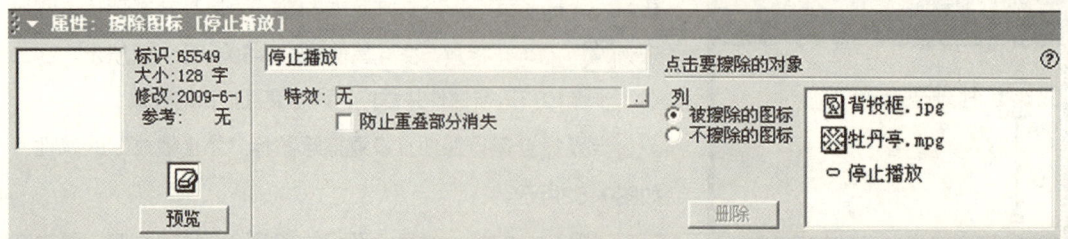

图6-52 视频播放擦除属性

输入"关闭视频，继续学习……"，设置字体与位置。流程图如图6-53所示。

步骤13：将热区域放置在交互按钮 ⓪ 上，并设置热区交互属性，如图6-54、图6-55所示。

这样，当鼠标指针移动到按钮 ⓪ 上时，就会有提示。运行课件，效果如图6-56所示。

步骤14：关闭"视频"流程图，回到"课程导入"流程图。（图6-57）

步骤15：在流程线上，导入配套光盘图片"课文标题.jpg"、拖拽一个等待图标、导入配套光盘图片"主界面.jpg"，调整图片的大小与位置，并命名等待图标为"单击鼠标继续"。流程图如图6-58所示。

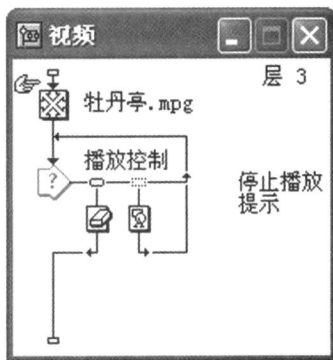

图6-53 视频流程设计

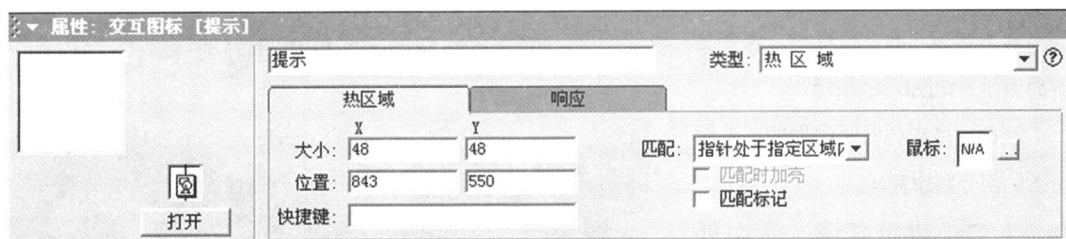

图6-54 视频热区交互属性

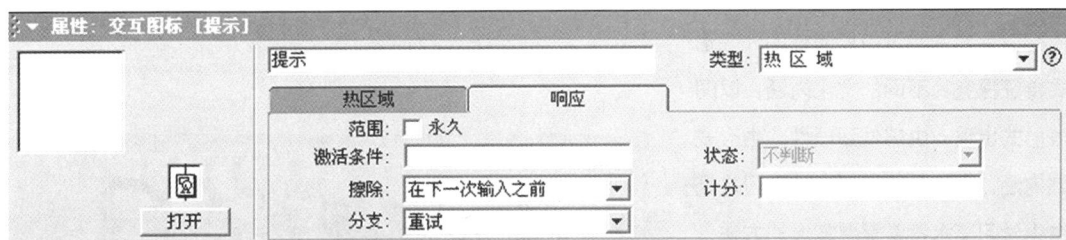

图6-55 视频热区交互属性

图6-56 视频热区交互效果

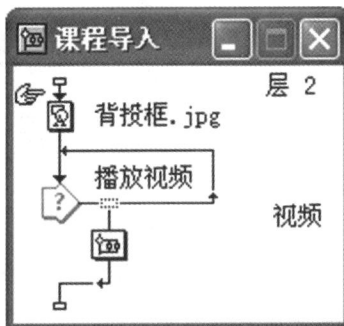

图6-57 课程导入流程设计

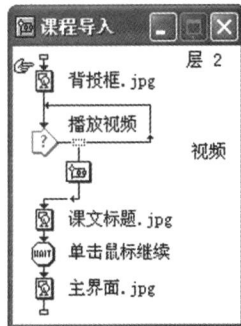

图6-58 课程导入流程图

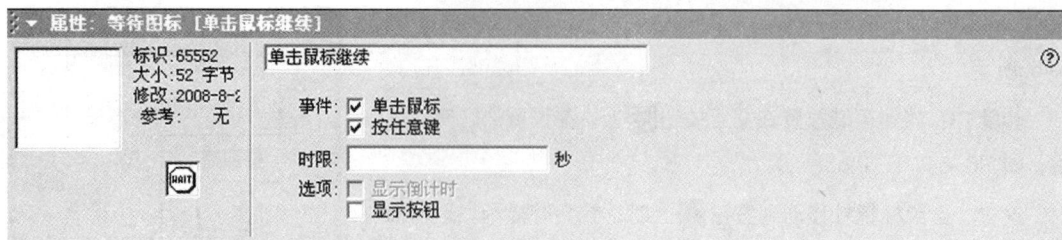

图6-59 等待属性

步骤16：设置等待图标的属性如图6-59所示。

运行课件，相应界面如图6-60所示。

单击鼠标或者按任意键，课件主界面显示，如图6-61所示。

至此，多媒体教学课件的"课程导入"部分制作完毕。

（二）讲授新课——中外园林对比

1. 教学思路

引导学生通过中外园林的外在形式特征探究其不同的文化内涵，以图表形式出现，由感性到理性，由形式到内涵，由表及里地探究性学习是高中生学习美术鉴赏需要掌握的方法，通过比较式鉴赏，让学生对中外园林的特征有了一个大致的了解，为深入讲解中国苏州园林做了铺垫。

（1）播放一段欧洲古典园林与中国古典园林的图片集锦。

（2）欣赏完这些图片，回答两个问题：

A：什么是园林？

B：欧洲古典园林和中国古典园林的异同点。

图6-60 课程导入效果

图6-61 课程导入效果

2. Authorware程序设计

（1）模块"授课部分"的框架设计

步骤1：回到"中外园林艺术.a7p"主流程图，双击"授课部分"群组图标，在"授课部分"的流程图上拖拽一个交互图标，并命名为"主要内容"。（图6-62）

步骤2：按图6-63、图6-64所示，在交互图标右侧拖拽5个群组图标，交互类型为"热区域"，并分别命名为"中外园林对比"、"苏州园林赏析"、"交流与共享"、"练习与实践"和"退出"。

步骤3：按图6-65所示，分别设置五个群组图标的交互属性。

图6-62 授课流程图

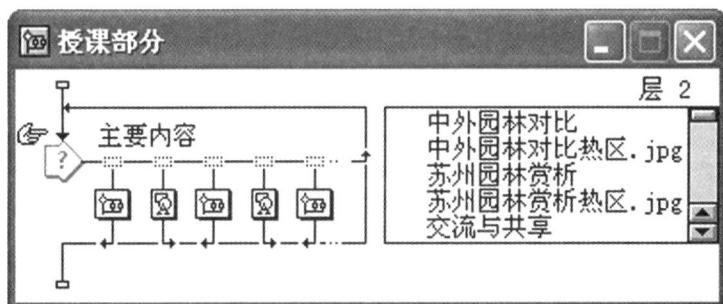

图6-63 "授课部分"流程图1

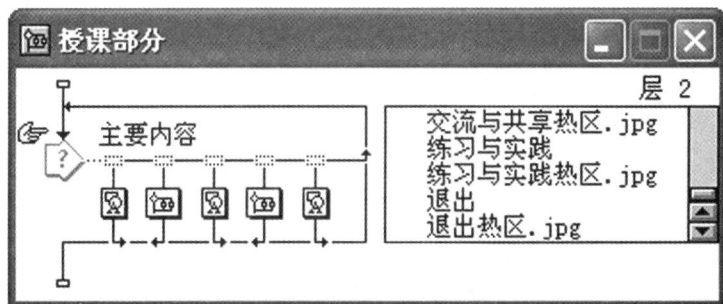

图6-64 "授课部分"流程图2

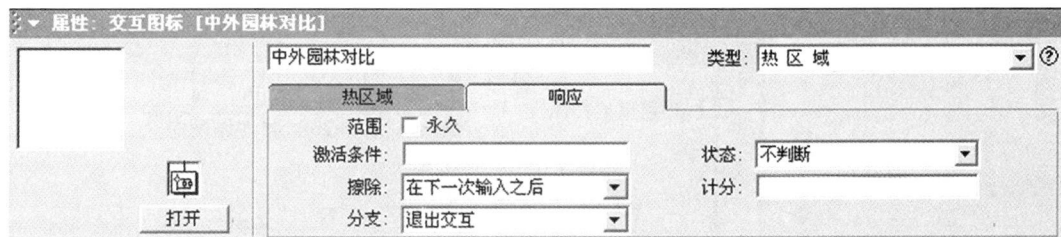

图6-65 "授课部分"交互属性

步骤4：在每个群组图标的右侧分别导入配套光盘中"picture\主界面"文件夹中的图片。交互类型都是"热区域"，交互属性栏的"热区域"—"匹配"设置为"指针处于制定区域内"，鼠标选择手形，"响应"选项卡中的属性设置如图6-66所示。

步骤5：运行课件并暂停，调整图片大小与各个热区的大小与位置。参照图6-67调整。

步骤6：分别在显示图标中输入一些提示性的文字。

步骤7：打开群组图标"退出"，拖拽一个计算图标到"退出"的流程线上，命名为"转到退出界面"，双击打开计算图标的代码编辑器，按图6-68所示输入代码。

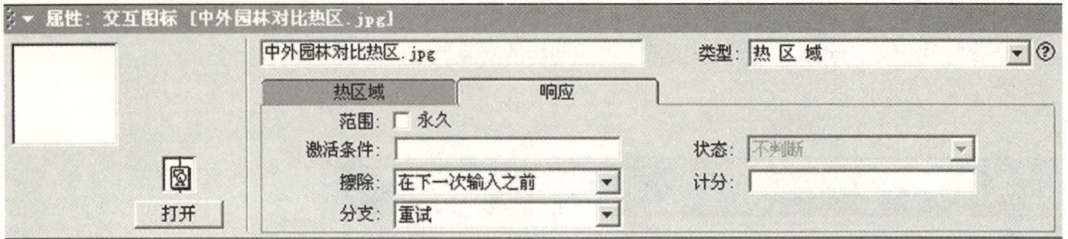

图6-66 "授课部分"交互属性

图6-67 "授课部分"热区交互

图6-68 "授课部分"退出

最终运行界面如图6-69所示。

至此，课件的主体部分"授课部分"的框架已经搭建完毕。

（2）"授课部分"——"中外园林对比"课件设计

"中外园林对比"模块对应的流程图如图6-70所示。

步骤1：打开群组图标"中外园林对比"的流程图，按图6-71所示建立相应的图标。

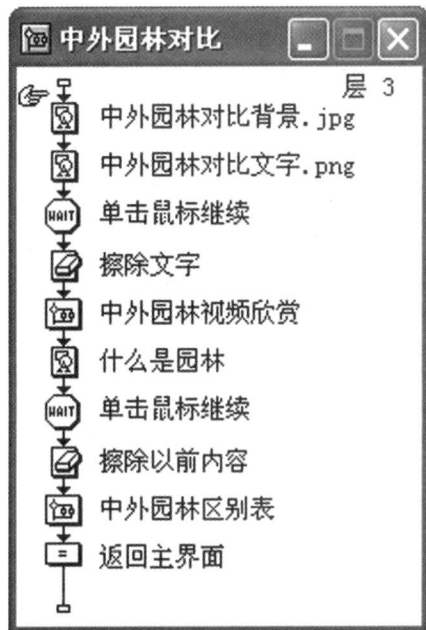

中外园林对比

《不到园林怎知春色如许——漫步中外园林艺术》

退出

图6-69 "授课部分"交互效果

步骤2：设置显示图标"中外园林对比背景.jpg"属性"擦除以前内容"，特效为"以相机光圈开放"；设置等待图标的属性为"单击鼠标"、"按任意键"。

中外园林对比　　　层 3

中外园林对比背景.jpg
中外园林对比文字.png
单击鼠标继续
擦除文字
中外园林视频欣赏
什么是园林
单击鼠标继续
擦除以前内容
中外园林区别表
返回主界面

图6-70 "中外园林对比"模块流程图

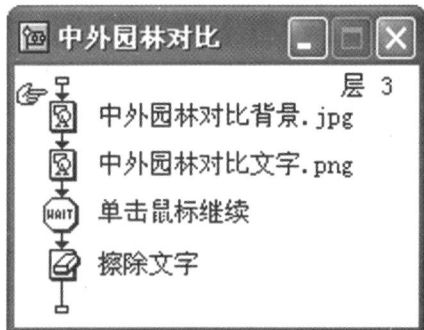

中外园林对比　　　层 3

中外园林对比背景.jpg
中外园林对比文字.png
单击鼠标继续
擦除文字

图6-71 "中外园林对比"流程图

步骤3：使用"擦除文字"图标擦除"中外园林对比文字.png"显示图标的内容。

课件运行效果如图6-72所示。

步骤4：拖拽一个群组图标到"中外园林对比"流程线上，并命名为"中外园林视频欣赏"，流程图如图6-73所示。

步骤5：导入图片、添加图标，并利用前面同样的方法插入视频"中外园林图集.mpg"，程序流程图如图6-74所示。

图6-72 "中外园林对比"效果

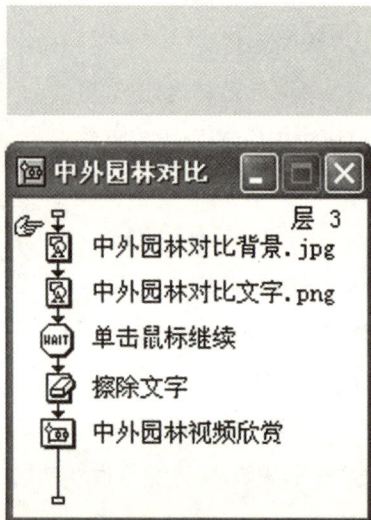

图6-73 "中外园林对比"视频流程图

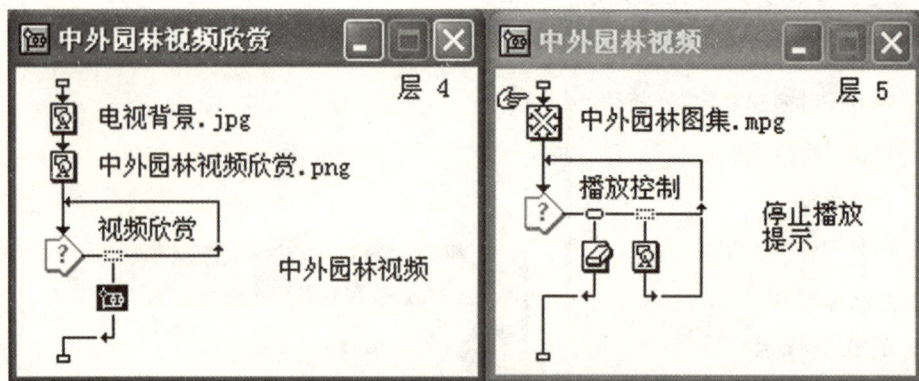

图6-74 "中外园林对比"视频流程图

其中设置"中外园林视频"的热区如图6-75所示。

设置擦除图标"停止播放"的属性设置如图6-76所示。

至此，运行课件，相应界面如图6-77、图6-78所示。

图6-75 "中外园林对比"视频热区

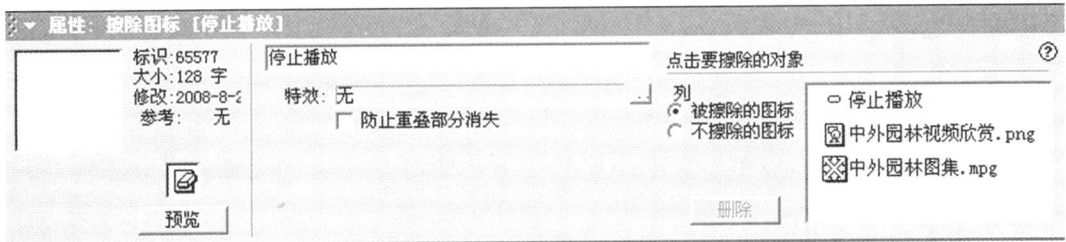

图6-76 "中外园林对比"停止播放

图6-77 "中外园林对比"效果

图6-78 "中外园林对比"效果

步骤6：回到"中外园林对比"流程图，拖拽一个显示图标，命名为"什么是园林"，按图6-79所示输入文本。

步骤7：拖拽一个等待图标、一个擦除图标，并按图6-80命名。

什么是园林？

利用并改造天然山水地貌或者人为地开辟山水地貌、结合植物的栽植和建筑的布置，从而构成一个供人们观赏、游憩、居住的环境。

图6-79 "中外园林对比"效果

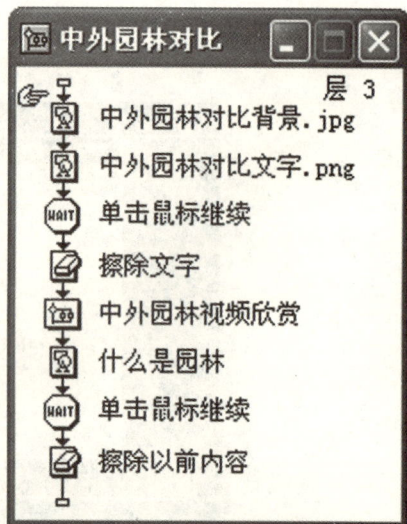

图6-80 "中外园林对比"流程图

步骤8：设置等待图标属性"单击鼠标"、"按任意键"，设置擦除图标的属性如图6-81所示。

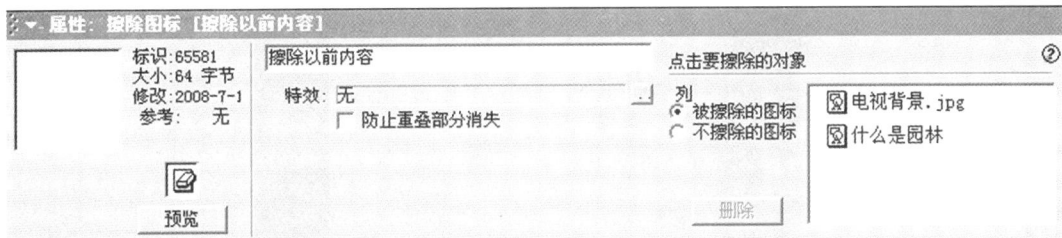

图6-81 "中外园林对比"擦除属性

步骤9：拖拽一个群组图标和一个计算图标到"中外园林对比"流程线上，并分别命名为"中外园林区别表"、"返回主界面"。（图6-82）

步骤10：在"中外园林区别表"中添加如图6-83所示的图标。

步骤11：在计算图标"返回主界面"中输入语句，如图6-84所示。

运行课件，相应界面如图6-85至图6-87所示。

讲授新课的"中外园林对比"教学课件制作完毕。

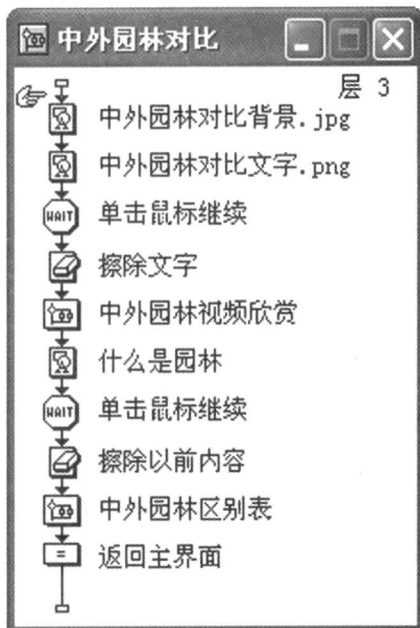

图6-82 "中外园林对比"模块流程图

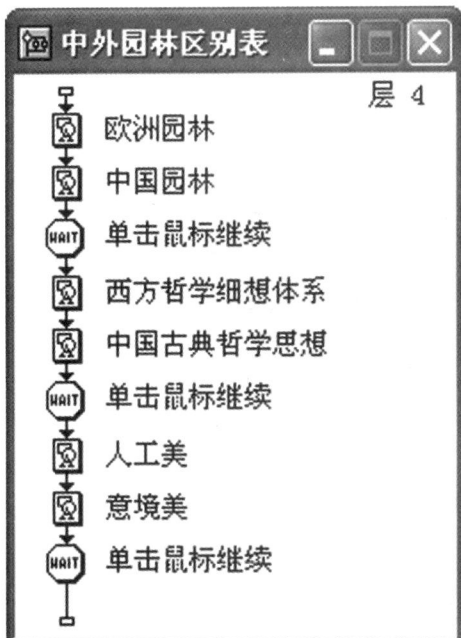

图6-83 "中外园林对比区别"流程图

图6-84 "中外园林对比"返回代码

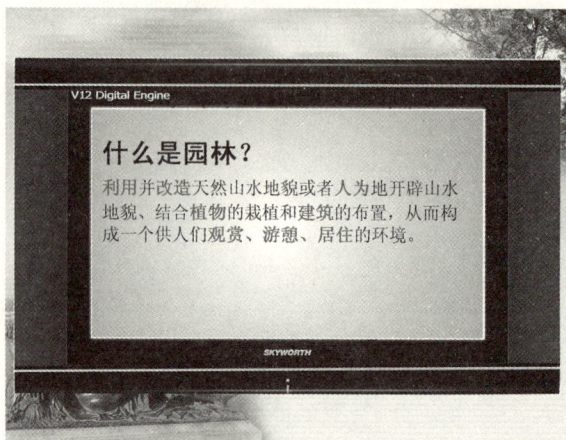

图6-85 "中外园林对比"效果

图6-86 "中外园林对比"效果

图6-87 "中外园林对比"效果

（三）深入赏析苏州园林

1. 苏州园林简介

（1）教学思路

在本节中，将通过教师讲授、互动合作等方式，共同感受美、鉴赏美。教师扮"导游"的角色，引导学生"游客"进入园林当中，以愉悦的视听游览方式去获得本课的知识"景点"。

中国园林被公认为"世界园林之母"。园林大师陈从周说："中国园林就是苏州园林。"早在元朝，意大利人马可波罗说："苏州是世界上最美的城市。"现在，就让我们一起推开古老而雅致的苏州园林大门。

三句话做过渡转入本课重点——苏州园林。

鉴赏苏州园林为代表的中国古典园林特点时，我们将按照三条路线和大家赏析：

虽由人造，宛自天开的自然美；

可行可望，可游可居的空间美；

诗情画意，寄情山水的人文美。

（2）Authorware程序设计

"苏州园林赏析"模块对应的流程

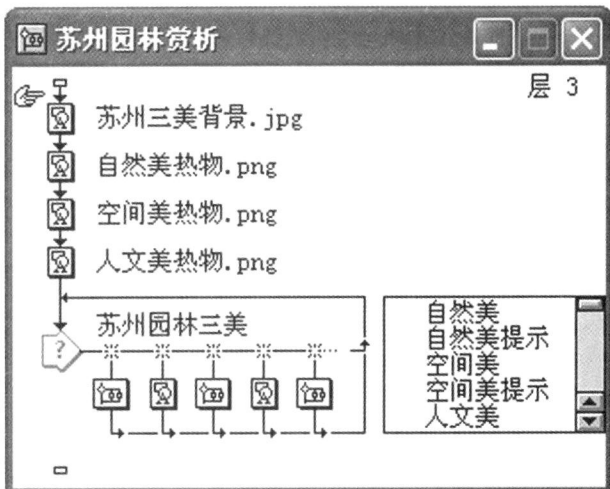

图6-88 "苏州园林赏析"流程图1

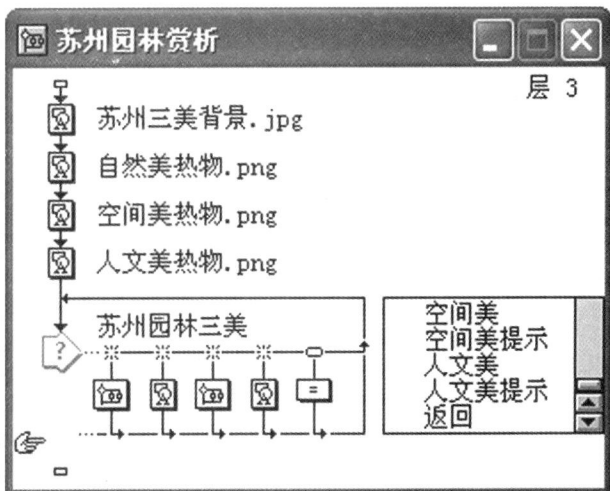

图6-89 "苏州园林赏析"流程图2

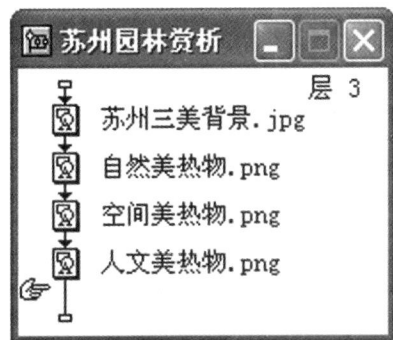

图6-90 "苏州园林赏析"流程设计

图如图6-88、图6-89所示。

步骤1：打开群组图标"苏州园林赏析"，在其流程线上导入四张图片，图片见配套教学光盘中的"苏州园林赏析"文件夹。流程图如图6-90所示。

步骤2：设置显示图标"苏州三美背景.jpg"属性"擦除以前内容"。

步骤3：运行课件并暂停，调整图片的相对位置，如图6-91所示。

图6-91 "苏州园林赏析"效果

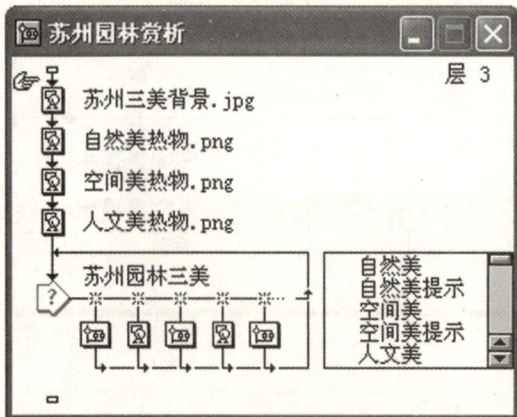

图6-92 "苏州园林赏析"流程图1

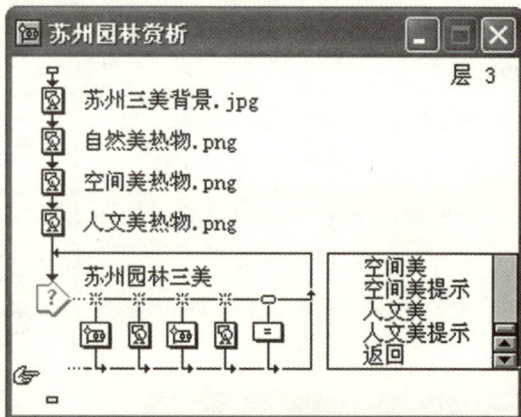

图6-93 "苏州园林赏析"流程图2

步骤4：拖拽一个交互图标，命名为"苏州园林三美"，并按图6-92、图6-93所示增加图标。

步骤5：设置前6个交互类型为"热对象"；计算图标"返回"的交互类型为"按钮"，并设置个性按钮："未按"与"按下"时为图片返回，"在上"时为图片返回（这些图片在配套教学光盘里有）；在相应的显示图标中输入提示文字。

步骤6：分别设置6个交互的热对象，并设置当把鼠标移动到热对象上时，显示相关文字提示。课件运行界面如图6-94所示。

图6-94 "苏州园林赏析"效果

2. 自然美

（1）教学思路

本小节在多媒体辅助下，通过直观的画面，穿梭于苏州园林的山水建筑、花木、风、月、光影之间，让学生感受到园林中所呈现的自然之美是源于自然又高于自然的艺术美，教师应尽力创设出苏州园林的特有的审美氛围，因此，音乐的加入要求符合意境，授课语言需简练而优美。

虽由人造，宛自天开的自然美。

声景：泉流、鸟啭、虫鸣、松风；

水景：静谧与妩媚之情，雅趣之美；

山景：山水相依，高低相映；

植物：是园林的风采，让人心旷神怡；

建筑：是园林的骨格，淡逸清新；

四季与阴晴雨雪的变化之美；

朝晖与斜阳的意境之美；

光与影的流动之美。

（2）Authorware程序设计

"自然美"模块对应的流程图如图6-95所示。

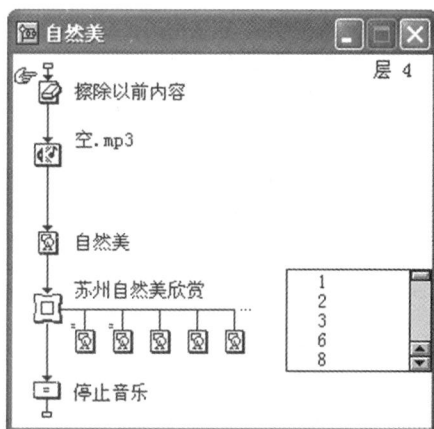

图6-95 "自然美"流程图

步骤1：打开"苏州园林赏析"流程图上的群组图标"自然美"，拖拽一个擦除图标到"自然美"流程线上，命名为"擦除以前内容"，擦除图标属性设置如图6-96所示。

步骤2：导入配套教学光盘中的音乐"空.mp3"，并设置属性如图6-97所示。

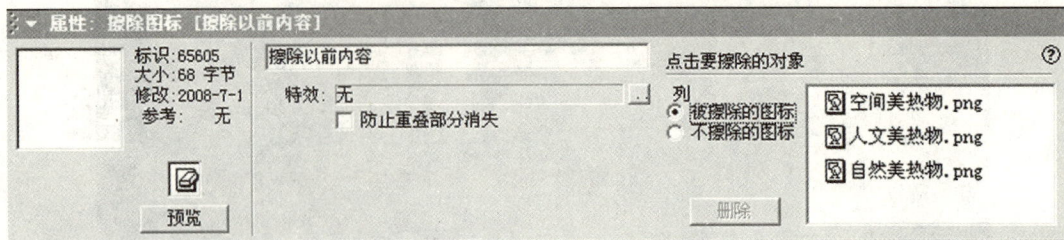

图6-96 "自然美"擦除属性

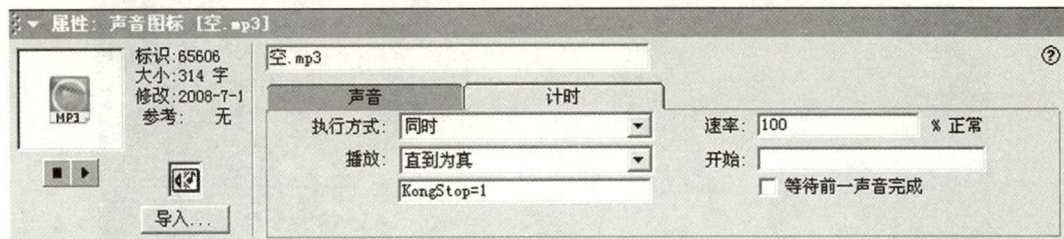

图6-97 "自然美"音频属性

步骤3：拖拽一个显示图标至流程线上，命名为"自然美"，打开显示图标，输入文本"自然美"，然后再绘制一个方框（为后面框架图标中的导航图标作外框用）。流程图如图6-98所示。

步骤4：拖拽一个框架图标到流程线上，命名为"苏州自然美欣赏"，然后双击打开此框架图标。

步骤5：按照图6-99所示对"苏州自然美欣赏"框架图标进行修改。

本步骤主要的操作有：

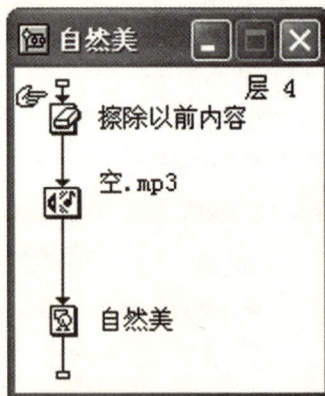

图6-98 "自然美"流程设计

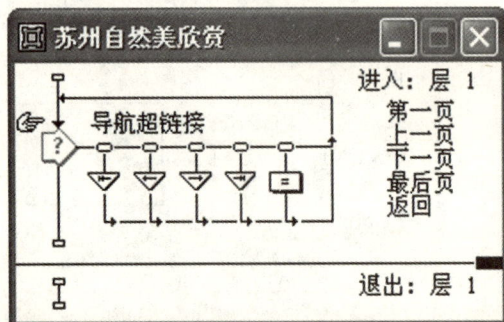

图6-99 "自然美"框架导航

■ 删除"灰色导航面板"，因为"自然美"显示图标中已经绘制。

■ 导航按钮只保留了"第一页"、"上一页"、"下一页"、"最后页"，另外增加了一个计算图标"返回"的按钮交互，对各个按钮的交互属性"响应"——"分支"由"返回"改为"重试"。

■ 设置了"上一页"、"下一页"的交互属性，对其激活条件进行了设置，如图6-100、图6-101所示。

■ 设置了图标"返回"的交互按钮："未按"与"按下"为图片返回，"在上"为图片返回。

■ 计算图标"返回"的程序代码为GoTo（IconID@"苏州三美背景.jpg"）。

步骤6：分别拖拽19个显示图标至框架图标的右侧，并分别命名、导入图片（图片在配套教学光盘"自然美"文件夹内）、增加文字说明、增加一些显示特效等等。（显示图标"22"内容为文本"问题：如何理解中国园林艺术的自然美？"）

步骤7：对显示图标"1"、"2"、"21"、"22"分别增加程序代码，如图6-102所示。

至此，程序流程图如图6-103所示。

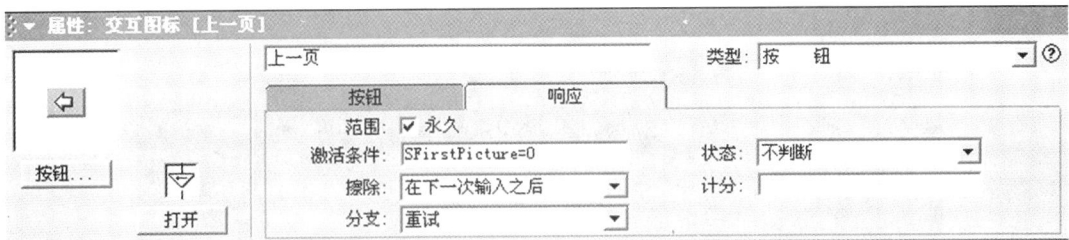

图6-100 "自然美"框架上一页

图6-101 "自然美"框架下一页

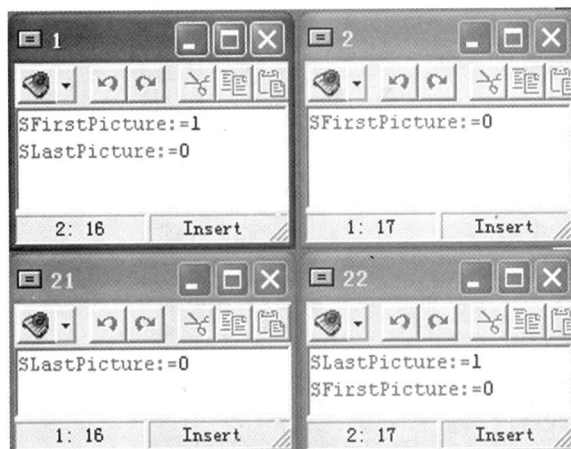

图6-102 "自然美"框架代码

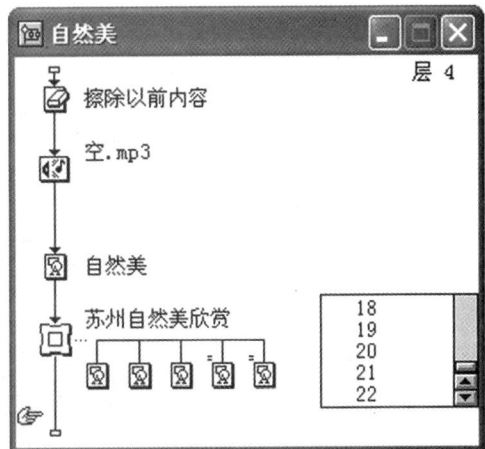

图6-103 "自然美"流程设计

步骤8：在"自然美"流程线末端增加一个计算图标"停止音乐"，输入代码"KongStop:=1"。

至此，"自然美"部分的课件已经制作完毕。下面是几幅"自然美"课件运行的界面。（图6-104 至图6-106）

图6-104 "自然美"效果

图6-105 "自然美"效果

图6-106 "自然美"效果

3. 空间美

（1）教学思路

通过教师讲授与学生测试活动两部分组成，把较为零散的知识点串联起来，形成有序化、科学化的知识体系，并通过测试活动进行巩固强化。

可游可居可行可望的空间美。

A. 空间美之一：窗

西方的窗有两个作用——光线与空气；

中国的窗还有一个作用——把建筑与自然联系在一起。

B. 空间美之二：空间的分割

框景·分景·借景

C. 互动活动——考一考（园林艺术空间美学习小组的同学回答）

教师小结：无论是借景，对景还是隔景，分景都是通过组织空间、布置空间、创造空间和扩大空间的手法，最大限度丰富我们的视觉感受！

（2）Authorware程序设计

"空间美"的课件设计思路与方法同"自然美"部分，具体的操作步骤就不赘述了。图6-107是"空间美"课件的最终流程图。

图6-108至图6-110所示几幅是"空间美"课件运行的界面。

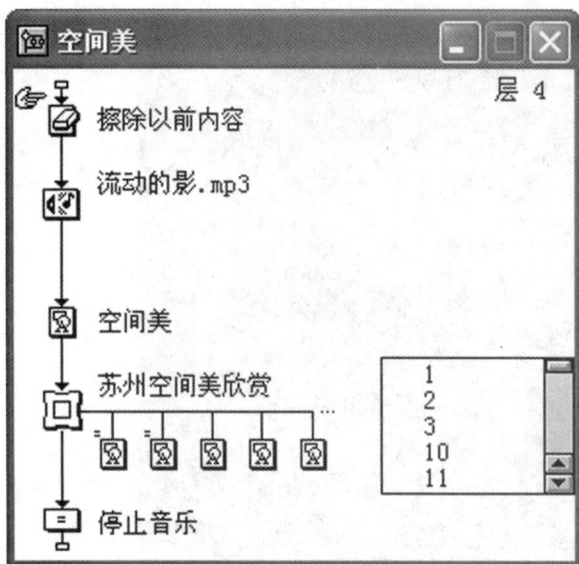

图6-107 "空间美"流程图

图6-108 "空间美"效果

图6-109 "空间美"效果

图6-110 "空间美"效果

4. 人文美

（1）教学思路

本小节是教学的难点。以游览拙政园为例，通过讨论、师生问答的形式，分五个知识点引出人文美的结论。学生在课前学习查阅资料的基础上表达自己对事物的理解。教学设计上，以文学诗词为切入点，在高中生已具备的古诗词基础上，设计"看景赏画吟诗"、"景点题名赏析"、"猜一猜"等互动环节，以文学诗词点染产生画面视觉美感的方法启发学生来感受"意境美"这一抽象概念，构建富有人文气息的课堂。本节有意识地突出了新课标所提到的美术课程的人文性特点。

教师提问：我们刚才一起鉴赏了苏州园林的自然美和空间美，应该说苏州园林的实景已经真切地展现在眼前，那么造园者的目的是否达到了？（学生：没有）不同身份的人有不同的目的，造园者是什么人？（学生：文人，士大夫）他们的追求是什么？（学生：精神方面的）他们是否直接表达？（学生：不，含蓄）

教师小结：正如昆曲唱腔的悠婉清雅，又如园林建筑的曲折亭台，文人雅士们运用托物寄情、象征寓意的含蓄手法抒发着自己的理想、抱负和情绪，而这一载体正是园林中的草木山水，景点题名。下面，我们将走进拙政园，化实为虚感受意境之美。

诗情画意，寄情山水的人文美。

①历史典故

师：拙政园的名字来历及含义？（园林艺术人文美学习小组的同学回答）

②植物喻意

师：拙政园中莲的寓意是什么，其他植物的寓意呢，它们反映了文人怎样的心境？

③景点题名，笔墨情趣

A. 活动——拙政园里"看景赏画吟诗"

B. 拙政园里"莲"的景点题名赏析

C. "远香堂"的文学书法之美

④图案雕刻

猜"四雅"窗的寓意。

教师小结：赏析了苏州园林匾额上的诗词与书法，感受了建筑花木中的象征和寓意，苏州园林的人文美体现在寓情于景、情景交融中，也体现在寓义于物、以物比德里。

教师总结：自然美、空间美和人文美融化在园林的一山一水、一草一木中，处处体现出中国的传统文化。园林中游赏，我们需带三样东西：唐诗宋词的风雅、历史典故的知识和书风画风的了解。这样你才可以在苏州园林中退思千古，情景交融，达到欣赏的最高境界——意境之美。

（2）Authorware程序设计

"人文美"的课件设计思路与方法同"自然美"部分。图6-111是"人文美"课件的最终流程图。

图6-112至图6-114几幅是"人文美"课件运行的界面。

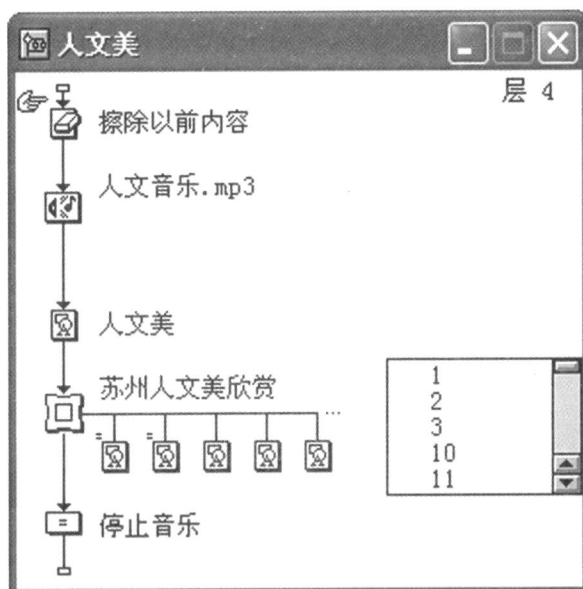

图6-111 "人文美"流程图

图6-112 "人文美"效果

图6-113 "人文美"效果

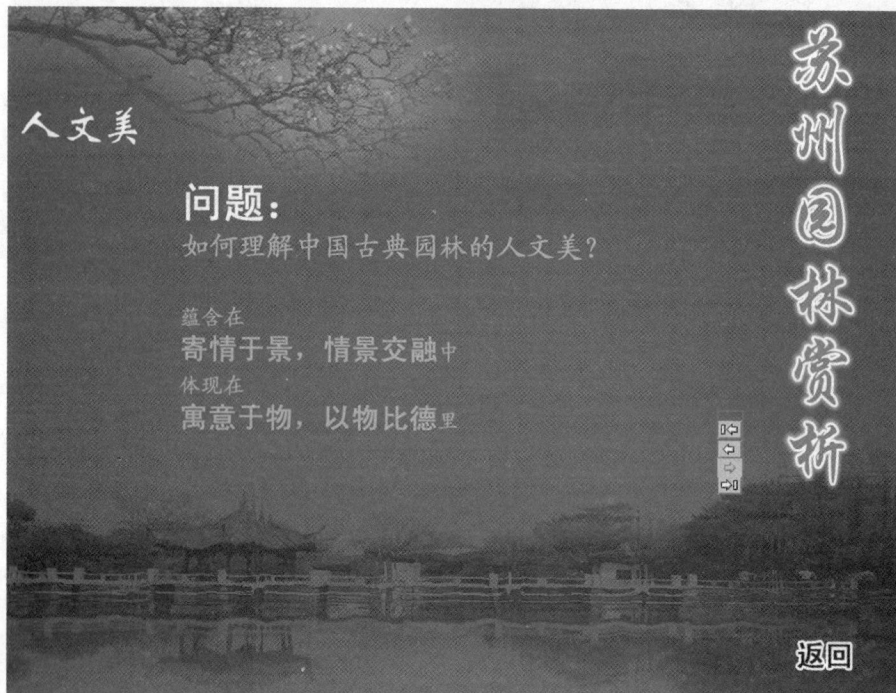

图6-114 "人文美"效果

（四）总结延伸

1. 教学思路

通过这一教学环节，使学生感受生活中园林艺术的美，发现身边园林艺术的美，升华园林艺术美的内涵。

（1）浏览园林艺术的其他形式。

（2）教师感悟：苏州园林有九处列入文化遗产名录。对于文化遗产的理解："它是民族文化的精华，民族智慧的结晶，民族精神的象征。"苏州园林所处处体现的人与自然和谐相处的中国传统文化思想，对于今天的我们有现实而深刻的意义：只有人与自然和谐相处，我们才可能世世代代都拥有这春色如许的园林美景。

（3）写一篇鉴赏游记——用图（照片，摄像）文并茂的形式记录一次赏古典园林的过程，并发到教师邮箱。

（4）合肥4A景区包河园游园视频。

2. Authorware程序设计

根据前面的教学设计，在开发课件时，可以分两个部分来设计："交流与共享"和"练习与实践"。

（1）"交流与共享"的课件设计

"交流与共享"部分的最终流程图如图6-115、图6-116所示。

从图中可以看出，这个部分的课件设计与前面的"自然美"、"空间美"和"人文美"非常相似，这里简要介绍不同之处。

不同①："交流与共享"框架图标内的流程图如图6-117所示。

这里的计算图标"返回主界面"的程序语句是GoTo（IconID@"主界面.jpg"）。

不同②：在框架图标"交流与共享"

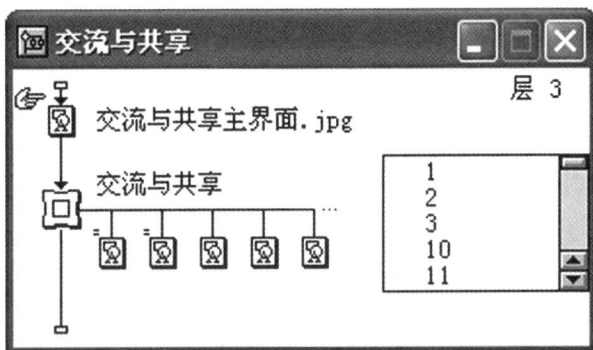

图6-115 "交流与共享"流程图1

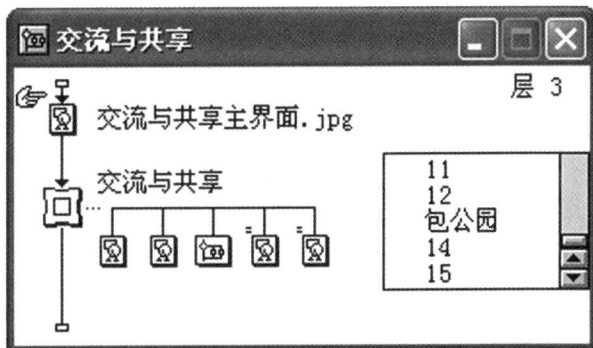

图6-116 "交流与共享"流程图2

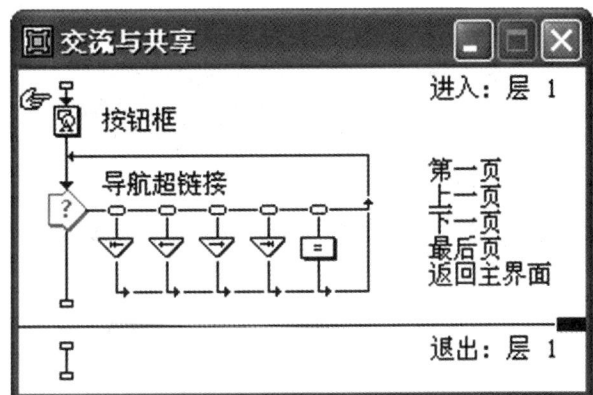

图6-117 "交流与共享"框架导航

的右侧有一个群组图标"包公园"，"包公园"的流程图如图
6-118所示。

图6-119至图6-121所示是几幅"交流与共享"课件运行的
界面。

（2）"练习与实践"的课件设计

"练习与实践"部分的最终流程图如图6-122所示。

步骤1：按上图所示增加图标。

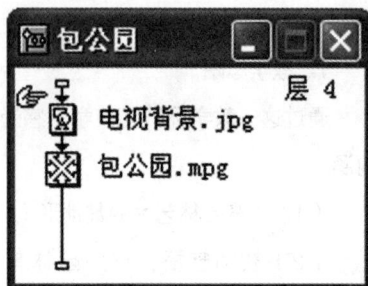

图6-118 "交流与共享"包公园流程图

图6-119 "交流与共享"效果

图6-120 "交流与共享"效果

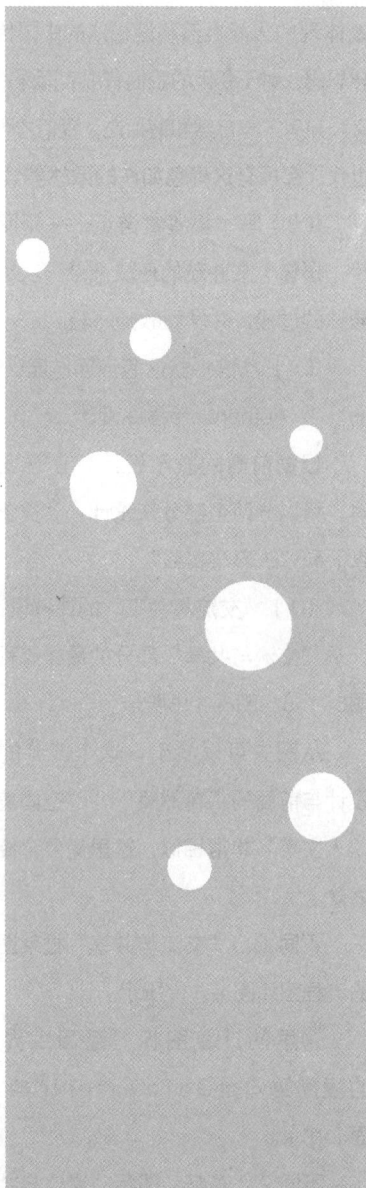

图6-121 "交流与共享"效果

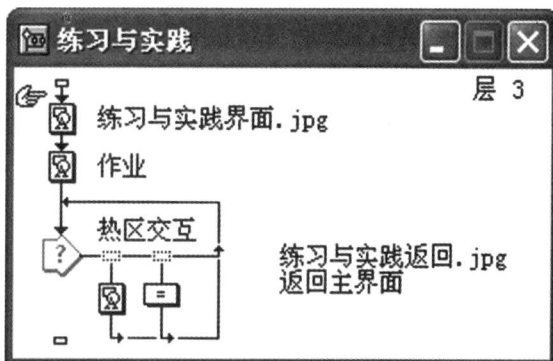

图6-122 "实践练习"流程图

作业：

写一篇关于寄畅园的赏园游记。

唐宋诗词　　历史典故　　书风画风

是我们发现了世界，还是世界发现了我们？

徐霞客　　《徐霞客游记》

图6-123 "实践练习"作业图标

步骤2："作业"显示图标内容如图6-123所示。

步骤3：两个交互的热区域都在"练习与实践界面.jpg"的"返回"两字上。

步骤4：设置前一个交互响应的"匹配"为"指针处于指定区域内"，后一个交互响应设置为"单击"。

步骤5：在计算图标"返回主界面"中输入程序GoTo（IconID@"主界面.jpg"）。

至此，程序运行界面如图6-124所示。

图6-124 "实践练习"效果

（五）课件结尾

课件结尾用于介绍课件的制作单位、设计人员以及制作日期等信息。该模块对应的流程图如图6-125所示。

步骤1：拖拽一个计算图标到流程线上，命名为"擦除前面界面"，然后在其程序代码窗口中输入语句"EraseAll()"。

步骤2：导入配套教学光盘中的音乐"结尾.mp3"，然后设置其属性如图6-126所示。

步骤3：导入图片"退出界面.jpg"，创建"退出界面.jpg"显示图标。

步骤4：拖拽一个显示图标，命名为"字幕"，然后在该显示图标中输入课件制作人员的相关信息。

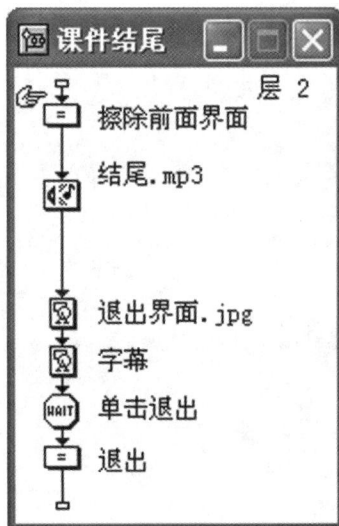

图6-125 "课件结尾"流程图

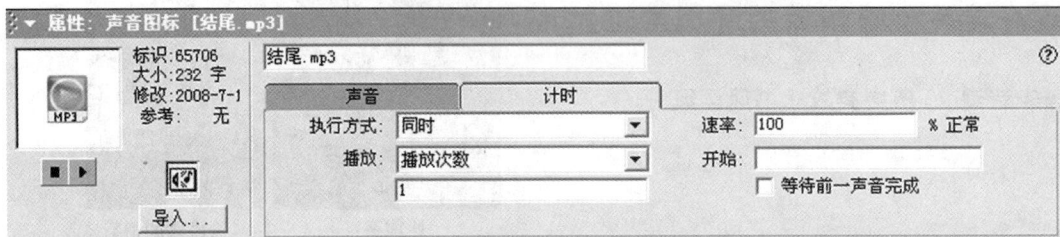

图6-126 "课件结尾"音频属性

步骤5：拖拽一个等待图标和计算图标到流程线上，勾选等待图标的"单击鼠标"和"按任意键"属性，在计算图标"退出"的代码窗口中输入语句"Quit()"。

运行课件，界面如图6-127所示。

至此，整个课件制作完毕。

图6-127 "退出"效果

参考文献

[1]彭立. 多媒体课件制作与教学资源应用. 长春：东北师范大学出版社，2001

[2]方其桂. 多媒体CAI课件制作教程（修订版）. 北京：人民邮电出版社，2003

[3]方其桂. 多媒体CAI课件制作实例教程（第二版）. 北京：清华大学出版社，2005

[4]美国普林斯计算机教育研究中心，北京金企鹅文化发展中心. Photoshop CS2精品教程. 北京：北京艺术与科学电子出版社，2007

[5]我爱多媒体工作室，阿标. Authorware 7.0多媒体课件开发之实战演习. 北京：中国水利水电出版社，2004

[6]黎加厚. 多媒体课件的设计、开发与应用. 上海：上海教育出版社，2002

[7]周恕义等. 多媒体CAI及网络化远程教学技术. 北京：中国水利水电出版社，2001

[8]安宝生. 中小学教师信息技术培训. 北京：北京师范大学音像出版社，2001

后　记

　　《美术教育多媒体课件设计与制作》是高等院校"十二五"美术学系列规划教材之一，教材尝试将美术教育和多媒体教学相结合，以案例形式详细讲解多媒体教学课件设计与制作的方法和步骤，为普本美术学专业学生和广大中小学美术教师设计制作教学课件提供参考和帮助。本教材由合肥师范学院吴道义、王勋、胡连峰和合肥市第六中学吴蓉共同编著，全书由吴道义、王勋统稿并最终定稿。本教材的编写得到了安徽省教育科学研究院郝蔚舒教研员和合肥师范学院艺术传媒学院2009级美术学专业窦莹、薛倩、孙娜等的多方支持。在此，谨表衷心谢意！